Fil wurde 1966 in Nordberlin geboren. Mit 14 wurde er Gitarrist der Gruppe «Kollektiv Antiserum». Mit 15 fing er an, für das Stadtmagazin «Zitty» Comics zu zeichnen, was er bis heute tut. Seit 1992 tritt er solo mit Akustikgitarre auf. Nach einem Auftritt im «Golden Pudel Club» Hamburg sagte ein Zuschauer zu ihm: «Das war ja gut, obwohl's lustig war.» Fil gibt nicht gerne Interviews, aber wenn's sein muss, tut er's schon. Er ist 1,86 Meter groß und wiegt 85 Kilo. Frauen beschreiben ihn als guten Liebhaber.

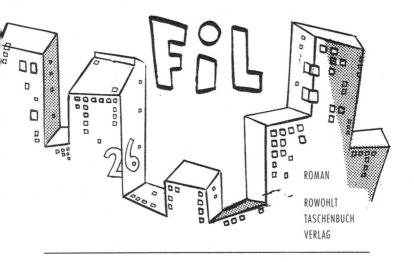

ROMAN

ROWOHLT
TASCHENBUCH
VERLAG

DIE GESCHICHTE MEINER JUGEND

Originalausgabe
Veröffentlicht im Rowohlt Taschenbuch Verlag,
Reinbek bei Hamburg, Januar 2015
Copyright © 2015 by Rowohlt Verlag GmbH,
Reinbek bei Hamburg
Umschlaggestaltung any.way, Barbara Hanke/Cordula Schmidt
Umschlagillustration Fil
Satz Arno Pro, InDesign,
bei Pinkuin Satz und Datentechnik, Berlin
Druck und Bindung CPI books GmbH, Leck, Germany
ISBN 978 3 499 23336 4

PULLERN IM STEHN

eins

Das Märkische Viertel wurde von 1963 bis 1968 im Norden Westberlins erbaut. Vorher war diese Gegend eine Art Sumpf gewesen. Ein sumpfiges Gelände voller tollwütiger Kampfkröten und milbendurchseuchter Molche, um das keiner weinen würde. Von drei Seiten von der Mauer umgeben und dem Osten freimütig die Botschaft «Sumpf ist Trumpf» hinüberschickend, eine Botschaft, der wenig Wahres anhaftete.

So durfte das nicht bleiben.

Irgendwann spuckten die Westler deshalb in die Hände und begannen frohgemut, eine große Zahl Hochhäuser zu bauen – mitten hinein in den schlechten Schlamm. Hohe Hochhäuser. Wie in New York. Nicht ganz so hoch. Ziemlich viele andere Unterschiede auch.

Sie verpassten den Häusern eine geheimnisvoll um die Ecke gedachte Nummerierung und strichen sie in den fünf Grundfarben an: Grau, Weiß, Gelb, Orange und Dunkelgrau.

70 000 Menschen zogen bald dorthin.

«Beton», rief der Bezirksbürgermeister in seiner Einweihungsrede, «Werkstoff der Zukunft. Unsere Neubauten – sie werden länger stehen als die Pyramiden.»

Muss man abwarten – der Beton war auf jeden Fall ganz

schön dünn. Durch die Wände, Decken und Böden hörten die Bewohner rund um die Uhr ihre Nachbarn und die Nachbarn ihrer Nachbarn, anders als bei den Pyramiden, sag ich mal, aber umso besser: So lernten sich alle schnell kennen und wurden beste Freunde.

Es war immer sonnig im Märkischen Viertel, denn nirgends gab es hohe Bäume. Nur mickrige, in immer gleichen Abständen in den Boden gesteckte Jungpflanzen, halbmeterhoch und an Holzpflöcke geknotet, damit sie nicht umfielen. Sie sahen genauso tot aus wie die Pflöcke, an denen sie hingen. Untenrum war das M. V. zusätzlich mit dornigen Hecken bebraunt, die Kinder nannten sie «die Piker». Es wuchsen allerdings auch ein paar Hagebuttensträucher.

In der Mitte des Märkischen Viertels war das Zentrum. Das Zentrum, wo es alles gab: drei Supermärkte, Schuster, Bäcker, Friseur, Schreibwaren, Spielwaren, ein chinesisches und ein italienisches Restaurant, einen Wienerwald, die Eisdiele, Siggi's Imbiss, den Laden, wo keiner wusste, was der nun wieder wollte, das Kino «Kegelbrücke», ein Schwimmbad und die Diskothek «Shock».

Du hattest schon das Gefühl, einer haut dir in die Fresse, wenn du nur am Shock *vorbei*gingst. Kino und Schwimmbad kamen im Vergleich dazu ganz gut.

In drei Richtungen war, wie gesagt, die Mauer, es gab also nur einen Weg raus. Du brauchtest mit Bus und Umsteigen ungefähr zwei Stunden bis nach Kreuzberg, Schöneberg oder in sonst eine Gegend, wo's nicht so aussah wie hier. Fast niemand nahm diese Reise auf sich. Man musste ja dann auch wieder zurück.

Die ursprüngliche Idee war eigentlich gewesen, eine U-Bahn-Linie bis ins M. V. zu legen, um die Menschen dort mit dem Rest der Stadt zu verbinden.

«U-Bahn – schneller als die Pyramiden», rief der Bezirksbürgermeister.

Als 1968 alles fertig gebaut war, hackten Bauarbeiter einige Straßen auch sofort wieder auf, legten Rohre frei, gruben um die Rohre rum, entdeckten Rohre unter den Rohren, Kabel, Krötenskelette, irgendwas aus Bernstein und gruben da auch noch drumrum. Sie gruben, gruben und gruben.

«U-Bahn», dachten die Leute.

1974 sollte sie fertig sein.

Dann 1986.

1993 wurde erklärt: Doch keine U-Bahn.

So blieben wir weitgehend unter uns und konnten unsere eigene Kultur entwickeln.

Von draußen kam wenig rein. David Bowie soll eine Zeitlang in Berlin gelebt haben – mag sein. Hoffentlich hat's ihm gefallen, bei uns schneite er jedenfalls nicht vorbei. Im Kino lernten wir nur die Welt Bud Spencers, Terence Hills und Godzillas gegen Frankensteins Monster kennen. Im Schwimmbad sahen wir die mageren Hintern der vor uns Schwimmenden, die unseren eigenen fatal glichen. Ins Shock traute sich keiner rein.

Wir waren wie neue Menschen in einer neuen Welt. Pioniere.

Es war aufregend – die Kinder warfen ihre Katzen vom Balkon, um zu kucken, ob sie auf den Füßen landen würden. Die kleinen Geschwister der Kinder warfen ihre Meerschweinchen hinterher, um zu schauen, ob die Meerschweinchen Katzen waren. Manche Erwachsene sprangen gleich selbst runter. Vielleicht sind Menschen nicht gerne hoch oben. Es scheint einen Sog nach unten zu geben.

Ich mochte das Märkische Viertel. War es nicht irgendwie bereits die Stadt der Zukunft, in der wir jetzt schon leben durften? Wir armen Kreaturen einer jämmerlichen Gegenwart, in der die Männer Haare wie Frauen hatten und die Hosen unten so elend weit wurden? Man konnte im M. V. seine Kumpel besuchen, ohne dafür auf die Straße zu müssen. Noch besser hätte ich es gefunden, wenn alle Häuser durch unterirdische Gänge miteinander verbunden gewesen wären. Und wenn wir Uniformen wie in Raumschiff Enterprise gehabt hätten.

Vor allem die Frauen.

Wir blinzelten hoch zu den höchsten Dächern, auf denen meistens noch scharfkantige Dreieckskonstruktionen drauf waren. Warum Dreiecke?, fragten wir nicht. War ja die Zukunft hier, das konnte man eh nicht alles schnallen.

Ich war ein phantasiebegabtes Kind, darum blieb ich am liebsten den ganzen Tag zu Hause, denn da kannst du mit Phantasie irgendwie am meisten machen. Außerdem schmeißt dich da keiner in die Piker.

Ich blieb zu Hause und bereitete mich spielerisch auf das Leben vor. Mit meinen Playmobilfiguren erdachte ich mir die verzwicktesten Szenarien: einer war meistens auf der Flucht vor den anderen, kam aber immer wieder durch. Vorsichtig baute ich von Zeit zu Zeit sogar Lego in mein Spiel mit ein. Ich weiß: Lego und Playmobil??? Aber so war ich schon als Kind: ein kleines bisschen anders eben.

Meine Mutter gab mir Bücher zum Lesen. Zuerst waren das echt witzige Sachen: Pippi Langstrumpf, das Sams, Tom Sawyer. Aber je älter ich wurde, desto unkomischer wurden die Bücher. Irgendwann ging's fast nur noch um das Dritte Reich mit Anne Frank, Friedrich, der es damals war, und dem rosa Kaninchen, und am Schluss waren alle tot. Wie gesagt – nicht die witzigsten Bücher der Welt, aber man konnte daraus viel lernen. Über die Nazis. Dass sie schlecht gewesen waren.

«Hast du das schon verstanden?», fragte meine Mutter immer, wenn ich ein Buch durchhatte. «Es ist eigentlich für viel ältere Kinder.»

«Logisch hab ich's verstanden. Gib mir doch mal eins für noch ältere.»

Wie es aussah, war ich sehr begabt. Deswegen hatten meine Eltern mich auch ein Jahr früher einschulen lassen, nämlich schon mit fünf. Vorher hatte meine Mutter wochenlang mit mir für den Einschulungstest geübt. Da musste man was zeichnen, und das war mir schwergefallen.

«Warum hat dein Männchen denn nur drei Finger, Philipp?»

Wusste ich auch nicht, warum.

«Schau mal, so geht das: eins, zwei, drei, vier, fünf. Siehst du? Jetzt probier mal selber.»

Ich malte einen Eumel mit sieben Fingern an einer Hand und vier an der anderen. Waren doch total viele Finger.

Nicht gut? Aus Unsicherheit malte ich ihm noch acht Zehen an jeden Fuß und zwei Bauchnäbel.

«Komm, wir nehmen ein neues Blatt.»

So kam ich schon mit fünf in die Schule, ich war mit Abstand der Jüngste in der Klasse. Trotz meiner Hochbegabung wählten sie mich dort aber nicht zum Anführer, was ein bisschen typisch ist fürs Märkische Viertel. Eigentlich auch für die ganze übrige Welt.

Am Wochenende ging mein Vater ab und zu mit mir raus. Fußball spielen. Ich stand dann da, und der Ball schoss an mir vorbei.

«Versuch mal zu dribbeln!», rief mein Vater dribbelnd.

«Hä?», dachte ich. Da knallte mir der Ball an die Nuss.

«Einen Kopfball nie mit dem Kinn annehmen», mahnte er. Sport und Phantasie – natürliche Feinde, wa?

Sport war nicht mein Lieblingsfach. Jede Stunde spielten wir Fußball gegen die Parallelklasse. Natürlich nur die Jungs, die Mädchen kuckten zu. Das war nun ihr Sportunterricht: rumsitzen. Deshalb wäre ich als Kind lieber ein Mädchen gewesen. Deshalb und wegen den süßen Klamotten.

Wir waren zwölf Jungen in der Klasse, und ein einziger war schlechter als ich. Das heißt, er war nicht eigentlich schlechter, nur unberechenbarer. Er hatte Schwierigkeiten, seine Schuhe zuzubinden, und konnte sich nicht merken, für welche Mannschaft er spielte. Manchmal lag er auch zuckend mit Schaum vor dem Mund und zerbrochener Brille den anderen im Weg. Deshalb war er der ewige Ersatzspieler, die Geheimwaffe, die wir nie einsetzten, und durfte mit den Mädchen zukucken, während ich jedes Mal mitspielen musste.

Fast alle Jungs aus meiner Klasse waren Stürmer, nur ich und ein stotternder Einpullerer mit sanftem Naturell mussten Verteidiger sein. Die Parallelklasse war uns haushoch überlegen, die ganze Action spielte sich vor unserem Tor ab. Das heißt, während die ganzen guten Spieler vorne vor sich hin stürmten, knallte uns der Gegner hinten einen nach dem anderen rein. Ich versuchte immer woanders zu sein, wenn der Ball kam, ohne dass es so aussah, als würde ich ihm aus dem Weg gehen. Gar nicht so einfach, vor allem wenn man phantasiebegabt ist und die ganze Zeit dabei noch vor sich hin träumen muss.

Unser Torwart, der dicke Lars, war eine Flasche, aber auf seine Weise gab er alles. Wenn der Ball schon längst im Tor lag, schmiss er sich nachträglich noch auf den Schotter, schürfte sich die Schwarte auf und schrie dann: «Was ist das für 'ne Scheißabwehr?!» Wir verloren immer so fünf zu null, sechs zu null, acht zu null, und jedes Mal waren der Stotternde und ich schuld.

«Sport ist nur was für Idioten», sagte meine Mutter und gab mir ein neues Buch.

Einmal auf dem Nachhauseweg von der Schule fand ich ein zerfleddertes Supermann-Heft ohne Umschlag und schmuggelte es unter meinem Pulli in die Wohnung. Ich las es unter der Bettdecke. Was nicht einfach war, denn ich wusste zwar aus meinen traurigen Büchern, dass man Verbotenes unter der Bettdecke liest, aber nicht, dass man dazu noch eine Taschenlampe braucht.

Die Supermann-Geschichte faszinierte mich. Vor den anderen spielt er den kompletten Deppen, aber heimlich hat er unglaubliche Fähigkeiten. War das nicht exakt mein Leben? Nur ohne die Fähigkeiten? Wieder und wieder las ich das Heft. Ich fand auch gut, dass es ohne Nazis war.

Die letzten Seiten fehlten allerdings, und es ärgerte mich sehr, dass die Geschichte kein Ende hatte. Dann fand ich's aber irgendwie gar nicht so schlecht: Es machte das Ganze mysteriöser. So anders als die ewigen geschriebenen Bücher, die wie stumpfsinnige Ozeandampfer von der ersten Seite an auf ihr – meist unglückliches – Ende zusteuerten. Zwischen ihren Buchdeckeln blieben sie gefangen. Supermann war frei.

Als ich zehn war, verbrachte ich mit einem Haufen anderer Kinder einen Teil der Sommerferien auf der Insel Scharfenberg im Tegeler See. Jeden Tag gingen wir schwimmen. Einmal nach dem Schwimmen saß ich mit zwei Mädchen, noch in den nassen Badeklamotten, auf einem umgestürzten Baumstamm, der in den See ragte. «Wir werden uns eine Nierenentzündung holen», dachte ich, «das ist der pure Wahnsinn», denn so hatte meine Mutter es mich gelehrt. Aber ich sagte mal nichts. Summte tonlos vor mich hin, denn ich stellte mir gerade vor, ich sei der Star einer Fernsehserie und in meinem Kopf lief jetzt der Vorspann dazu ab. Es war eine Serie über ein Fußballteam, das irre schlecht zu sein scheint, aber eigentlich haben sie's total drauf und verstellen sich nur aus taktischen Gründen.

Die Mädchen schnipsten Rindebrocken in meine Richtung, und plötzlich fragte mich eine: «Bist du Mexikaner?»

Komische Frage, wir kannten uns doch schon seit der ersten Klasse. Sie war Heike Bujarski, das schönste Mädchen unter der Sonne. Und ich war doch Philipp aus der Parallelklasse und kein Mexikaner.

Die Antwort fiel also nicht schwer: «Nein.»

«Hab nur gedacht», sagte Heike, «weil Mexikaner immer so süß aussehen.»

«Nee, bin aber keiner.»

Wir schwiegen und saßen weiter in der Sonne auf dem Baumstamm, umschwirrt von frischgeschlüpften Mücken, Schmetterlingen und Hummeln. Heike schaute aufs Wasser, das andere Mädchen schielte zu mir rüber. Ich suchte in der zerklüfteten Oberfläche des toten Baumes nach Ameisen. Mit denen konnte ich über Hirnwellen kommunizieren.

Dann sprangen die Mädchen in den See und schwammen davon. «Endlich!», dachte ich und rannte zu meinen Kleidern. Schnell den Bademantel übergeworfen, kucken, ob keiner kuckt, und die nasse Hose aus. Meine Nieren fühlten sich eiskalt an. Hoffentlich waren sie nicht schon entzündet. Nachdem ich mich angezogen hatte, packte ich Badehose und Handtuch in eine Tüte, schulterte die und ging in die Maisfelder. Große Maisfelder gab es auf der Insel Scharfenberg. Als Junge war man darin total verborgen. Ich rupfte mir einen rohen Kolben von der Staude, begann darauf rumzukauen und dachte nach.

Irgendwas hatte Heike mir sagen wollen mit dieser Geschichte von dem süßen Mexikaner, da war ich ganz sicher. Auch das Verhalten des anderen Mädchens hatte darauf hingewiesen. Dieses Starren. *Eingeweiht* war sie mir vorgekommen. Aber worein? Was war hier die geheime Botschaft? Sahen Mexikaner überhaupt süß aus? Die einzigen, die ich kannte, kamen im Lucky-Luke-Heft «Tortillas für die Daltons» vor, und die sahen eher witzig aus. Hatte sie das gemeint? Witzig? Nein, sie hatte wohl wirklich süß gemeint. Wie sie schon das Wort ausgesprochen hatte: «süüß». Flötend, mit gespitzten Lippen und dem Blick zum Boden. Heike war so unglaublich schön. Kannte sie einen Mexikaner? War sie im Urlaub mit ihren Eltern nach Mexiko gefahren und hatte sich dort in einen verliebt? In einen süßen? Ich sah ihn vor mir, dunkelhäutig, schwarzlockig und mit einem riesigen Sombrero. Mir brach es das Herz, aber es passte einfach: sie in ihrer Schönheit, mit einem süßen Mexikaner. Bloß warum erzählte sie mir davon? Brauchte sie mich für irgendeinen Botendienst? Durften ihre Eltern nichts wissen? Ich dachte noch lange darüber nach.

zwei

Auf dem Schulweg, in der Schule und auf dem Weg zurück begann ich mir irgendwann vorzustellen, dass ich ein riesiger Roboter wäre. Gigantisch, ein mobiles vernunftbegabtes eigenes Märkisches Viertel auf zwei Beinen, bevölkert von winzigen Wesen. Im Kopf war die Kommandozentrale, von der aus mit den anderen Körperteilen kommuniziert wurde. Beispielsweise meldete der Typ, der den Darm beaufsichtigte (ein unrasierter rauchender Vogel mit brauner

Uniform. Ständig schlecht gelaunt, na ja, er hatte auch den übelsten Job): «Ey! Hier unten ist wieder 'ne Fuhre bereit!»

«Geht jetzt nicht», funkten sie von oben, «wir sind noch unterwegs. zehn Minuten mindestens.»

«Waas? Wie soll ich den Druck zehn Minuten halten? Mir fliegt hier gleich alles um die Ohren!»

«Die Beine sind schon informiert, aber schneller schaffen wir's nicht.»

«Ihr habt gut reden, hockt da oben gemütlich rum!»

Es war tatsächlich ausgesprochen gemütlich oben. Riesige Siebziger-Jahre-Computer, in denen sich so Magnetbänder drehten, überall blinkten bunte Lämpchen, für die Mannschaft gab es moderne Räume mit Sofas, ovalen Fenstern und Lavalampen. Zwischen den Schichten konnten sie dort Filme kucken. Alle trugen rote Pagenuniformen wie Pikkolo aus den Fix-und-Foxi-Taschenbüchern. Nur der Darmtyp hatte eben eine braune (wie kam ich bloß immer auf solche Sachen?). Und dann gab es noch einen mit einer blauen. Er hieß Joe, und seine Aufgabe war der Außendienst.

Wir hatten oben nämlich auch einen kleinen wendigen Turbojet, mit dem man zu den Ohren raus in die Welt fliegen konnte. Wenn's sein musste. Und ab und zu musste es leider sein.

«4 ... 3 ... 2 ... 1 ... Start!»

Der Jet schoss aus dem rechten Ohr des Riesen-Philipp-Roboters ins Freie. Joe ging in den Tiefflug, riss die Maschine im letzten Moment wieder hoch. Einmal fraß ihn fast ein Hund. Weil er so winzig war, brauchte er lange für die

Strecke, darum hatte er ein Pausenbrot dabei. Endlich näherte er sich seinem Ziel: «Objekt anvisiert, ich geh rein.»

In der Kommandozentrale bibberten sie.

«Er geht rein, und hier kommt gleich was raus!», funkte der ewige Typ von unten.

«Ruhe!»

Heike Bujarski war auch auf dem Weg nach Hause. Gerade hatte ich sie noch kurz in der Schule gesehen. Jetzt sah ich sie schon wieder auf dem großen Bildschirm in meinem Kopf. Geschickt steuerte Joe seinen Jet auf sie zu, wendete scharf und flog in ihr linkes Ohr.

Alarmsirenen! Joe boxte die Fensterkuppel hoch und sprang aus dem Jet. Überall wimmelte es vor Wachpersonal. Heikes Leute sahen aus wie meine, nur dass sie grüne Uniformen hatten. Auch ihre Kommandozentrale ähnelte meiner; sie war allerdings etwas kleiner und weniger Lichter blinkten.

Mit gezielten Phaserstößen hielt Joe sich Heikes Männer vom Hals, er rannte zu den Computern und fing dort fieberhaft zu suchen an. Zum Glück waren die Computerrollen beschriftet. *Schule* – nein, *Völkerball* – nein, *Familie, Freunde, Ferien* – ah, hier war's: *Wie ich Philipp finde.*

Eine schwere Rolle, was immer das bedeutete. Joe riss sie aus der Verankerung und lief Richtung Jet, aber schon versperrte ihm ein Dutzend grün gewandeter Gestalten den Weg.

«Her mit der Rolle», rief der Boss von denen, «hier kommst du eh nicht mehr raus. Wir werden dich foltern, um rauszufinden, wer dich schickt. Das dürfte hochinteressant werden.»

Joe drehte sich um und rannte in die andere Richtung.

«Hinterher!», riefen Heikes Männer.

Schnell zum rechten Ohr. Hier musste es doch … da sah er ihn auch schon: ein grüner Turbojet, bewacht von zwei Männern. Joe schaltete sie blitzschnell aus und sprang in den Jet.

«Schnappt ihn euch! Er darf nicht entkommen!»

Der erste von Heikes Männern war schon beim Jet, aber zu spät: Joe hatte das Schätzchen ruck, zuck gestartet und sauste zum rechten Ohr hinaus.

In der Kommandozentrale bei mir jubelten sie. Aber: Heikes Jet war leider wesentlich schlechter als meiner und nicht für lange Flüge konzipiert. Er trudelte und verlor an Höhe. «Mistvogel!», fluchte Joe. Und da kam wieder der Hund von vorhin.

«Ballast abwerfen! Du musst Ballast abwerfen, Joe! Wirf die Rolle ab, dann bist du leichter!»

«Niemals! Die Rolle ist mein Auftrag!»

Da schaltete ich mich persönlich ein: «Wirf die Rolle ab, Joe. Das ist es nicht wert. Wirf sie ab, ist schon okay.»

«Zu Befehl, Boss», murmelte Joe tonlos und schmiss die Rolle aus dem Jet, dem geifernden Köter direkt in den Rachen. *Wie ich Philipp finde* konnte man noch kurz lesen, dann schnappte das Biest zu und verschluckte sie. Joe riss die Maschine mit letzter Kraft hoch und steuerte sie auf Impulsantrieb sicher durch mein Ohr zurück in die Zentrale.

«Mach dir nichts draus, Mann», sagten die anderen, aber Joes Laune war im Keller. Er ging in sein Schlafquartier, wollte einfach nur alleine sein.

«Fast hätte es geklappt», murmelte er tonlos, während er sich einen Saft eingoss.

Sein bester Freund Bill kam durch die elektromagnetische Schiebetür herein.

«So was passiert, Kumpel. Aber du warst nah dran, verflucht nah. Wir konstruieren einen neuen, besseren Jet, und dann versuchst du's noch mal.»

«Noch mal?», wunderte sich Joe. «Aber die Rolle ist doch hin. Für immer verloren.»

«Nichts ist verloren», beruhigte ihn Bill. «Sie haben von jeder Rolle Duplikate. Glaub mir: Nächstes Mal haut's hin. Und jetzt lass uns ins Bordkino gehn. Sie zeigen *Das Mädchen auf dem Besenstiel* und danach *Mit Schirm, Charme und Melone.*»

Inzwischen war ich an unserer Wohnungstür angelangt. Ich hatte, ohne es zu merken, den ganzen halbstündigen Weg von der Schule nach Hause zurückgelegt.

Verrückt, wie vertieft man in seine Phantasien sein kann. Die Außenwelt war währenddessen völlig verblasst. Jetzt erinnerte ich mich, dass ich auf dem Nachhauseweg sogar jemanden getroffen hatte. Total vergessen gehabt. Wer war das noch mal gewesen? Mehrere, glaub ich sogar. Ach, jetzt fiel es mir wieder ein: Johnny und seine Kumpels hatten an der Ecke gestanden. Die waren alle so um die dreizehn, vierzehn – langhaarig, Raucher, AC/DC- oder Kiss-Aufnäher hinten auf den Jeansjacken. Nie beides zusammen, du konntest nur AC/DC *oder* Kiss sein. Auf meiner Jeansjacke war hinten ironischerweise ein Fußball drauf. Na ja. Genau, Johnny und seine Kumpels hatten dort rumgelungert. Ich erinnerte mich plötzlich, dass ich noch kurz gedacht hatte: «Da hinten sind Johnny und seine Leute – ich geh mal am besten nicht auf die andere Straßenseite, sondern extra dicht an ihnen vorbei, sonst denken sie noch, ich hab Angst oder so.» Dieses Verhalten hatte ich aus den Western gelernt, die in unserem Ghettokino liefen: Der Held ging immer alleine auf die Bösen zu, die immer in der Überzahl waren. Godzilla machte es auch so: Alleine gegen ein paar tausend Japaner. Also los.

«Ey, Piepel», sagte Johnny.

Erst mal weitergehen. Vielleicht meint er ja jemand anderen.

«Ey, Piepel. Ich rede mit dir.»

Johnny packte mich von hinten an meiner Schulmappe, und genau in dem Moment schickte ich Joe in dem kleinen Turbojet los. Wegen dem Heike-Auftrag natürlich, aber auch – wie ich mich jetzt erinnerte –, damit wenigstens er durchkam, falls sie mich killen würden.

«Wo willst du denn hin? Wir tun dir doch nichts», sagte Johnny, aber kaum hatte er das gesagt, schubste er mich schon in die Piker. Ich rappelte mich auf, beobachtete Joes Flug auf meinem inneren Monitor und sagte: «Lasst mich in Ruhe. Sonst könnt ihr nachher die Arztkosten bezahlen.» (Der alte Arztkosten-Trick. Funktionierte leider fast nie.)

«Wir tun dir doch gar nichts», sagte Johnnys einer Kumpel und schubste mich zurück in die Piker.

«Du Arschficker», meinte nun wieder Johnny, «ich krieg noch fünf Mark von dir.»

«Nein», sagte ich. Vorsicht, Joe, der Hund!

«Na logisch. Hab ich dir letzte Woche geliehen. Stimmt's?»

Die anderen nickten.

«Du verwechselst mich, glaub ich», sagte ich mit zittriger Stimme, aber Johnny packte mich am Kragen und zog mich so nah an sein Gesicht heran, dass ich seine Pickel zählen konnte. Es waren dreizehn. Er hielt mir seine Faust unter die Nase, aus der die Spitze eines abgebrochenen Mercedessterns ragte.

«Willst du mich verarschen?», flüsterte er heiser.

Ich schüttelte schnell den Kopf. War aber auch 'ne leichte Frage gewesen. Warum waren bloß die Mädchen nie so klar wie die Jungs?

«Morgen um dieselbe Zeit hier gibst du mir meine Kohle zurück, sonst …»

Er kratzte mir mit der Mercedesfaust über die Backe. Es tat weh und fühlte sich heiß an. Dann schubsten sie mich wieder in die Piker, die sich in ihrer vertrauten Kratzigkeit absurderweise jetzt schon wie eine Art Zuhause anfühlten, machten meine Schulmappe auf und schmissen die Sachen in der Gegend rum. Lachend zogen sie ab.

Ich sammelte meinen Kram wieder ein. Zum Glück konnte ich alles finden. Wut kroch in mir hoch wie eine garstige Kröte, über meinen riesigen Hirnmonitor begannen schon erste Rachephantasien zu flimmern, aber dafür hatte ich jetzt keine Zeit: Joe wurde gerade von Heikes Männern angegriffen, er musste sie mit dem Phaser betäuben. Und jetzt schnell zum Hauptcomputer!

So hatte ich meinen Nachhauseweg fortgesetzt und die Sache erst mal vergessen. Bloß jetzt fiel's mir wieder ein, und ich hatte keine fünf Mark. Und sowieso wollte ich Johnny auch keine fünf Mark geben, denn er hatte sich getäuscht: Nicht mir, sondern einem anderen Elfjährigen hatte er dieses Geld geliehen. Irgendwo da draußen gab es wohl einen Jungen, der so aussah wie ich. Ganz schön mutig: Leiht sich von Johnny fünf Mark – eigentlich auch nett von Johnny, ihm die zu leihen, das musste man zugeben – leiht sich von Johnny fünf Mark und gibt sie einfach nicht zurück! Der Junge musste Nerven aus Stahl haben. Hey! Wenn ich genauso aussah wie er – hatte ich dann vielleicht auch Nerven aus Stahl? Könnte hinkommen. Klasse. Geheimagent Philipp. Was willst du, Johnny? Bang bang bang! Oh, bist du tot? Das tut mir aber leid.

Meine Mutter stand in der Küche. Sie sah meine blutige Backe.

«Was ist denn mit dir passiert?», rief sie aus.

«Das waren die anderen», sagte ich.

«Die anderen sind neidisch auf dich», tröstete sie mich. «Sie spüren, dass du ihnen geistig überlegen bist.»

«Ich glaub auch.»

«Lies das hier», fuhr sie fort und gab mir ein Buch, *Die Verwandlung* von Franz Kafka. «Das wird dir gefallen, und du kannst sicher sein, die anderen wären viel zu dumm, um das zu verstehen.»

«Ha», sagte ich und fing auch gleich an zu lesen: «Als Georg heute Morgen aufwachte, war er auf einmal ein riesengroßer Käfer.» Konnte ja nur noch besser werden.

Die nächsten Wochen ging ich auf verschlungensten Wegen zur Schule, aber Johnny und seine Kumpels sah ich zum Glück erst einmal nicht wieder.

drei

Mit zwölf kam ich in die siebte Klasse, auf die Gesamtschule. Sie erschien mir wie ein Raumschiff. Ein Raumschiff ohne Käpt'n. Alles riesig, unübersichtlich und lila, grün oder orange gestrichen. Die Fenster waren rund. Ein bisschen sah's tatsächlich aus wie in meinem Kopf, wenn ich der Riesenroboter war, allerdings war alles sehr viel dreckiger. Und wir hatten wieder keine Uniformen, seufz. Wir hatten auch keine Klassenverbände mehr, sondern wurden in sogenannte Großgruppen zu 150 Schülern eingeteilt. In immer anderen Zusammensetzungen hatten wir Unterricht – immer woanders.

Der Unterricht ging bis vier Uhr nachmittags, und in dieser Zeit war man hauptsächlich damit beschäftigt, von Raum zu Raum zu rennen. Die Räume trugen Bezeichnungen wie 201.03. Selbst wenn man mal wirklich so einen Raum gefunden hatte und schon drinsaß, fragte man sich noch, ob es ihn überhaupt gab. Viele Räume waren fensterlos und neonbeleuchtet – schon wieder die Zukunft, Mann.

Und dann: die erste Sportstunde. Mit lauter fremden Halberwachsenen in der Umkleide. Ich zieh meine Turnhose hoch und zucke zusammen: Direkt neben mir steht Johnny. Wieso ist Johnny noch in der siebten Klasse?, denke ich. Und: Scheiße, die fünf Mark. Aber er scheint mich nicht zu erkennen. Da kommt der Sportlehrer rein und sagt: «Leute, wir spielen Fußball.»

Alle so: «Yeah», und ich auch: «Jippie.» Aber das Herz sackt mir in die hochgezogene Hose, weil klar ist: Nach dieser Sportstunde ist mein Ruf auch auf der neuen Schule im Eimer. Wenn sie sehen, dass ich wie ein Mädchen spiele, ach, was sag ich: wie das Mädchen eines Mädchens, bin ich wieder in derselben Verliererrolle wie auf der Grundschule. Und es gibt keine Möglichkeit, das zu verhindern! Jetzt sind die Karten noch so super ungemischt, keiner kennt keinen, ein großartiger Zustand. Warum kann das nicht so bleiben? Genieß diese letzten freien Minuten, denke ich und grinse schief einen anderen Jungen an. Der grinst zurück.

«Astrein: Fußball!», sagt er.

«Einwandfrei», sag ich.

Wenn ich doch bloß ein gebrochenes Bein hätte. Einen fetten Gips: «Mist, kann nicht mitspielen. Würde so gerne. Fußball ist unser Leben. Na ja, ich kuck euch zu, Leute. Aber baut mal keine Scheiße, ey.» Und die anderen würden denken: «Philipp ist in Ordnung. Würde gerne mitspielen, aber kann nicht. Shit.»

Johnny und ein anderer größerer Typ wählen die Mannschaften aus. Johnny kuckt zu mir rüber. Er kneift die Augen zusammen.

«Dreck», denke ich. «Jetzt erinnert er sich doch.»

«Hast du's drauf?», fragt Johnny, und ich will schon antworten: «Hier liegt eine Verwechslung vor», als mir klarwird, was er meint. Er will mich in seine Mannschaft wählen! Als Ersten!

«Logo», sage ich.

«Okay», meint Johnny und winkt mich zu sich.

So stehen wir kurz zu zweit da, die kleinste Mannschaft

der Welt, der größte Irrtum in der Geschichte des runden Leders, und obwohl ich Angst habe vor dem schlimmen Absturz, der gleich kommen und sich in den nächsten Sportstunden fortsetzen wird bis zur völligen Vernichtung meiner Reputation, bin ich doch auch ein bisschen stolz. Old Johnny und ich. Der Teufel und sein General. Die Kapeiken von der Tankstelle. Zwei Supernasen auf dem Rasen für ein Halleluja. Leider vergeht dieser Moment schnell. Goodbye. Johnny and Me – Hello Loneliness. Es wird nie wieder so sein. Die Zeit macht echt alles kaputt. Beide Mannschaften sind jetzt gewählt.

«Wer geht ins Tor?», fragt Johnny. Keiner will. Da kommt mir eine Idee.

«Kann ich ja mal machen», sage ich so lässig, dass ich fast noch auf den Hallenboden spucke dabei.

«Hast du's denn drauf?», fragt Johnny.

«Möglich.»

«Okay.»

Mein hastig erstellter, aber trotzdem genialer Plan geht so: Ich im Tor, und es kommt erst gar kein Ball in meine Nähe, weil könnte doch sein. Vielleicht kann ich das die sieben Jahre bis zum Abitur durchhalten, und danach werde ich eh nie mehr Fußball spielen. Das wird überhaupt der Hammer werden: ein Erwachsenenleben ohne Sport. Auf einmal fühle ich mich besser. Genau. Muss jetzt einfach nur diese Sportstunde überstehen. Und dann die nächste. Stück für Stück schachtel ich mich hier raus.

Anpfiff. Pock, pack, der Ball liegt hinter mir im Tor. Hab ihn gar nicht kommen sehen.

«Tor!!!», grölen die Gegner, und Johnny tritt fluchend

den Hallenboden. Ein Quietschen, das mir durch Mark und Bein geht.

Alle sehen mich an. Ich mache eine halbärschige Werhättedasgedachtgeste, während sich meine Augen mit Tränen füllen.

«Scheibenhonig», flüstere ich, ziehe einen Mundwinkel hoch, den anderen runter, stemme die Hand in die Hüfte, nehm sie wieder da weg, wechsel ein paarmal Spielbein und Standbein, fahr mir durchs Haar, schick den Turbojet los und schau mir die dicken Matten an, die an der gegenüberliegenden Hallenseite lehnen. Wofür die wohl sind?

Sie starren immer noch alle zu mir. Was denn jetzt noch?

«Abstoß!», brüllt der Sportlehrer. Ach ja, der Ball. Genau. Raus mit der Schweinebacke. Auf Nimmerwiedersehn, Muchacho, grüß mir die Sierra Nevada, Compadre. Ich leg ihn mir zurecht, hebe das rechte Bein, tret am Ball vorbei, erwisch ihn allerdings beim Zurückschwingen. Er rollt langsam ins Tor.

Der Sportlehrer pfeift. «Eigentor!», ruft er. «Zwei zu null.»

Johnny schüttelt seine Faust in meine Richtung. «Willst du mich verarschen, du Spast?» Die Leute aus meiner Mannschaft schreien mich an. Die Gegner lachen sich schlapp und klatschen Beifall. Meine Knie zittern. Ich nehm den Ball vorsichtig hoch und werfe ihn weg. Leider nicht sehr weit und leider zu einem von den Gegnern, der ihn mir sofort wieder reinsemmelt.

«Drei zu null!»

«Was ist das für 'ne Scheißabwehr?», frage ich zaghaft und sacke vorsichtig in mich zusammen.

Wir verlieren zwölf zu null.

«Jetzt bin ich tot», denke ich nach dem Abpfiff. Trau mich niemanden anzusehen, bleib im Tor stehen und untersuche intensiv den rechten Pfosten, als wäre dort die Erklärung zu finden. Ah ja, hier ist etwas Lack abgesplittert, hm. Hm. Da ruft der Sportlehrer: «Hey hey hey, wir sind noch nicht fertig! Zum krönenden Abschluss spielen wir jetzt Spinnenfußball!»

«Hähö, Spinnenfußball?», tönt es von allen Seiten. Er zeigt uns, wie's geht. Auf Händen und Füßen, aber so, dass die Brust nach oben zeigt, krepeln wir durch die Halle, und so kann's auf einmal keiner mehr. Es macht auch keinem Spaß, ist einfach nur anstrengend und behirbelt. Die Mädchen, die wie zu alten Grundschulzeiten keinen Sport machen oder irgendwelche Bänder schwingen, lachen uns aus. Als die Stunde vorbei ist, haben alle wie durch ein Wunder meine schwache Performance vergessen und fluchen stattdessen nur: «Scheißspinnenfußball!»

Johnny flucht am lautesten, vielleicht, um davon abzulenken, dass seine Mannschaft kein einziges Tor geschossen hat. Ich weiß nicht, ob man das über Johnny sagen darf, aber irgendwie war er auch nicht so gut. Vielleicht, weil er Raucher ist.

«Scheißspinnenfußball!», sagt er.

«Echt», murmel ich.

Leider haben wir's danach nie wieder gespielt.

«AC/DC, Alter», sagte Vogel, der in Bio neben mir saß, jetzt schon zum fünften Mal heute. Wir hatten Sexualkunde. Ich fand's echt interessant, aber die anderen taten so, als wüssten sie schon alles darüber, keiner hörte zu. Selbst schuld, später würden sie sich ärgern, und ich wär dann fein raus, kicher.

Unsere Schule war ja, wie gesagt, ein ultramoderner Bau. Wir hatten alles: Chemielabore, «Sprachlabore», Biologiebecken mit Froschleichen zum Drinrumstochern und vor allem Top-Physikräume, in denen die Tische mit allen möglichen technischen Anschlüssen versehen waren. In so einem saßen wir jetzt. Vielleicht, weil Sexualkunde ja auch irgendwie was mit Physik zu tun hat – Schwerkraft und so. Weil, mit Mädchen war's ja schwer, oh Mann. Sorry. Vielleicht aber auch nur, weil die verzettelten Hippielehrer, die wir nun hatten, selber nicht durchblickten, welcher Raum für was war.

Auf jeden Fall saßen wir an diesen durchtechnisierten Tischen voller großer, kleiner und mittlerer Steckdosen, und über einer von denen stand *AC/DC*. Aber nicht etwa mit Edding oder Kuli geschrieben oder mit einem Springer reingeritzt, nein, ganz offiziell, legal oder was, ordentlich gestanzt in ein kleines, fest mit dem Tisch verschraubtes Blechschild. Dieses kleine Schild faszinierte Vogel mehr als das seitlich aufgeschnittene Glied und die Frontalvagina mit sämtlichen Eierstöcken, die uns weiter vorne präsentiert wurden.

«AC/DC», dachte er (ich konnte seine Gedanken lesen, weil er dabei den Mund bewegte), und dann sprach er es aus. «AC/DC.»

Ich nun wieder wusste, dass das einfach nur Gleichstrom/Wechselstrom hieß und darum gar nicht verwunderlich war, aber ich wollte Vogel nicht den Spaß verderben. Und nach einer Weile fand ich's auch gut. Nicht dass es da stand, sondern dass Vogels Blick immer wieder daran hängenblieb, dass auch beim fünften Mal ungläubige Verwunderung in ihm aufbrandete und dass er vor allem gar keine Erklärung dafür suchte, sondern sich nur immer wieder von neuem fröhlich darüber bepfiff. Die Welt ist witziger, wenn man die ganzen Zusammenhänge nicht kapiert. Vogel checkte das und hatte hier neben mir den Spaß seines Lebens. So wollte ich auch sein. Kein Klugscheißer mehr, sondern ein glücklicher lachender Wilder. Und so würde ich auch werden. Ich war zwölf. Fast ein Teenager. Ich war bereit, die Kindheit hinter mir zu lassen. Mit meinen Playmobilfiguren spielte ich auch nur noch echt harte, von Italowestern inspirierte Spiele. Hatte ihnen mit einem gefundenen Plastikfeuerzeug Brandblasen in die Gesichter geschmolzen, solche, wie sie Clint Eastwood in *Zwei glorreiche Halunken* in der Wüstenszene hat. Dauernd schossen sie sich über den Haufen und rissen dazu zynische Sprüche. Man könnte sagen, mein Spiel war erwachsen geworden.

Also lächelte ich freundlich, als Vogel nun wieder «AC/DC» sagte, und statt ihm die Sache zu erklären – was ich übrigens schon mehrmals erfolglos versucht hatte –, raunte ich: «Auf jeden.»

Du kannst deine Schlauigkeit nicht abschalten, einem AC/DC-betriebenen Staubsauger gleich, aber du musst sie ja nun auch nicht dauernd raushängen lassen wie den ausgepullerten Puller aus der Hose. Wenn ich wie Vogel sein wollte, musste ich lernen, so zu denken wie er, und der erste Schritt dazu war: nicht mehr zu denken wie ich. Heimlich folgte ich aber dennoch dem Unterricht, das war doch alles total wichtig für später, Mann.

Jenny Gesundbrunnen kam an Vogels und meinen Tisch. Jenny hatte riesige Brüste, und vor denen hielt sie einen zusammengefalteten Zettel. Also, sie drückte diesen Zettel jetzt nicht erbebend *an* die Brüste wie die Mätressen am Hofe des Sonnenkönigs es getan haben mögen, ihre Brüste waren nur eben so groß, dass sich irgendwie alles, was sie hielt, «vor den Brüsten» befand. Wenn man vor ihr stand, stand man vor den Brüsten. Brüste.

«Was gibt's denn, Jenny?», fragte Herr Kolbe, der Bio-lehrer. «Kann ich dir helfen?»

Sie hörte nicht auf ihn, sondern stützte sich mit einer Hand auf unseren Tisch. Die Brüste waren jetzt direkt neben meinem Kopf. Vogel beugte sich vor und starrte drauf. Er glotzte seelenruhig – ein fröhlicher Wilder, der wusste, was ihm gefiel. So musste ich auch werden, war ich aber noch nicht. Ich kuckte auf das AC/DC-Zeichen. Ich las: A C D C.

Jenny war so hübsch. Leider hatte mir meine Mutter inzwischen schon beigebracht, dass hübsche Mädchen dumm sind. Und, stimmt, sie wirkte nicht besonders schlau mit ihrem dauergewellten Olivia-Newton-John-Look und der Drahthaarbürste hinten in der knallengen Jeans.

«Wie geht's, Alter?», fragte sie mich nun.

«Ganz okay», sagte ich.

«Jenny, dein Platz ist hinten bei Anke. Komm. Dann setz dich doch einfach mal wieder dort hin, oder?», schlug Herr Kolbe vor, aber man spürte, dass er das nicht wirklich so wörtlich meinte. Sein Zickenbart machte unten eine witzige Welle, und diese Welle sprach eine andere Sprache. Sie sagte: «If you're going to San-Fran-Zisko ...»

Jenny blieb bei uns stehen und kaute weiter mit offenem Mund ihren Kaugummi (leider – wie meine Mutter mir erklärt hatte – auch wieder ein Zeichen von Dummheit). Sie kaute und kaute. Sie kaute so heftig auf dem sicher schon seit Stunden geschmacklosen Klumpen, dass ihre Brüste im Rhythmus mitwippten. Ich sah das nicht, ich war ja noch mit AC/DC-Lesen beschäftigt, aber ich spürte es. Ich spürte, wie sie die Luftmassen nahe meinem Kopf bewegten. Physik und Sexualkunde – es hing irgendwie doch zusammen. Meine Ohren waren plötzlich ganz heiß und wahrscheinlich auch rot. Vielleicht wurde ich auch krank. Hoffentlich nicht!

«Hier, für dich», sagte Jenny schließlich und schob mir den Zettel hin. Dann ging sie zurück zu ihrer harten Turnschuhbikermädchenclique, den Drahthaarbürstenbräuten von der letzten Bank, die nun alle johlten, pfiffen und applaudierten.

Jenny streckte die Arme in die Luft wie Marilyn Monroe oder ich weiß gar nicht, wie wer, und tänzelte mit dem Hintern wackelnd vor ihren Mädchen hin und her. Noch mehr Gejohle.

«Leute, so ist das doch nicht gut», fand Herr Kolbe. «Das macht doch keinen Spaß so.»

Ich entfaltete den Zettel. *Willst du mit mir gehen? Kreuze an: Ja, Nein, Vielleicht* stand darauf.

«Du musst *Ja* ankreuzen», sagte Vogel, der mitgelesen hatte.

«Weiß ich», sagte ich, drehte mich weg, hielt meinen angewinkelten Arm als Sichtschutz über den Zettel und kreuzte *Vielleicht* an.

Dann stand ich auf und ging mit weichen Knien zu Jennys Tisch. Die Drahtbürstenbräute sahen mich an. Kauend mit offenen Mündern. Alle noch mit den Jeansjacken an. Die zogen sie nie aus, sie hatten sie sogar bis oben zugeknöpft, außer Jenny, bei der ging das gar nicht. Schnell legte ich den Zettel vor Jenny hin und kuckte dabei zu Boden, wobei mir auffiel, dass ich heute aus Versehen schon wieder meine Hausschuhe anhatte. Dann trottete ich wieder auf meinen Platz.

Vogel kniff fragend ein Auge zu.

«AC/DC, Alter», sagte ich und zeigte auf das witzige Schild. «Warum nicht gleich Kiss?»

Damit hatte ich ihn.

«Warum nicht gleich Kiss!», schrie er, haute auf den Tisch und fiel vor Heiterkeit vom Stuhl. Blieb unten liegen, zuckend geschüttelt von tonlosem Lachen – so musste ich werden.

Ich spürte etwas im Nacken. Jenny oder eine andere von den Drahtbürsten hatte mir den Zettel wieder zurückgeworfen. Ich hob ihn auf und entfaltete ihn. Jupp, war derselbe Zettel. Aber nun war das *Vielleicht* durchgestrichen. Ich schluckte. Drehte mich nach hinten um. Jenny und ihre Girls kuckten langsam und rhythmisch kauend zu mir. Ich kuckte wieder auf den Zettel.

Ich malte ein neues *Vielleicht*-Kästchen neben das durchgestrichene, kreuzte das an und warf den Zettel wieder nach hinten zu Jenny.

Das heißt, ich wollte ihn zu Jenny werfen, aber leider warf ich damals noch nicht so richtig gut, und der Zettel trudelte ganz woanders hin, nämlich zu Schmehlitz, der ihn sofort mit speichelfädenziehendem Lachen an sich riss und öffnete.

«Ey, gib das her, du Spastiker!», schrie Silke, eine von Jennys Freundinnen, sprang auf und streckte die Hand nach dem Zettel aus. Schmehlitz grinste mit allen Pickeln, die er hatte, hielt den Zettel von ihr weg und sagte: «Und was machst du, wenn ich ihn dir nicht ...»

Silke zog ihm ihre Drahthaarbürste so hart durch die Fresse, dass ich kurz dachte, er würde ein Auge verlieren. Jetzt war plötzlich auch Jenny am Tisch von Schmehlitz und biss ihm mit ihren kleinen Perlenzähnen in die schweißige Hand, die den Zettel hielt. Tief. Schmehlitz brüllte vor Schmerz. Er war mitten im Stimmbruch, und es klang wie eine sterbende Robbe.

«Jenny. Silke. Stefan. Ach Leute.» Herr Kolbe hätte ein friedfertiges Miteinander jetzt besser gefunden.

Schmehlitz ließ wimmernd den Zettel los. Sein Gesicht war mit kleinen roten Punkten bedeckt, die Pickel hatten sich dunkelrot verfärbt, einige waren aufgegangen. An der Hand hatte er einen tiefvioletten Bissabdruck.

Ich war stolz auf meine Frau.

Na ja – *vielleicht* meine Frau.

Ich lächelte Jenny kurz freundlich zu, aber dann drehte ich mich schnell wieder nach vorne um. Zum Glück: Denn nun erzählte Herr Kolbe etwas äußerst Beunruhigendes.

«So, wie die Mädchen also irgendwann ihre Tage bekommen, kriegen die Jungen mit Beginn der Pubertät ihren

ersten Samenerguss.» Er zeigte mit dem Zeigestock auf das
Dia eines schmächtigen Vierzehnjährigen. Natürlich nackt,
mit unbehaarten Nüssen. In den späten Siebzigern war alles voll mit Bildern von nackten Teenagern und Kindern.
Überall wurden sie dir vor die Rübe gesetzt: in der Bravo,
in den Schulbüchern, im Fernsehen. Mir war's immer total
peinlich, aber jetzt schaute ich doch hin, denn – *erster Samenerguss*? Was sollte das jetzt? Und das war wie die Tage?

Die Tage beunruhigten mich. Seit sie Einzug in die Schule
genommen hatten, war es, als läge ein furchtbarer Fluch
auf unseren Mitschülerinnen. Reihenweise kippten sie um,
tausend üble Übelkeiten widerfuhren ihnen – keine einzige
machte mehr beim Sport mit, ständig blutete es hier und
da – es schien die pure Hölle zu sein. Aus jedem Unterricht
rannten mindestens zwei Mädchen raus: «Mir ist übel, ich
hab Kopfschmerzen, Krämpfe, Schwindel, Visionen – ich
hab meine TAGE. Sie muss mich nach Hause bringen, ich
kann nicht alleine gehn.» Permanent lief das so, es gab
keinen Tag ohne Tage. War immer froh gewesen, dass wir
Jungs das nicht durchmachen mussten, und jetzt gab es
für uns doch noch so was? *Samenerguss*? Das klang ja noch
schlimmer. Ich musste mehr erfahren.

    «Herr Kolbe», meldete ich mich. Herr Kolbe stutzte.
Melden war er nicht gewohnt.

    «Philipp», sagte er, «hast du eine Frage?»

    «Ja, wann – wann kriegt man denn eigentlich diesen
ersten Samenerguss?», fragte ich so beiläufig wie möglich,
während mich von hinten wieder ein Zettel traf.

    «Das merkst du dann schon», antwortete Herr Kolbe.

«Irgendwann wachst du morgens auf, und dein Schlaf-anzug ist nass.»

«Kann das auch in der Schule passieren?», fragte ich, denn ich hatte sofort das Bild von fluchenden Mädchen mit durchbluteten weißen Jeans vor Augen. Was, wenn ich so mir nichts, dir nichts, im Unterricht sitze und auf ein-mal – Schwall! Alles voller Samen! Die ganze Hose nass! Welche Farbe hatte Samen? Bestimmt Gelb. O Gott, genau das würde mir passieren, ich war mir fast sicher.

Alle schmissen sich weg vor Lachen. Egal! Ich brauchte diese Information jetzt.

Herr Kolbe grinste: «Eher nicht», sagte er.

Eher nicht – also uneher doch! Ein kleines Risiko be-stand also, und das hieß, dass ich verloren war – denn ich war genau dieser eine ungewöhnliche Typ, den dieses Risi-ko treffen würde! Ich war ja nicht wie die anderen, das war doch gerade der Dreck! Hart und wenn ich am wenigsten darauf gefasst war, würde der Samenerguss mich treffen! Schwall! Gieß! Sapsch! Klatschnass vollgesamte Jeans, mitten im Unterricht, vom kalten Neonlicht brutal aus-geleuchtet!

«Aber was, wenn doch?», fragte ich.

Heiterkeit ohne Ende. Auch Herr Kolbe war nun gut drauf. Kunststück! Sein Samen hatte sich wahrscheinlich schon vor Jahrzehnten ergossen.

«Wie gesagt», schloss er das Thema ab. «Du wachst morgens auf, und dein Schlafanzug ist nass.»

Mein Schlafanzug war tatsächlich schon seit ungefähr ei-nem Jahr jeden Morgen vorne nass – aber das musste was anderes sein. Wahrscheinlich nur ein bisschen eingepullert wie in alten Zeiten. Roch allerdings besser als früher. Irgendwie roch es gut. Aber das war eine von den Sachen, über die ich nicht so nachdachte. Okay, mehr Informationen würde ich heute wohl nicht mehr bekommen, höchste Zeit, mein Image wieder zu entdeppen. Ich drehte mich zu Vogel, zeigte auf «unsere» Steckdose und sagte: «Ey Vogel: Highway to Hell.»

«Samenerguss», dachte Vogel, darum wiederholte ich: «Highway to Hell», und dieses Mal nickte er.

«Highway to Hell» sangen wir zusammen mit gereckten Fäusten. Es war der Beginn einer wunderbaren Freundschaft. Immer mehr Zettel von hinten.

Endlich klingelte es. Ich griff mir meine Mappe und stürzte zur Tür, aber dort stand schon Jenny und versperrte mir den Weg. Sie sah mich an. Mit funkelnden grünen Augen. Eine Dauerwellenlocke fiel ihr in die Stirn. Sie atmete schwer und kaute schnell.

«Highway to Hell», murmelte ich, aber ohne Vogel klang es falsch. Jennys Brüste berührten mich. Es war unmöglich, vor ihr zu stehen, ohne dass man die spürte.

«Ey», sagte Jenny.

Ich kuckte zu Boden. Von hinten kamen Jennys Freundinnen. Ich ging in die Knie und schlüpfte wie ein Aal unter Jennys Arm hindurch aus der Tür.

«Ey!», rief Jenny noch einmal, aber da rannte ich schon den Flur entlang.

Warum hatte ich *Vielleicht* angekreuzt? Weil ich erst zwölf war? Weil's mir zu schnell ging? Wegen ihrer Dummheit? Auch. Und wegen dem, was vor einer Woche passiert war.

Da waren wir nämlich mit der Schule ins Kino gegangen. Die ganze Großgruppe, alle 150 Mann. *Kleine Biester*, ein Film über pubertierende Mädchen in einem Feriencamp irgendwo in diesem fetzigen bunten Amerika, das jeden Abend um 20 Uhr 15 zu uns nach Hause kam. Ich saß in der ersten Reihe, um halbwegs was erkennen zu können, denn im letzten Jahr war ich kurzsichtig geworden und hatte eine Brille verpasst bekommen, die ich aber auf keinsten Fall aufsetzte.

Neben mir saßen die ganzen Drahtbürstengirls, redeten laut und wurden von den Jungs hinter uns beworfen, woraufhin sie sich umdrehten, drohten, zurückwarfen, die Bürsten zückten, kreischten, lachten, fluchten – ich gab's schnell auf, dem Film folgen zu wollen, es geschah sowieso irgendwie nichts und wieder nichts. Kristy McNichol ruderte mit einem Typen, der aussah wie Johnny, über einen See und kaute dabei Kaugummi. Dumm sah sie aus.

«Ey, Phil, willste 'n Küsschen?», fragte Jenny plötzlich. Sie rief es quer durch den Kinosaal. Ich wunderte mich, dass sie überhaupt meinen Namen kannte. Zwar nur die erste Hälfte davon, aber immerhin. «Klar», rief ich zurück. War ja offenbar nur als blöder Witz gemeint, also genauso blöd und witzig antworten.

«Musste herkommen», rief sie.

«Komm du doch her», rief ich.

«Okay.» Sie stand auf und beugte sich über die drei Drahtbürsten, die zwischen uns saßen, zu mir. Ich stand auch wie ferngesteuert auf. Jetzt standen wir beide und sahen uns an. Von hinten brüllten sie «Hinsetzen!», und bewarfen uns mit allem, was sie hatten. Ich hörte und spürte nichts, nicht mal die Coladose, die mich am Schädel traf (okay, die vielleicht doch). Jenny war so hübsch. Hier im Dunkeln sah sie sogar noch besser aus. Sie berührte meine Schulter mit ihrer zarten Hand und küsste mich auf den Mund. Dabei kaute sie weiter ihren Kaugummi. Ich konnte ihn schmecken. Der ganze Kinosaal johlte und applaudierte. Sie warfen noch mehr Zeug nach uns. Der Lehrer sagte irgendwas mit «Leute». Mein Mund brannte. Mein Herz pochte. Wir setzten uns wieder hin. Kristy und Johnny immer noch auf ihrem seichten See. Wie viel Zeit war vergangen? Keine Ahnung. Mein erster Kuss! Und alle hatten es gesehen, ich war der Held. Mein Leben würde jetzt nie mehr so sein wie vorher. Wahnsinn. Astrein. Hilfe.

Irgendwie sehnte ich mich plötzlich schmerzhaft zurück nach der Harmlosigkeit meines Lebens vor dem Kuss. Vielleicht würde ich ein bisschen davon zurückbekommen, wenn ich mich wie wahnsinnig auf den öden Film konzentrierte? Filmkucken war Kindheit, oder? Amerikanischer Spielfilm. Kindheit. Leider ging es in diesem Film offensichtlich um ähnliche Sachen, wie ich sie gerade erlebte. Mist.

«Ey, Phil, willste 'n Gummibärchen?», rief Jenny.

«Klar», sagte ich. Gummibärchen. Ein Schritt zurück. Das fand ich gut – war doch ziemlich schnell alles gegangen, so gleich küssen und so. Jetzt erst mal 'n Gummibärchen. Gummibärchen – ein guter sauberer Spaß. Der Sex des kleinen Mannes. Voll okay. Her damit.

«Hier», sagte Jenny und gab das Bärchen Christiane, die neben ihr saß. Christiane gab es Manuela, Manuela Michaela, und Michaela gab es mir. Diese ganzen harten

Bräute arbeiteten für Jenny und mich. Ich fühlte mich wie ein Haremsherrscher, nahm das klebrige Teil aus Michaelas klammer Hand, prostete Jenny idiotischerweise damit zu und steckte es in den Mund. Mein erstes Gummibärchen der Liebe. Es schmeckte süß. Darauf will ich ewig kauen, dachte ich.

«Schmeckt's?», rief Jenny.

«M-hm», machte ich.

«Hab ich raufgerotzt.»

Dazu sagte ich nichts. Kaute weiter. Kaute. Kaute. Das Teil war nicht kleinzukriegen. Kau. Kau. Kau. War da nicht auch Stierblut drin? Ach nee, das war Lakritze.

Die nächsten Tage versuchte ich, Jenny aus dem Weg zu gehen. War nicht so schwer, weil die Schule so riesig war und wir außer Bio keine Kurse zusammen hatten. Es machte mich zwar stolz, dass sie mich anscheinend liebte, aber ich brauchte einfach noch mehr Zeit zum Überlegen. Na ja, richtig überlegen, so mit «Hmm hmmm hmmm – einerseits – aber andererseits – was denken SIE, mein lieber Watson (an der Pfeife zieh)?», tat ich eigentlich nicht. Stattdessen spielte ich mit meinen von Brandblasen entstellten Cowboyplaymobils die Geschichte von Jenny und mir nach.

Wobei ich bei diesem Spiel allerdings ein unschuldig Verfolgter auf der Flucht war, der in einem Saloon Unterschlupf sucht. Hier arbeitet auch Jenny, als Tänzerin. Aber die Kavallerie ist mir auf den Fersen, und sie stürmen den Saloon. «Ergebe dich, Desperado!», ruft der Hauptmann mit gezücktem Säbel. Ich aber greife mir blitzschnell Jenny und halte ihr meine Kanone an den Hals.

«Lasst mich in Ruhe, sonst kann die Puppe ihr letztes Gebet sprechen», zische ich, und mein Gesicht ist zu allem entschlossen. Jenny hat Angst, ich spüre ihren busenlosen Plastikkörper zittern. Das tut mir jetzt natürlich leid. Sie weiß ja nicht, dass ich unschuldig bin und eigentlich ein total netter Kerl, der ihr niemals etwas antun würde. Aber ich habe keine Wahl, ich muss versuchen, meine Verfolger zu bluffen, und bei diesem Plan ist Jenny die Karte, auf die ich alles setze.

«Lass die Lady los, Ganove! Du bist sowieso umstellt», ruft der Hauptmann jetzt. «Wenn du ihr was antust, mähen wir dich nieder!»

«Kommt nicht näher, ich warne euch!», sage ich mit gefährlich leiser Stimme und drücke Jenny fester an mich. Wenn ich in Sicherheit bin, werde ich ihr alles erklären und mich bei ihr entschuldigen. Aber jetzt muss ich überzeugend wirken.

«Was willst du?», fragt der Hauptmann.

«Gebt mir zwei Pferde, Proviant und eine halbe Stunde Vorsprung.»

«Hauptmann, mit Verlaub, warum knallen wir den miesen Gauner nicht über den Haufen?», ruft ein braunhaariger Kavallerist ausspuckend aus, zieht seine Kanone und richtet sie auf mich.

«Nicht!», schreit der Hauptmann und schlägt dem

Mann das Eisen aus der Pfote. «Mach keinen Fehler, MacFergusson, das ist Jenny, die Tochter von General Palmer! Hier im Saloon tanzt sie nur als Freizeitbeschäftigung.»

Hey: die Tochter des Generals. Jackpot! Das Glück scheint mir zuzulächeln.

«Wird's bald mit den Pferden und dem Proviant?», frage ich, und zähneknirschend stellen sie mir beides bereit.

Ich hieve Jenny auf das eine Pferd, schwing mich auf das andere, rufe «Hyaaah!», und wir galoppieren davon.

Wir fliehen in mein Geheimversteck, eine total gemütlich eingerichtete Felsenhöhle, wo sie mir in einer unbedachten Minute einen Whiskeykrug über den Schädel zieht und mich dann fesselt.

Als ich wieder zu mir komme, steht sie am Herd und kocht. Dann essen wir. Sie füttert mich, weil ja meine Hände gefesselt sind. Dann zieht sie sich ein seidenes Nachthemd an, und wir gehn schlafen. Weiter kam ich nicht mit meinem Spiel.

Allerdings war ich, glaub ich, leider gar nicht richtig in Jenny verliebt. Wenn ich's mir hätte aussuchen können, wär ich lieber mit Heike Bujarski gegangen. Die war auch auf der Gesamtschule gelandet, allerdings in einer anderen Großgruppe, sodass wir nie zusammen Unterricht hatten. Aber ein Stück weit hatten wir immer noch denselben Nachhauseweg, und manchmal ging ich mit ausreichend Sicherheitsabstand und pochendem Herzen hinter ihr her. Ich konnte keine kleinen Männchen mehr in ihr Gehirn schicken, weil ich nicht mehr an die glaubte.

Stattdessen glaubte ich jetzt an Gott. Die letzten Sommerferien hatten mich meine Eltern nämlich in ein christliches Ferienlager geschickt, warum auch immer. Wir wurden dort von unvorstellbar lockeren Teens und Twens überwacht, die gar nicht wie Christen rüberkamen. Langhaarig, mit ausgeblichenen Jeans und flotten Frottee-T-Shirts. Ich traute ihnen nicht über den Weg, denn mir schien, eine Sache kann nicht stimmen – entweder das langhaarige Lockere oder das Christliche. Eine Sache war gefälscht, vielleicht sogar beide. Ich fühlte mich, umgeben von diesen Hardrock-Christen, wie am Anfang eines Horrorfilms, wenn noch alles in Ordnung zu sein scheint, während du nur drauf wartest, dass die Fassade bröckelt und die Monster zum Vorschein kommen.

Ich freundete mich mit keinem an, auch die Jungs in meinem Zimmer blieben mir fremd. Sie beteten zu Gott und dann redeten sie übers Wichsen und prügelten sich. Es waren ganz normale Jungs, wofür also Gott? Gott Schrott.

Meine Mutter war nicht religiös. «Wenn ich sterbe, komm ich ins kühle Grab», pflegte sie zu mir zu sagen. «Dort fressen mich die Würmer, und ich hab keine Kopfschmerzen mehr.»

Ich fand das ein bedrückendes Bild, aber es klang total logisch.

«Himmel wär mir viel zu anstrengend», sagte sie, «eine Ewigkeit weiterleben – und dann sind auch noch die ganzen blöden Nachbarn da – nein danke.»

Trotzdem war ich jetzt in diesem Christencamp, als einziger Ungläubiger. Wir machten Wanderungen und Flaschendrehen und Jungsfangndiemädchen und gingen schwimmen und jeden Abend vor dem Essen – widerlicher Kartoffelmansch mit vertrockneten Rosenköhlern und zum Trinken Hagebuttentee, wo die größeren Jungs mit den roten Teebeuteln rumschmissen und Menstruationswitze machten: Das sollten Christen sein? – vor jedem Essen beteten wir.

Nur ich nicht. Ich saß da und presste die Lippen aufeinander.

«Du betest nie mit», sagte eines Tages Simon zu mir, ein bildschöner blonder Hippiechristenbetreuer, in den alle Mädchen verliebt waren.

«Na ja», murmelte ich, «glaub nicht so richtig dran.»

Simon lächelte und schaute in die Weite der Welt. Da war wohl sein Gott.

«Hast du's denn schon mal versucht?», fragte er.

«Nö.»

«Dann kannst du doch auch nicht wissen, ob's funktioniert», sagte er, fing geschickt einen Ball auf, der von ein paar christenfußballspielenden Jungs zu uns rübergurkte, und warf ihn in hohem Bogen zurück.

Simon war so ein starker Typ. Er war alles, was ich nicht war. Er lächelte. Ich verzog das Gesicht zu einem schiefen Grinsen.

«Probier's doch heute Abend einfach mal aus», schlug er vor. «Was riskierst du dabei?»

Ich dachte kurz nach und sagte dann: «Okay.»

An diesem Abend beteten wir um schönes Wetter für die Wanderung, die wir am nächsten Tag vorhatten. Jeder sollte dies still und in seinen eigenen Worten tun.

Ich betete: «Gott, wenn's dich gibt, dann mach, dass

morgen die Sonne scheint bitte. Bitte bitte mach, dass die Sonne scheint, ich würde mich freuen, dein Philipp.»

Und auf einmal spürte ich eine gewaltige Kraft im Raum. Ich kriegte Gänsehaut. Ich konnte fühlen, wie all unsere Gebete zu einem einzigen zusammenschmolzen und wie dieses Gebet zum Himmel stieg.

«Bitte bitte bitte», betete ich weiter. «Bitte bitte bitte bitte!!»

In dieser Nacht war ich zu aufgeregt zum Schlafen.

«Meint ihr, morgen wird die Sonne scheinen?», fragte ich die anderen im Zimmer.

«Klar. Wir haben doch dafür gebetet», sagten die.

«Aber geht das so einfach?»

«Gott hört uns, ist doch klar wie Kloßbrühe.»

Ich konnte es nicht fassen. Was war los? Wie konnte das für die so normal sein? Das grenzte ja an Zauberei! Und widersprach allen Naturgesetzen. Trotzdem war ich mir auf einmal fast sicher, dass Gott uns erhören würde. Woher kam diese Sicherheit? Von Gott? Hatte er mich schon aufgenommen in seinen Verein, nach nur einem Gebet? Noch Stunden lag ich wach und betete: «Bitte bitte mach gutes Wetter morgen, Gott, bitte. Wenn du das machst, werde ich für immer an dich glauben, bitte mach gutes Wetter, bitte bitte bitte bitte!»

Am nächsten Morgen regnete es in Strömen. Achtzig Milliarden graue trübe Fäden hingen vom Himmel herab. Ich war maßlos enttäuscht.

«Du Scheißgott», murmelte ich vor mich hin, während wir in Regenjacken durch den Schlamm schrabbten. «Du Arschgott, du Gottarsch!»

Da teilten sich die Wolken, und die Sonne kam heraus. Ein Regenbogen erschien, alle machten «Ah!» und «Oh!» und grinsten sich an. Es wurde der schönste Tag des ganzen Campaufenthalts. Ich war verwirrt. Muss man ihn beschimpfen, damit man kriegt, was man will? Grübelnd stapfte ich in meinen Regenklamotten durch die Hitze.

Ich öffnete meine Zahnspangenschatulle, die ich an einem Band um den Hals trug. Vier Stunden am Tag musste ich die Spange tragen, und jetzt war eine gute Gelegenheit, weil ich sowieso sprachlos war. Doch was ich in der Schatulle sah, ließ mir die Haare zu Berge stehen. Da lag meine Zahnspange rosa schimmernd, leicht angerostet, übel riechend – und war genau in der Mitte in zwei Teile zerbrochen!

Die Strafe Gottes, daran gab es keinen Zweifel! Die Strafe Gottes!

Diese Wanderung wurde zum Wendepunkt in meinem Leben, zur Wenderung, wenn ihr so wollt. Von nun an war ich überzeugter Christ, betete jeden Abend und suchte überall nach Zeichen, die ich auch überall fand.

Außer bei den Mädchen, da schwieg Gott. Aber dieses sein Schweigen war auch wieder ein Zeichen. Es bedeutete: Mach mal selber. Und ich hatte auch schon einen ausgefuchsten Plan: Auf einem der nächsten Nachhausewege würde ich Heike einholen und neben ihr hergehen. Und dann würde ich sie fragen, was sie von Gott hielt. Danach gab's zwei Möglichkeiten, wie es weitergehen konnte: Entweder sie glaubte nicht an Gott, dann konnte ich ihr von ihm erzählen, von seiner Gerechtigkeit und von seinem Sohn, der gegen die Reichen gewesen war und mit Zöll-

46

nern und Prostituierten rumgehangen hatte, weil die für ihn genauso wertvoll waren wie andere Leute. Ich hatte das inzwischen alles nachgelesen. Und wenn sie das nicht überzeugen würde, konnte ich ihr noch vom Wunder der Zahnspange erzählen. Die konnte ich ihr sogar zeigen, als Beweis.

Oder: Sie glaubte schon an Gott, das wäre sogar noch besser, denn für eine Christin wäre es total unhöflich, sich nicht mit mir zu unterhalten. Wenn sie an Gott glaubte, konnte ich das ausnutzen und ab da jeden Tag neben ihr nach Hause gehen.

Mehr wollte ich übrigens gar nicht von ihr. «Mit jemandem gehen» bedeutete für mich exakt das. Klar wusste ich, dass man auch noch küssen und Händchen halten musste, aber das konnte ich mir mit Heike nicht vorstellen. Heike war so sauber. Vielleicht brauchte ich für diese versauten Sachen ein anderes Mädchen, und vielleicht hatte ich das ja sogar schon gefunden.

Vielleicht.

Einen von Jennys Zetteln hatte ich aufgehoben. Immer wieder faltete ich ihn auf und betrachtete ihre Schrift. Die großen Kullern, die sie statt i-Punkten machte (ein Zeichen von Dummheit), den leichten Linksdrall und die mädchenhafte Rundlichkeit der Buchstaben – das verloren und schutzbedürftig wirkende einsame L bei «wilst» – ich nahm meinen Füller, malte ein kleines *Vielleicht*-Kästchen neben die anderen und kreuzte das an.

War ich möglicherweise im richtigen Leben auch ein Desperado, der seine eigenen Gesetze schuf und sich um Vorgaben nicht scherte? Könnte hinkommen, Freunde.

Ich wartete, bis die Schrift getrocknet war, faltete den Zettel wieder zusammen und steckte ihn in meine Hosentasche.

Einmal hockte ich irgendwo in den weiten Fluren der Schule herum mit Kleinlein, einem schmächtigen Knaben. Kleinlein erzählte mir gerade etwas über seinen Lieblingscomic: Tim und Struppi. War nicht so mein Fall, ich mochte Lucky Luke lieber, aber aus Höflichkeit hörte ich zu.

Da kamen auf einmal fünf Drahtbürsten um die Ecke: Silke, Manuela, Martina, Christiane und noch mal Christiane. Bei ihnen waren zwei finstere ältere Turnschuhbikertypen, und einer davon war natürlich wieder Johnny. Sie steuerten auf uns zu und bauten sich im Halbkreis um uns herum auf.

Kleinlein stoppte mitten im Satz wie eine unwichtige Figur im Italowestern.

«Ey, du Idiot», sagte Silke zu mir.

«Pf», machte ich.

«Was willst du?», fragte Silke und zog ihre Drahtbürste.

«Nichts», sagte ich.

«Will ich dir auch geraten haben.»

Schweigen. Ich spürte: Kleinlein wäre gern gegangen, aber der Halbkreis umschloss auch ihn. Auf so eine Situation hatte ihn sein Tim und Struppi nicht vorbereitet.

«Ey, Jenny heult wegen dir!», sagte die eine Christiane.

Ach so? Vielleicht, weil ich mich noch nicht definitiv entschieden hatte, ob ja oder nein? Waren ja auch schon drei Wochen vergangen seitdem. Mist. Die Arme. Hm. Hm hm hm.

«Was willst du?», scheuchte mich Silke wieder aus meinen Gedanken heraus.

«Nichts», sagte ich und kuckte zur Seite.

«Kuck nicht zur Seite!», sagte Silke.

«Ich kann ja wohl hinkucken, wohin ich will», nuschelte ich mehr zu mir selber.

«Was willst du?»

«Nichts.»

«Spiel hier nicht den Clown.»

«Okay.»

Wieder Schweigen. Längeres Schweigen diesmal. Dann sagte Silke: «Lass Jenny in Ruhe.»

Ich schwieg.

«Du spielst mit ihren Gefühlen. Spiele nicht mehr mit ihren Gefühlen.»

«Mach ich doch gar nicht.»

Johnny und sein Kumpel langweilten sich langsam.

«Hast du verstanden, was ich gesagt habe?», fragte Silke drohend.

Ich schwieg. Die richtige Antwort war wahrscheinlich eher nein als ja, aber vielleicht würde ich's verstehen, wenn ich kurz drüber nachdachte. Ich brauchte Zeit.

Kleinlein fiel vom Stuhl, warum auch immer.

Jetzt packte mich Johnny am Revers: «Pass auf, Piepel, ich kenn dich nicht, aber ich kenne deine Sorte: Du bist so 'n Typ, der Ärger will. Willst du Ärger?»

Knifflige Frage. Wenn ich jetzt nein sagen würde, hieße das, dass Johnny nicht gut beobachten kann. Also antwortete ich ausweichend: «Ey, ihr seid so viele, und ich bin alleine, das ist ungerecht.»

«Du bist nicht alleine», sagte Johnny und zeigte auf Kleinlein, der einfach auf dem Boden liegen geblieben war. «Du hast ja den Arschficker hier.»

«Na ja», sagte ich.

«Den schwulen Arschficker», sagte Johnny. «Weil ihr beide schwule Arschficker seid.»

Ich lachte ein wenig, als wäre das ein geistreicher Scherz auf niemandes Kosten.

«Lass Jenny in Ruhe!», schrie Silke jetzt mit rotem Kopf.

«Komm, wir haun ab, ist doch Kacke hier», sagte der, der nicht Johnny war.

«Ihr hattet gesagt, ihr kommt mit!», schrie Silke.

Johnny zögerte. Typisch Schläger. Diese Silke mit ihrem roten Kopf war nicht lässig in seiner Welt.

«Wir gehn», sagte er nach einer Weile, wandte sich dann aber noch mal zu mir: «Wenn du mich noch einmal dumm anmachst, Piepel, dann mach ich dich aus.»

«Okay», sagte ich. Es war wie immer: Die Typen konnte man verstehen, die Frauen nicht.

Der andere Typ begann plötzlich, nach Kleinlein zu treten, der sich zusammenrollte wie eine Raupe. Waren aber nur angedeutete Tritte.

«Für dich gilt das Gleiche, du Mongo!», sagte der Treter.

«Komm Alter, wir haun ab», sagte Johnny.

«Nein», rief Silke, «ihr hattet gesagt, ihr kommt mit!»

Johnny zögerte. Der andere sah Johnny beim Zögern zu.

«Wir waren da gewesen», sagte Johnny dann, und sie ritten ab. Die Drahtbürsten hinterher.

Kleinlein kletterte wieder auf seinen Stuhl und fuhr fort mit seinem Tim-und-Struppi-Vortrag, als wäre nichts passiert, aber der Schwung war raus.

Und Jenny ignorierte mich von nun an. Wenn ich zu ihr kuckte, drehte sie den Kopf weg. Dafür schüttelte Silke, die auf einmal ständig bei ihr war, ihre Bürste in meine Richtung.

Ein paar Wochen später hatte ich mich entschieden. Also gut: Ja. Was soll's. Vielleicht war sie ein bisschen dumm, aber das waren ja nun mal alle hübschen Mädchen, und vielleicht (schon wieder dieses verrückte *vielleicht*!) war es wichtig, diese Gelegenheit beim Schopf zu packen, solange sie sich bot. Ich nahm den alten tausendmal auf- und zugefalteten Zettel und kreuzte *Ja* an.

In der nächsten Physikstunde warf ich den Zettel nach hinten zu ihr. Leider landete er wieder bei Schmehlitz. Der faltete ihn auseinander, las ihn, sabberte drauf, durchnässte ihn mit seinem Handschweiß, eiterte aus seinen Pickeln drüber und machte noch tausend andere unflätige Sachen damit, damn it. Ich schaute zu Jenny, aber sie sah durch mich hindurch. Ich schrieb einen zweiten Zettel, auf dem nur *Ja* stand, und warf ihn ebenfalls zu Schmehlitz. Ein dritter knallte gegen das Fenster und landete auf dem Boden. Auf den vierten Zettel schrieb ich gar nichts, weil ich dachte, vielleicht kann ich besser zielen, wenn die Botschaft nicht so bedeutend ist. Er flog aber auch wieder zu Schmehlitz, der den Rest der Stunde mit zusammengekniffenen Augen draufstarrte, ihn hin- und herdrehte, draufspuckte, die Spucke verwischte, von der anderen Seite kuckte, Ohrenschmalz drauf zerrieb, daran roch und ihn am Ende einfach aufaß. Mein fünfter Zettel trudelte gegen Jennys Tisch und landete neben ihren Füßen. Sie achtete nicht drauf.

Am nächsten Tag sah ich sie Arm in Arm mit Vogel durch die Flure laufen. Mein Herz brach.

«Na und, das macht mir gar nichts aus», sagte ich wie ein Geistesgestörter immer wieder laut vor mich hin.

«Hast du schon eine kleine Freundin?», fragte mich meine Mutter.

«Mehrere», antwortete ich.

In Physik setzte ich mich um. Von wegen AC/DC. Judas Priest, Alter.

fünf

«In *Tim und der Haifischsee* kann Professor Bienlein auf einmal ganz normal hören! Er ist nicht taub wie sonst. Das wird gar nicht erklärt. Und dieser Band ist auch anders gezeichnet als die anderen», erklärte mir Kleinlein aufgeregt. Seit ich auf der Gesamtschule war, hatte ich komischerweise einen Haufen Freunde. Allerdings alle vom Schlage Kleinleins: Außenseiter, Krüppel, Lahme und Behinderte. Sie scharten sich um mich und berichteten mir von ihrem Leid. Ich war wie Jesus. Fehlten nur die Nutten.

Irgendwie gefiel ich mir aber nicht so hundertprozentig als Herbergsvater der Versager.

Ich dachte: Jetzt reicht's. Es kann nicht sein, dass dieser Typ mich die ganze Zeit zulabert mit seinem Tim und Struppi, das mich überhaupt nicht interessiert. Ich bin besser als das. Aber sofort bereute ich meine Arroganz und fragte: «Echt?»

Da kam Lothar.

«Iiiiitsch, Ostler», rief er.

«Histemeneflöh», antwortete Kleinlein.

«Jaaaagoooo», sagte ich.

«Aguuuuuh! Aguuuuhh!», krähte Kleinlein.

Lothar drehte uns den Rücken zu, reckte seinen weichlichen Birnenhintern in die Höhe und ließ einen krachenden Furz.

«Iiiiitsch!!!», riefen Kleinlein und ich wie aus einem Munde.

«Blöde seid. Histemene», grinste Lothar.

Das war so unsere Art, miteinander umzugehen. Wenn nur zwei von uns zusammenstanden, redeten wir ganz normal, aber sowie ein Dritter kam, verfielen wir in eine phantastische Kunstsprache mit eigenen Regeln. Die Schwulibertsprache nannte ich sie heimlich, denn ich befürchtete, genau das waren wir: Schwuliberte. Schmächtige Jungs, die von den stärkeren vermöbelt wurden und sich darüber stabilisierten, dass sie so taten, als lebten sie in einem Paralleluniversum, bestehend aus purem ungestrecktem Schwachsinn. Wie wir uns schon bewegten: als wären unsere Körper aus Pudding. Die dürren Ärmchen in der typischen Schwuliberthaltung nach oben geknickt wie bei fleischfressenden Dinosauriern. Es schnürte dir irgendwann die Blutzufuhr zu den Unterarmen ab, wodurch die noch schmächtiger wurden, aber wir kamen nicht auf die Idee, die Arme einfach hängen zu lassen. Unsere Schwulibertenergie hielt sie im Winkel. Wir rannten auch so.

So ein geistloser Schwuli zu sein machte verrückterweise Spaß; es war jedenfalls witziger, als es von außen aussah. Da wir sowieso die größten Vollidioten des Universums waren, bar jeder Würde, ohne einen Funken Hoffnung, konnten wir tun und lassen, was wir wollten. Im Gegensatz zu den Schlägern, die immer so verkniffen und starr wirkten, leblos fast. Sie bewegten sich langsam und schwerfällig. Auf alles reagierten sie mit einer gewissen Zeitverzögerung, jede Aktion wurde vorher durchdacht und innerlich daraufhin überprüft, ob sie überhaupt lässig genug war. Wir dagegen waren ein fröhlicher Haufen. Und wenn wir so richtig aufdrehten, ließen uns die Schläger auch in Ruhe – so wie Löwen ja, glaub ich, auch kranke Tiere verschmähen.

Es gab bei uns heranwachsenden Jungen im M. V. drei unterschiedliche Typen: Schläger, Schwuliberte und Irre. Auch wenn's einem nicht passte – in eine dieser Gruppen musste man sich einreihen. Schlaue, also den Phänotyp, der in den Kinderbüchern immer die Brille trug und den Fall zwar nie löste – das machten immer der Starke oder das Mädchen –, aber stets ein paar launige Sprüche parat hatte, überallhin Bücher mitschleppte und generell zumindest mehr tat als der Verfressene, Schlaue gab's in der Realität nicht. Wenn du eine Brille hattest, warst du entweder ein Schwulibert oder – sofern sie ordentlich mit Leukoplast geflickt bzw. die Gläser echt dick waren – ein Irrer. Den Phänotyp «Verfressener» gab's bei uns übrigens auch nicht. Nicht mal das Wort «Phänotyp» gab es. Es war eine klar strukturierte Welt, möglicherweise inspiriert durch die Klarheit der uns umgebenden Architektur.

Kleinlein tanzte um den prominent im Flur flackernden Furz herum und stieß dazu ferkelähnliche Laute aus.

«Stinken tut. Woanders hingeh», sagte ich, machte noch zweimal «Iiitsch» und zog ab. Im Weggehen hörte ich, wie Kleinlein nun Lothar von Bienlein und dem Haifischsee zu erzählen begann.

Mein Herz wurde schwer. Die sonnige hohle Deppenzeit mit meinen Freunden ging dem Ende zu, das spürte ich. Lothars Furz war ein Symbol für den Wind der Veränderung gewesen, die in meinem Leben stattfinden musste.

Ich wollte kein Schwulibert mehr sein.

Aber was sonst? Ein Schläger oder Irrer wollte ich auch nicht werden, und was anderes gab's ja leider nicht. Vielleicht ein Held? Einer, der den Schwachen hilft, obwohl er selber stark ist? Theoretisch könnte es so einen geben. Einen Typen, der nicht aus Feigheit friedlich ist – wenn wir Schwuliberte nett und freundlich waren, war das ja eher so 'ne Art Übersprungshandlung. Ich wollte mehr. Ich wollte Johnny eins in die Fresse hauen. Aber erst, nachdem er mir keine andere Wahl gelassen hätte. Ja.

Dazu würde ich sehr viel mehr Kraft brauchen, als mir momentan zur Verfügung stand, und diese Kraft musste ich mir leider durch Sport holen, wodurch denn sonst?

Der erste Schritt wäre also, meine Unsportlichkeit in Richtung Sportlichkeit zu verändern. Hatte auch keine Lust mehr, die Sportstunden zu fürchten. Ich wollte sie lieben. Entgegenfiebern wollte ich ihnen, den Umkleidemief mit weiten Nüstern einsaugen, in mich aufnehmen und zu meiner Essenz machen. Dem Sportlehrer auf die Schulter hauen wollte ich: «Na, alte Hütte? Spieln wir wieder Fußball? Umso besser! Richtig so. Weise Entscheidung, denn wie ein jeder weiß: Fußball ist Mussball.» Ich wollte eine Legende werden, der Typ, zu dem alle aufschauen. Der Typ, der das entscheidende Tor schießt. Der Typ, der Streit schlichtet nicht durch das Wort, sondern durch die Faust. Ich wollte nicht mehr Professor Bienlein sein – ich wollte der Haifischsee sein. Und: Weil ich jetzt keine Weibergeschichten mehr am Bein hatte, hatte ich ja alle Zeit der Welt, dieses Ziel zu erreichen. Musste nur endlich aktiv werden.

Gerade als ich das dachte, fiel mein Blick auf einen Zettel, der an einem der vielen Schwarzen Bretter der Schule pinnte. Leichtathletikverein «Freche Füchse» stand darauf, und: *Wir treffen uns jeden Donnerstag um 5 in der Turnhalle. Komm doch auch.*

«Ja», sagte ich laut.

«Leichtathletik?», fragte meine Mutter, und es klang wie *Deportation?*. «Was willst du denn im Leichtathletikverein?»

«Ich will der Haifischsee werden, Mutter», antwortete ich nicht, sondern: «Weiß nicht. So halt.»

«Das ist doch nur für Dumme. Du wirst ja nach zwei Wochen wieder aufhören. Warum gehst du nicht wieder in den Schachverein?»

Dem Schachverein war ich gerade glücklich entronnen.

Hatte nicht so großen Spaß gemacht, denn trotz meiner Hochbegabung verlor ich dort von morgens bis abends gegen alles und jeden. Immerhin: Beim Schach bist du beliebt, wenn du verlierst; alle wollten immer mit mir spielen. War trotzdem nicht so dolle.

«Nein, Mama, ich will zu Leichtathletik, bitte.»

«Man kann nicht alles haben, was man will», sagte sie. «Das ist unmöglich. Wenn jeder alles hätte, was er will, würde für keinen irgendwas übrigbleiben, und die Welt wäre noch trostloser und grauenhafter, als sie jetzt schon ist, mit den ganzen Altnazis in der Regierung, den überfüllten Klassen, den unfähigen Lehrern und den Goldsuchern, die die Indianer töten.»

«Kann ich nicht trotzdem zu Leichtathletik?»

Meine Mutter wandte den Blick ab. Ihre Augen füllten sich mit Tränen. «Bitte. Mach doch, was du willst. Nimm keine Rücksicht auf mich, das tut ja eh keiner. Geh in den Leichtathletikverein, brich dir den Hals, aber dann komm hinterher nicht an.»

«Mach ich nicht, keine Angst, Mama. Danke. Super.»

«Ja, geh. Wegen dir haben sie mir den Bauch aufgeschnitten, hier, kuck dir die Narbe an, ich hätte mir auch was Schöneres vorstellen können als das, aber mich hat niemand gefragt. Geh in deinen Verein und lass mich hier zurück, dir war ja immer schon egal, was aus mir wird.»

«Super. Danke. Ich meld mich dann da an. Ist immer Donnerstag um fünf in der Turnhalle von der Schule.»

«Ich habe Kopfschmerzen. Jetzt krieg ich Migräne von dem Ganzen, das hast du nun geschafft. Aua. Wegen dir hab ich Migräne. Bist du nun zufrieden?»

«Auf jeden Fall. Danke, Mama. Und ich hör bestimmt nicht schon nach zwei Wochen wieder auf, mach dir da keine Sorgen.»

Mein Plan war: Erst mal Leichtathletik, das war leicht. Der perfekte Einstieg in die Welt des Sports. Wenn ich Leichtathletik gemeistert hatte, konnte ich zu Fußball, Karate, Fechten und Reiten übergehen. So würde ich mich allmählich Schritt für Schritt in die größte Sportskanone des Universums verwandeln. Und dann – ein bittersüßer Schauder rann mir bei der Vorstellung den Nacken hinab –, dann konnte Jenny nämlich mal sehen.

Am Donnerstag darauf stand ich also pünktlich um fünf in der quietschenden Halle, ein bisschen aufgeregt, im Großen und Ganzen aber überzeugt von der Unfehlbarkeit meines Plans. Als Erstes machten wir uns warm: Arme schlenkern, Beine schlenkern, Po kreisen – klappte alles tadellos. Hier war ich vielleicht doch schon nach zwei Wochen durch, es kam mir total einfach vor. Dann sollten wir uns in einer Reihe aufstellen. Es ging jetzt darum, über einen Bock zu springen. Ich beobachtete die Springer vor mir, um mir ein paar Taktiken abzukucken, aber alles ging so schnell, und schon war ich an der Reihe.

«Attacke», dachte ich, nahm Anlauf und rannte in den Bock hinein.

«Sprin-gen!», rief der Trainer. «Los, gleich noch mal!»

«Ist schon okay», rief ich zurück. «Kann ruhig erst mal der Nächste. Ich stell mich wieder hinten an!»

«Noch mal!», rief er. «Komm!», und so schlurfte ich seufzend zurück, nahm noch einmal Anlauf und rannte wieder in den Bock. Härter diesmal. So hart, dass mir die Luft wegblieb und der Bock verrutschte. Der Bock. Witziges Wort.

«Junge, was machst du denn da? Du musst springen! Los, stell den Bock wieder richtig hin und probier's noch mal!»

Ich quietschte den Bock mühsam wieder zurück an seinen Platz und trabte diesmal weiter nach hinten. Vielleicht mehr Anlauf. Ich rannte los, auf den Bock zu, aber kurz davor kamen mir Zweifel. Ich bremste ab. Wenn das nur nicht immer so quietschen würde! Jede Aktion kriegte durch dieses Gequietsche so viel Bedeutung.

«Bist du noch nie über 'n Bock gesprungen?» Ich schwieg, machte aber ein vielsagendes Gesicht. Zu viel wollte ich nicht von mir preisgeben in der ersten Stunde. «Martina, zeig du's ihm mal.»

Martina, offensichtlich so eine Art Lehrerliebling, nahm Anlauf und sprang wie eine Eins über den Bock.

«Hast du gesehen? So geht's. Jetzt du.»

«Ich war aber jetzt schon dreimal. Das ist doch unfair den andern gegenüber.»

«Los, komm, mach, red nicht lange!» Er klatschte in die Hände. Irgendwie half das nicht. Ich rannte auf den Bock zu und kam wieder vor ihm zu stehen. Ohne Quietschen diesmal. Der Trainer schüttelte den Kopf.

«Der Nächste!», rief er. Siehste, hatte ich doch gleich gesagt.

Wir machten noch ein paar Durchläufe, dann wurde ein Trampolin aufgebaut und dahinter ein größerer Bock. Das sollte wohl ein Witz sein. Als ich dran war, hüpfte ich so sanft aufs Trampolin, dass ich umknickte und runterfiel. Ab jetzt musste ich aber zum Glück nicht mehr alles doppelt und dreifach machen, sodass ich den größten Teil der Leichtathletikstunde mit Warten zubrachte. Warten war ganz okay. Wenn der Trainer wegkuckte, ließ ich auch mal ein paar andere vor. Alte Christenmacke. Martina ging mir auf die Nerven. Die Böcke sahen aus wie aus der Nazizeit. Wenn ich dran war, trabte ich zum Trampolin und wieder zurück. Nach einer ziemlich langen Zeitspanne war die Stunde endlich zu Ende. Nachdenklich trottete ich in die Umkleide.

«Find ich gut, dass du nicht aufgibst, Philipp», sagte jemand neben mir. Ich sah hoch – da stand Heike Bujarski! Vor lauter auf den Boden starren, gegen Dinge rennen und abstoppen, ohne zu quietschen, hatte ich gar nicht mitgekriegt, dass sie auch in meinem Verein war. Sie hatte in letzter Zeit schwere Akne bekommen, aber dadurch leuchteten ihre Augen noch blauer, fand ich. Ich kratzte mich am Hinterkopf. «Der Bock ... ich hatte den Sprungwinkel falsch berechnet –»

«Ja, hab ich gesehen», sagte sie. «Aber du hast es trotzdem weiter versucht. Super. Du bleibst doch bei Leichtathletik, oder? Dann kannst du's bald.»

«Klar», nuschelte ich. «Ich bin auch besser, wenn da kein Bock ist.»

«Was sagst du? Kein Bock?»

«Mmh.»

«Das ist ja 'ne witzige Formulierung. Kein Bock heißt so viel wie keine Lust, oder? Hast du dir das selber ausgedacht?»

Zwei andere Mädchen kamen, die genauso super aussahen.

«Was hat er sich ausgedacht?», fragte die eine und kaute dabei auf ihren Haaren. Störte mich nicht. Konnte sie ruhig.

«Keinen Bock. Heißt so viel wie keine Lust», erklärte Heike.

Die Mädchen lachten. «Super, das sagen wir ab jetzt auch.»

«Das sagen bestimmt bald alle, ist richtig stark. Du hast so lustige Ideen, Phil. Wie kommst du da nur immer wieder drauf?»

«Ach, so halt», sagte ich, und um mal was Lässiges zu machen und damit sie sah, dass ich nicht unsportlich oder so 'n Mist war, nahm ich kurz Anlauf und sprang gegen die Wand. Hatte ich vorher noch nie gemacht. Mein Fuß blieb an der Wand stehen, während mein Oberkörper sich drehte. Es sah bestimmt aus wie Bruce Lee. Mein Oberschenkel drehte sich mit, der Unterschenkel nicht. Es knallte pistolenschussartig, und ich krachte auf den Hallenboden.

«Alles in Ordnung?», fragte Heike.

Ich nickte lächelnd. Das Knie tat irre weh und fühlte sich beim Aufstehen auf eine ungesunde Art total locker an.

«Hast du dich verletzt?» Mit Sorgenfalten sah sie noch toller aus. Schmunzelnd schüttelte ich den Kopf und humpelte in die Umkleide. Dort versuchte ich mir das Kniegelenk wieder einzurenken. Dabei knallte es noch zweimal. Anschließend tat es noch mehr weh. Ich zog mich an und humpelte nach Hause. Brauchte fünfmal so lange für den Weg wie sonst.

Am nächsten Morgen war das Knie übel geschwollen und ließ sich nicht mehr bewegen.

Der Arzt stellte fest, dass Sprungband, Kreuzband und Meniskus gerissen waren. Er meinte: Erst mal kein Leichtathletik mehr.

Sechs

Erst mal kein Leichtathletik mehr. Aber auch erst mal nicht laufen, und zwar sehr lange nicht. Die Knie-OP verlief nicht gut. Sie zogen die Bänder zu fest an, oder was auch immer. Nach der Gipsabnahme blieb mein Bein jedenfalls steif, es ließ sich nicht mehr krümmen. Sechs Wochen lag ich im Krankenhaus in einem Achtbettzimmer voller Gestörter. Drei Tage die Woche kam die Krankengymnastin, eine Blondine ohne Appeal, dafür mit einer derart durchgehend guten Laune, wie ich sie in meinem kleinen Leben noch bei keinem Menschen beobachtet hatte. Lachend versuchte sie, mein Bein zu beugen.

«Aua», sagte ich.

«Geht nicht?», kicherte sie.

«Nein.»

«Das kriegen wir schon wieder hin, keine Sorge.»

Sechs Wochen. Keinen Zentimeter.

Sechs Wochen, in denen ich die meiste Zeit im Bett lag und zu lesen oder zu zeichnen versuchte, während um mich herum Chaos tobte.

Ständig kamen neue Jungs rein, kleine, große – alle laut,

keiner lange genug für eine Freundschaft. Ich lernte einen Haufen versaute Ausdrücke auf Türkisch und Arabisch und kämpfte mit meiner Krücke gegen einen penetranten Vollidioten, der dauernd mit einer Bettpfanne voll Kacke an mein Bett kam und sie über mir auszukippen drohte.

«Bei Allah, jetzt kriegst du das.»

Zitternd zog ich ihm mit der Krücke eins über den Schädel.

«Auuu!» Die Pfanne fiel ihm fast aus der Hand. Auch nicht gut. Zu hart durfte man nicht zuschlagen.

«Ich warne dich! Das ist kein Spaß mehr!», schrie ich in Panik, als er die Pfanne immer schräger kippte, und zog ihm noch eins über.

Es ging immer unentschieden aus, kostete aber Nerven. Wieso kackte der eigentlich in die Pfanne, wenn er doch aufstehen konnte?

Nachts war oft *Fete*. Dann kamen aus der Mädchenabteilung ein paar Abenteurerinnen rüber, kicherten und setzten sich zu den größeren Jungs auf die Betten. Mir ging das auf die Nerven: Das war doch die Jungsabteilung, die durften gar nicht hier sein, bei uns war eh schon so wenig Platz. Wie sollte man da schlafen? Aber die anderen freuten sich über den Besuch. Der Star war eine schwarzhaarige Vierzehnjährige, die nichts als ihren Operationskittel anhatte. Keine Unterhose, und das Teil war hinten ja offen. Sie tat immer so, als wüsste sie das gar nicht, aber ich glaube, sie wusste das schon. Wie kann man das auch nicht wissen, man spürt doch jeden Luftzug am blanken Po. Das Mädchen mit dem Kittel war immer unheimlich aufgeregt und lief ständig im Raum herum. Die Aufregung übertrug sich auf die Jungs. Gleichzeitig wurden sie aber auch still. Eigentlich war's echt langweilig, wenn sie kam. Erst sie so: Kicher, kicher, na ihr Säcke?, darauf die größeren Jungs: Halli hallo! Kommt doch rein! Hahaha, hoho! Und dann plötzlich nur noch: Hin- und herlatsch, schweig, schwer atm. Puh. Im Schlepptau hatte die Schwarzhaarige immer ihre Freundin, eine Unauffällige mit kurzen Haaren, die ständig rot wurde – eigentlich fast immer rot war und die im Gegensatz zu der Umhergeherin sehr viel Kleidung anhatte: lange Jeans, Pullis, sogar einen Schal, obwohl doch Sommer war. Die Kurzhaarige stand im Hintergrund und sagte nie was. Am Tag, als sie entlassen wurde, kam sie an mein Bett, mit rotem verquollenem Gesicht. Tränen flossen ihr über die Wangen.

«Du weißt, warum», sagte sie, aber ich wusste überhaupt nichts. Ich kriegte noch einen langen tränennassen Blick verpasst, dann drehte sie sich um und rannte aus dem Zimmer. Ihre Freundin, das Kittelmädchen, lehnte ausnahmsweise mal normal bekleidet im Türrahmen und sah mich vorwurfsvoll an.

«Was hat sie denn?», fragte ich.

«Du weißt es», sagte sie und rauschte auch ab. Ohne diese affenhafte Halbnacktheit der Nacht fiel mir plötzlich auf, wie bildschön sie eigentlich war, und ich verliebte mich. Leider kam sie ohne die andere nicht mehr ins Jungszimmer.

Ich fühlte mich schlecht wegen der Kurzhaarigen, hatte Liebeskummer wegen der Schwarzen, mein Bein schmerzte wegen dem Bein, und der Pfannenteufel wurde so wenig entlassen wie ich. Es waren harte Zeiten.

Eines Tages trat die lachende Physiotherapeutin an mein Bett, und anstatt wie sonst mein Bein zu nehmen und nicht bewegen zu können, zog sie mein T-Shirt hoch und legte mir die Hand auf den Bauch.

So eine weibliche weiche Erwachsinnenhand, und nicht von meiner Mutter, auf dem Bauch?! Es fühlte sich falsch an.

«Wofür ist das?», fragte ich nach einer Weile mit gepresster Stimme.

«Einfach so», sagte sie und schaute an mir vorbei aus dem Fenster. «Ist doch mal schön, so eine warme Hand auf dem Bauch, oder?»

Fand ich nicht. Ich starrte an die Decke und spannte alle meine Muskeln an. Die eklige Hand! Sie war nicht warm, nicht kalt, nicht feucht, nicht heiß, sie war einfach am falschen Ort. Sie sollte da nicht sein.

Stunden vergingen.

Die Physio seufzte. Auf einmal merkte ich, dass sie nicht mehr lachte. Jetzt sah sie noch belangloser aus. Hand weg!

«Muss nicht sein», sagte ich leise.

«Was?»

«Muss nicht sein – die Hand. Brauchen Sie nicht.»

«Aber ist doch mal schön.»

«Aber muss nicht sein.»

Sie ließ die Hand noch ein Weilchen auf meinem Bauch liegen, seufzte noch mal und ging dann ohne ein Wort aus dem Zimmer. Ich sah sie nie wieder. Am nächsten Tag wurde ich ungeheilt entlassen.

Das Krankenhaus räumte einen Kunstfehler ein, und das

Gesundheitsamt schrieb meinen Eltern, sie könnten einen Behindertenausweis für mich beantragen.

Auf Krücken durchs Märkische Viertel zu hüpfen war gefährlich. Nicht nur wichen die meisten Leute nicht aus, wenn ich angehumpelt kam, es konnten auch jederzeit johnnymäßige Vögel auftauchen, die mir die Krücken wegzutreten versuchten oder «Scheißkrüppel», «Spasti» und «Epileppi, aber happy» hinterherriefen. Ich hatte keine Lust mehr rauszugehen, noch weniger als vor dem Unfall. Musste ich ja auch nicht mehr. Zur Schule konnte ich eh nicht, mit dem Bein. Sie teilten mir einen Hauslehrer zu, der so wenig Bock auf diese Chose hatte wie ich. Wir saßen uns täglich zwei, drei Stunden gegenüber, entwickelten keine Vater-Sohn-mäßige Freundschaft, und am Ende gab er mir lauter Einsen und Zweien.

Eigentlich sollte ich Übungen machen, für das Knie, aber ich machte gar nichts. Den ganzen Tag lag ich auf dem Rücken, das kaputte Bein angewinkelt auf mehreren Kissen, und las Bücher, spielte auf meinem Bauch mit Playmos, die da ständig runterfielen, betete, sah fern oder zeichnete Comics.

Comics hatte ich schon immer gezeichnet, aber jetzt, wo ich so viel Zeit dafür hatte, wurden sie richtig gut. Handwerklich gut, meine ich, die Storys waren nicht unbedingt der Hit. Es waren die Abenteuer zweier Privatdetektive namens Otto und Tom, die gegen den berüchtigten Joe MacKlever und seine kriminelle Rockerbande kämpften. Irgendwie machte da auch ein riesiges Frankensteinmonster mit. Ein Heft nach dem nächsten zeichnete ich voll und erklärte meinen Schwestern, dass mein Zimmer jetzt die Bücherei sei und sie sich die Comics gerne ausleihen könnten. Als sie das gar nicht wollten, stellte ich ihnen sogar Büchereiausweise aus, aber irgendwie schnallten sie's immer noch nicht.

Ich wuchs rasend schnell in dieser Zeit. Möglicherweise wegen dem ganzen Rumliegen – der Körper wollte vielleicht irgendwas machen, und weil nichts anderes ging, wuchs er halt. Auf einmal war ich zwanzig Zentimeter länger und gleichzeitig total abgemagert. Als hätten mittelalterliche Mönche mich auf so ein Streckbett gespannt.

Hinten bekam ich Druckstellen vom Liegen und vorne durch die spitzen Rippen, die die Haut von innen aufspießten. Es sah aus, als würden sie sie jeden Moment wie Dornen durchstoßen. Konnte das passieren? Braunes, krustiges Zeug lagerte sich da ab, wo die Rippen stachen. Anfangs kratzte ich das noch mit dem Fingernagel weg, aber es tat weh, blutete sogar, und nach ein paar Tagen war's eh wieder da, also akzeptierte ich das irgendwann als einen Teil von mir.

Ein Dreivierteljahr verbrachte ich so zu Hause, ohne die Wohnung zu verlassen. Anfangs kam Kleinlein noch ab und an vorbei und brachte mir leihweise ein paar Tim und Struppi, die ich heimlich nicht las. Das sah alles so spießig aus, dieses Tim-und-Struppiversum, und wieso machten da keine Frauen mit? Irgendwann kam Kleinlein auch nicht mehr.

Einmal klingelte noch ein bildschönes Mädchen an unserer Tür, betrat mein Zimmer, setzte sich an mein Bett und spielte mit mir eine Partie Schach. Ich war geblendet und konnte mich gar nicht konzentrieren. Zum Glück spielte sie auch schlecht. Weiß nicht mehr, wer letztlich gewonnen hat, mir kam es vor, als würden wir beide verlieren. Meine Mutter stellte uns Mineralwasser und Schokolade hin. Sie rührte nichts an – umso mehr blieb für mich. Ihre Haare glänzten in einem dunklen Kastanienbraun. Das war so eine kräftige Farbe. Nach der Partie wünschte sie mir gute Besserung und ging.

«Nancy Stolzenhagen», sagte meine Mutter. «Mit der warst du im Kindergarten.»

Dann wurde ich dreizehn, kriegte Flaum, und ein leises zittriges Haar wuchs fünf Zentimeter über meinem Glied. Fasziniert starrte ich es an, so oft ich Gelegenheit dazu hatte. Was eigentlich nur in der Badewanne war, denn außer beim Baden sah ich mich ja nie nackt. In der Wanne liegend, das kaputte steife Bein auf dem Rand abgelegt – aus irgendeinem Grund wusch ich dieses Bein nie, es roch nicht gut –, betrachtete ich das Haar. Unter Wasser tanzte es.

Die Welt um mich herum löste sich langsam auf – also, ich meine, alles war zwar noch da, wirkte aber neuerdings so merkwürdig unbeseelt wie in einem Traum, wo man auf einmal merkt, dass man träumt. Die Playmos sprachen nicht mehr zu mir, das Fernsehen ödete mich an, und die Bücher verwirrten mich nur noch. Das letzte Buch, das ich las, war *Tod in Venedig* – ich konnte der Handlung nicht folgen. Immer wieder merkte ich, dass ich Seite um Seite durchackerte, ohne dass irgendwas hängenblieb. Was wollte dieser verfluchte Idiot?

Wie ein verrückter Wissenschaftler seinen Frankenstein untersuchte ich wieder und wieder mein Haar. Wollte es jeden Tag sehen, und so ließ ich mir jeden Vormittag eine Badewanne ein, in der ich Stunden blieb. Das konnte ich machen, weil ich vormittags die Wohnung immer für mich hatte. Die Eltern waren auf der Arbeit und meine Geschwister in der Schule. Am helllichten Tag zu baden fühlte sich total verrückt und verboten an, aber ich musste es tun. Wollte das Haar tanzen sehen.

Einmal, wie ich da so lag, rutschte mein Bein vom Badewannenrand ins Wasser. Es tat weh, wie jede Bewegung, aber gleich darauf spürte ich seltsamerweise Erleichterung. Das Bein war unter Wasser nicht so schwer. Kam gut. Nach dem ersten Schreck entspannte ich mich, und von da an ließ ich mein Bein jeden Vormittag in der Wanne dümpeln. Nach ein paar Wochen merkte ich, dass ich es im Wasser ein wenig beugen konnte. Und dann noch ein wenig mehr. Nach zwei Monaten Badewanne konnte ich das Knie ganz durchdrücken. Meine Eltern schickten mich zu einer dunkelhaarigen mürrischen Physiotherapeutin, und dort lernte ich wieder laufen, was gar nicht so einfach war. Irgendwann brauchte ich keine Krücke mehr. Hinkte zwar noch und mein Knie wurde immer wieder heiß und musste gekühlt und hochgelegt werden, aber es war nicht zu übersehen, dass ich wieder lief, und das hieß: zurück an die Schule. Nach den Sommerferien humpelte ich wieder hin – mit meinem tanzenden Haar und sehr, sehr unbestimmten Hoffnungen.

sieben

Weil ich fast ein Jahr weg gewesen war, hatten mich meine Mitschüler weitgehend vergessen, was mir ganz gut in den Kram passte, denn ich wollte mich jetzt sowieso noch mal neu erfinden. Schwulibert eh nicht mehr. Held würde aber auch erst mal schwierig werden mit dem steifen Bein.

Vielleicht konnte ich ja so eine Art mysteriöser Geheimnisvoller sein? Der Fremde aus der Fremde. Er, bei dem man nie so weiß. Ich hatte noch kein richtig konkretes Bild. Auf jeden Fall: anders als vorher.

Ich sah ja inzwischen auch völlig anders aus. Hatte richtig lange Haare, Flaum nistete in meinen Mundwinkeln, meine Hautfarbe war vom vielen Zuhausebleiben wachsgelb geworden, und ich war irrsinnig dürr. Absurd dürr war ich geworden: Bei einer Größe von eins sechsundachtzig wog ich nur 49 Kilo. Obwohl die Kleidung 1979 tierisch eng geschnitten war, flatterten meine Super-Slim-Hemden an mir rum wie Fahnen einer vernichteten Armee um ihre verbeulten Stangen. Die dickste Stelle an meinen Beinen waren die Knie, und ich konnte nicht auf dem Bauch liegen, da war einfach zu viel Knochenzeug vorne.

Das durfte nicht so bleiben, ich musste mir irgendwie Muskelmasse auftrainieren. Bloß wie? Leichtathletik fiel ja wohl erst mal flach, und vom Schulsport war ich lebenslang befreit.

Da entdeckte ich in der Fernsehzeitung eine Anzeige. Für

den Bodymaster. Das war eine einen Meter lange schwarze Stange mit zwei Griffen an den Enden. Man konnte den Bodymaster zusammendrücken und halten – sämtliche Muskeln des Organismus würden dadurch aktiviert werden, versprach der Anzeigentext, und mit nur fünf Minuten Training pro Tag hätte man nach drei Monaten einen Muskelzuwachs von 200 Prozent!

Als Beweis war dazu ein Bild von Arnold Schwarzenegger abgebildet, wie er jetzt aussah – muskulös wie kein Zweiter –, und ein Bild von ihm von vor drei Monaten – irre dünn, fast so dünn wie ich gerade! Als Vorher-Bild gab es zwar nur eine Zeichnung, dafür war das Nachher-Bild ein Foto, das glich sich doch aus. Besser als umgekehrt jedenfalls.

Ich zeigte die Anzeige meinem Vater und sagte: «Das hier wünsch ich mir zum Geburtstag.»

«Was ist das?», fragte er.

«Ein Sportgerät. Das ist für Sport.»

«Wie heißt das?»

«Bodymaster.»

«Was?»

«Bodymaster.»

«Bodywas?»

«Bodymaster. Bodymaster.»

Er schüttelte den Kopf: «Das ist Betrug. So was schenken wir dir nicht.»

«Dann kauf ich's mir von meinem eigenen Taschengeld.»

«Bitte. Wenn du dein Geld aus dem Fenster schmeißen willst.»

«Wie macht man das?», fragte ich. «Tut man da einfach das Geld in einen Umschlag und schickt's denen? Es kostet 49 Mark 90 – könnte ich auch einfach 50 Mark reintun?»

«Nein», sagte mein Vater. «Das Geld ist dann weg. Für immer.»

Irgendwie kriegte ich's aber doch hin, mir das Teil zu bestellen, und keine zwei Wochen später war es da.

Sehr viel plastikmäßiger, als ich vermutet hätte, aber mit einem Gratulationsschreiben, einem Poster mit Übungen und einem kleinen Comic, in dem der dünne Arnold mit seiner sexbombigen Freundin am Strand von Stärkeren geärgert wird, wütend nach Hause geht, dort drei Monate trainiert, danach als Body wieder zum Strand kommt und die Übeltäter verhaut.

Gute Geschichte, wobei, ein bisschen unlogisch war es ja, dass er die Freundin schon vorher hatte.

Na ja, dafür hatte er zum Schluss drei – grundsätzlich stimmte es also.

Aufgeregt strich ich über das schwarze Plastik und murmelte «Bodymaster», ein Wort, bei dem sich die Zehennägel der Zunge hochrollten, aber ich musste es ja nie mehr aussprechen, jetzt wo ich das Teil besaß. Komischerweise verspürte ich trotzdem einen kranken Drang, das Wort dauernd zu sagen: «Bodymaster, Bodymaster». Ich schrieb's auf Zettel, ich sang es leise vor mich hin. Gerade weil es so ein peinliches Wort war – so aus einer anderen, total gestörten Welt zu kommen schien –, machte es mir Hoffnung. Bodymaster.

Ich fing an mit den Übungen. Statt fünf Minuten machte ich freiwillig zehn. Es war nicht schwer. Zusammendrücken, Halten, Loslassen. Das war jetzt endlich mal ein vernünftiger Sport, ohne Bock und Hallenboden und das ganze Schnullerbackengedöns. Jeden Tag riss ich meine zehn Minuten runter und hakte sie dann in einem kleinen Heftchen ab. Dann rechnete ich mir aus, wie viel Tage ich noch musste, und freute mich darauf, bald ein superbreiter Typ zu sein und nicht mehr so steinerweichend dünn. Bis es so weit sein würde, trug ich mehrere Sweatshirts übereinander, das sah auch ziemlich massig aus. Oder jedenfalls annähernd normalgewichtig.

Ich wurde vierzehn. Aus meinem einzelnen Haar war ein borstiges Geschwader geworden, und getanzt wurde jetzt weiter unten. Eine Erektion jagte auf einmal die nächste.

Ich kannte Erektionen aus der Kindheit. Wenn ich mich über was gefreut hatte, über eine neue Playmobilfigur zum Beispiel, über eine ungewöhnliche Briefmarke für meine Sammlung oder über Sonnenschein, hatte ich immer mal wieder eine kleine bekommen. Ein schönes Gefühl, über das ich nicht groß nachdachte. Jetzt hatte ich aber den ganzen Tag fast durchgehend ein Rohr, das mir gegen die Jeans drückte und durch den Gegendruck der Jeans noch größer wurde, was wiederum den Gegendruck erhöhte, und so weiter.

Alles erregte mich. Die Vorstellung, dass mich was erregen könnte, erregte mich.

Meine Eltern nötigten mich, mit ihnen in die Sauna zu gehen: «Es wird dir gefallen.» Wie sie immer die Zukunft schon wussten! Irre. Ich trödelte mit dem Umziehen, denn mir schwante: Sowie ich nackt war, würde er hochgehen. Hoch into the Sky würde er gehen, Kissing the Sky, Say the Eggs Goodbye würde er machen, ich kannte ihn ja nun schon 'ne Weile und konnte seine Reaktionen vorausberechnen wie meine Eltern anscheinend die meinen. Ich legte mir ein Handtuch um, hockte mich mit meinen Eltern in die Sauna und schwitzte, während ich die ganze Zeit zu vergessen versuchte, dass ich unter dem Handtuch nackt war. Nicht dieses Wort denken. Nackt. Mist.

«Kommst du mit raus?»

«Ich bleib noch 'n bisschen.»

«Siehst du: Es gefällt dir doch.»

«Mmh.»

Ich blieb in der Sauna sitzen, umgeben von Rentnern und übergewichtigen Hausfrauen, mit dem Ständer meines Lebens. Ich stellte mir vor, wie ein Henker ihn mit einem Beil abtrennt. Nicht mal das half. Ich betrachtete die leichengleichen Hautfalten eines älteren Herrn so intensiv, dass der entrüstet schnaufend die Sauna verließ. Ich dachte an den Tod, an die Kinder in Äthiopien, an Atomkraft, sauren Regen, Herrn Kolbes Zickenbart. Nach einer Dreiviertelstunde hatte ich es geschafft. Er schlaffte ab. Ich stand auf, knirschte kurz mit den Knochen und brach dann ohnmächtig zusammen.

Als ich wieder zu mir kam, lag ich auf dem Boden vor der Sauna, und ein halbes Dutzend älterer Übergewichtiger blickte verächtlich auf mich herab.

«Hat's übertrieben.»

«Der ist ja auch so dürre.»

«Mit Sauna muss man sich auskennen.»

«Geht's wieder?»

«Klar», keuchte ich.

Acht

Ich saß zu Hause rum. Meine zehn Minuten Bodymaster für heute hatte ich schon erledigt. Es gab nichts mehr zu tun außer Hausaufgaben, die ich neuerdings aber nicht mehr machte. Die Zeiten waren irgendwie vorbei. Hatte auch keine Schulmappe mehr, sondern schleifte den ganzen Kram in einer Plastiktüte durch die Gegend. So ging's doch auch, was sollte das noch mit der Babymappe.

Auf dem Nachhauseweg hatte ich mir ein Überraschungsei gekauft. Wollte mich mal überraschen lassen. Plopp, machte das gelbe Unterei, und zum Vorschein kam ein kleiner Traktor zum Zusammenbauen. Gab's also plötzlich doch noch was zu tun an diesem Tag. Allerdings nur kurz, denn aufgrund meiner Hochbegabung hatte ich das Teil in null Komma nichts assembled. Langweilig, wenn man alles so schnell schafft. Deshalb hat wahrscheinlich Gott am sechsten Tag noch den Menschen geknetet, obwohl der gar nicht zu den anderen Sachen passt. Ich machte ein Rad von dem Traktor ab, und dann machte ich es wieder dran. Klick krick.

Meine Mutter, die den Esstisch wischte, sah zu mir. Klick.

«Du wirst das kaputt machen», sagte sie.

«Nein Mama, keine Sorge. Ich weiß, was ich tu.» Klick. Krick. Klick.

«Lass das, du machst es kaputt. Das ist meins.»

«Hä? Das hab ich gerade aus dem Überraschungsei hier geholt.» Klick.

Klick. Krick. Klick.

«Du machst es kaputt. Das gehört dir nicht.»

«Erstens gehört's mir doch, und zweitens ...» – Krick. Klick – «zweitens kenn ich mich mit solchen Maschinen aus.» Klick. Krick.

Klick. KRACK.

Die Achse war zerbrochen. So ein chinesischer Murks.

«Da!», rief meine Mutter. «Jetzt hast du's kaputt gemacht! Du hast es kaputt gemacht! Das hatte ich seit meiner Kindheit!»

«Mama! Das hab ich grade eben hier aus dem Überraschungsei geholt!»

«Ach!», rief sie und lief weinend in die Küche. Ich blieb am Esstisch sitzen, das winzige Rad, aus dem jetzt die halbe Achse ragte, in der Hand. Ich kniff ein Auge zusammen und sah es mir genau an. Dann steckte ich es in den Mund und lutschte drauf rum. Schmeckte nach Käfer.

Nachdenklich drauf rumlutschend ging ich in mein Zimmer.

Mein Zimmer war ganz schön klein. Jetzt, wo ich so groß geworden war, fiel's mir mal auf. Bett, Schreibtisch, Schrank, dazwischen gerade mal Platz zum Stehen. Eine Weile stand ich da. Schaute aus dem Fenster. Dann drehte ich mich um und schaute auf den Schrank. Der Schrank. In ihm hatte ich als Kind Leben erschaffen aus meinen alten Pausenbroten. Ich hatte sie gesammelt und in die unterste, abschließbare Schublade gelegt. Alle paar Tage hatte ich sie mit ein paar Tropfen Tuschwasser begossen. Erst wurden die Brote grün, dann blau. Irgendwann waren es keine Brote mehr, sondern eine Art Urmasse, und als wir nach sechs Wochen Sommerurlaub zurückkamen und ich die Schublade aufschloss, war die Urmasse bedeckt mit einem geheimnisvollen Schaum, aus dem kleine geflügelte insektenartige Wesen krochen: Leben.

Sie sahen nicht besonders gut aus, aber sie waren einzigartig, und ich hatte sie erschaffen. Leider kriegten meine Eltern das mit und schmissen alles weg.

Hey: Ich hatte hier im Zimmer doch bestimmt irgendwo noch ein altes Pausenbrot. Könnte ja versuchen, noch mal solche Wesen zu machen. Aber ich wusste gar nicht mehr, was für Tuschwasser ich damals verwendet hatte und wie oft und in welcher Dosierung. Nein, das war die Sorte Experiment gewesen, die nur einmal gelingt. Und man brauchte dazu auch das Herz eines Kindes, das ich irgendwie nicht mehr hatte. Die Kindheit war ja vorbei.

Was also tun? Vor lauter Langeweile kriegte ich eine Erektion.

Jeden Tag verstand ich die Leute um mich herum weniger. Am rätselhaftesten waren die Lehrer. Was wollten sie? Sie funkelten mit ihren Brillen, redeten ins Nichts, fingen an, was an die Tafel zu schreiben, hörten mittendrin wieder auf, setzten sich kokett aufs Pult, ein Bein übers andere geschlagen wie alte Huren, die nicht mehr wirklich daran glauben, noch Freier aufreißen zu können, aber tragischerweise auch nichts anderes gelernt haben.

«Ich gebe euch nun diesen Kassettenrekorder», sagte unser Geschichtslehrer zu uns, «nehmt ihn, geht raus auf die Straße und fragt die Leute, was sie von der Berliner Mauer halten. Ihr seid jetzt Journalisten. Macht Interviews bis zwanzig Minuten vorm Klingeln. Dann kommt ihr wieder hoch, und wir hören uns das gemeinsam an und sprechen darüber.»

Wir nahmen den Kassettenrekorder und gingen rüber in den Supermarkt, Erdbeersekt und Zigaretten holen. Damit setzten wir uns auf den Hof.

«Fil, du hast voll den fetten Eiterpickel auf der Stirn», sagte Viola. Ich kriegte eine Erektion, weil sie mich angesprochen hatte, verbarg das aber geschickt hinter einem wissenden Grinsen, rhythmischem Kopfnicken und dem Summen einer winzigen Melodie.

«Kuck mal, Dani, Fil kriegt 'n Dicken», sagte Viola zu ihrer Freundin und zeigte auf meinen Schritt.

«Iiiih, die Pottsau, ey. Ich wette, der hat so 'n Krummen, Hinterfotzigen», fand Dani.

«Wieso gibt es eigentlich Erdbeersekt, aber keinen Kirschsekt», gab ich zu bedenken.

«Jetzt drücken wir dir den Pickel aus.»

Ich lachte, um Entspanntheit auszustrahlen, und lehnte mich zurück. Leider war hinter mir nichts, und so kam mein Move nicht richtig entspannt daher.

«Da fällt er gleich vor Freude hintenüber», sagte Dani.

«Stehst du drauf, wenn wir dir den Pickel ausdrücken?», fragte Viola.

«Nein», sagte ich, aber ich war gar nicht so sicher, ob das stimmte. Viola sah so unvorstellbar gut aus. Sie hatte große grüne Augen, Sommersprossen, rote Haare, Lippen wie unbenutzte Radiergummis, und ihre Röcke waren so kurz und irgendwie aus Lack oder lackartiger Baumwolle, weiß nicht, ich war nie nah genug dran, um das genauer zu überprüfen. Auf jeden Fall sehr kurz. Und manchmal hatte sie sogar – ich denk mir das nicht aus – *überhaupt keinen* Rock an, sondern nur ein Sweatshirt, und weder Rock noch Hose drunter. Nur so ein graues Sweatshirt, das gerade so über den Po ging. Ich wollte auch über diesen Po gehen, und wenn dafür jetzt mein Pickel sterben musste, dann würde ich ihn opfern. Mit Freude würde ich ihn opfern, auf sein Grab spucken würde ich.

Allerdings war Viola ein Punk, und mir war nicht so klar, was die Punks eigentlich wollten.

Sie sahen aus, als wäre ihnen alles egal, und das verunsicherte mich.

«Du musst den mal sehen», sagte Viola. «Du musst den selber mal sehen, den fetten Eiterpickel. Der ist reif. Stimmt's, Dani?»

«Auf jeden Fall», sagte Dani und leckte sich die Lippen. «Den braucht man nur leicht anzupusten, dann platzt er schon auf, die Muschi.»

Dani ging so. Das hatte ich inzwischen gecheckt bei Mädchen: Eine sah immer gut aus, die andere war immer mit dabei. Zwei gutaussehende Mädchen konnten nicht befreundet sein, das war wahrscheinlich wie bei Magneten. Zwei unattraktive Mädchen konnten sich befreunden, schätze ich. Vermute ich. Weiß ich nicht genau.

«Jetzt nehmen wir dich mit aufs Klo, damit du deinen Pickel mal im Spiegel siehst», sagte Viola, «und dann drücken wir ihn dir aus.»

Ich krümmte mich, vor Lachen und um mit dem Schatten meines Oberkörpers meinen Ständer zu bedecken. Unsere restlichen Journalistenkollegen, die noch am Boden hockten, lachten auch, mir war nur nicht ganz klar, ob mit mir oder über mich. Ist manchmal gar nicht so 'n großer Unterschied. Ich spürte Violas schmale kleine Hand, an der alles perfekt war, unter meiner rechten Achsel und Danis derbe Pranke, wo gar nichts stimmte, unter meiner linken.

Wie zwei Bullen führten sie mich ab. Aber es war ein freundliches Abführen, witzig-ironisch, ich hätte mich jederzeit aus ihrem Griff befreien können. Obwohl, eigentlich doch nicht, denn ich war auf einmal wie in Trance. Violas Körper so nah an meinem! Leider war heute kein Sweatshirt-Tag, wär vielleicht auch zu viel gewesen. Ich versuchte gar nicht mehr, meinen Dicken zu überspielen. Wie ein Geistesgestörter klopfte er gegen die Jeans und wollte raus.

Wir gingen zusammen aufs Klo. Aber nicht aufs Mädchenklo, wie ich heimlich gehofft hatte, sondern aufs Jungsklo. Drinnen pullerte gerade einer.

«Raus hier, du Spanner!», bellte Viola. Er packte ein, so schnell er konnte, und zog ab. Beim Rausgehen erkannte ich ihn: Es war Kleinlein, mein Schwulibertfreund aus alten Zeiten. Er hatte sich kein Stück verändert. Mich schien er nicht zu erkennen. Kurz kriegte ich Sehnsucht nach der Vergangenheit, aber man kann ja blöderweise nicht zurück.

«Siehst du?», flüsterte Viola. Ihr Mund war ganz nah an meinem Ohr, und ihre Wange streifte meine. Sie war so unbeschreiblich weich und warm und pulsierend. «Siehst du den üblen Pickel?»

Ich sah ihn. Tja. Ein Pickel halt. Nicht geil in meiner Welt, aber anscheinend in Violas. Sie hatte plötzlich einen milchig verschwommenen Blick. Okay, ich hatte mich entschieden: Ja. Soll sie ihn mir ausdrücken. Soll sie's ruhig tun. Ich würde es geschehen lassen; ein Akt der Hingabe. Mit geschlossenen Augen, die Lippen leicht vorgewölbt und geöffnet, wartete ich darauf. Jetzt. Jetzt würde sie es tun. In meinen Ohren rauschte das Blut.

Aber nichts geschah.

Nach einer Weile machte ich die Augen wieder auf, und genau in dem Moment konnte ich auch wieder hören. Ich hörte Lachen. Das Jungsklo hallte wider vor Gelächter.

Viola und Dani hatten mich losgelassen und kringelten sich in den Ecken. Die anderen, die uns offenbar nachgelaufen waren, lachten auch. Mit mir oder über mich? Grübelnd stand ich vorm Spiegel, mit meinen vorgewölbten Lippen.

Zum Glück kam in genau diesem Moment Herr Möhrental zur Tür herein, stutzte und sagte dann: «Leute, das ist doch die Jungentoilette. Könnten die Mädchen vielleicht bitte ein bisschen rausgehn oder so?»

Herr Möhrental, oder Möhre, wie er liebevoll genannt wurde, war Leiter der Friedensgruppe und unser Politische-Weltkunde-Lehrer. Er war nicht gerne autoritär und lächelte auch jetzt schuldbewusst in seinen krausen Bart. Wir latschten raus, und draußen sagte Viola: «Fil, du bist so ein Freak.»

Freak? War Freak gut? Klang witzig, also grinste ich. Mein Dicker hatte irgendwie den Schuss nicht gehört. Er ging einfach nicht weg, weshalb ich meinen Unterkörper dezent Richtung Wand drehte.

«Jetzt vögelt er die Wand», sagte Dani.

«Er ist eben voll der Freak», sagte Viola.

Als hätte ich ein Geheimnis, das sie alle nicht kannten – hatte ich ja übrigens auch einige, zum Beispiel konnte ich total gut zeichnen –, lächelte ich auf eine besonders entspannte Weise vor mich hin.

«Fil, du Freak. Komm, ich schneid dir 'n Iro», sagte Viola, zog einen elektrischen Rasierer aus ihrer Plastiktüte und stöpselte ihn in eine der Steckdosen, die es in unserer Schule ja überall gab.

«Okay, mach», sagte ich, denn inzwischen hatte ich schon kapiert, dass sie immer nur so tat als ob.

Sie setzte den Rasierer an meine Schläfe, schaltete ihn ein und fräste eine derbe Schneise durch mein schulterlanges aschblondes Haar.

Dani schrie auf. Alle anderen glotzten. Viola sah mir direkt in die Augen und biss sich dabei auf die Unterlippe. Sie sah aus wie die Fee von Peter Pan.

«Worauf wartest du?», fragte ich.

Sie setzte den Rasierer wieder an und fräste weiter. Die anderen fingen an zu johlen. Endlich war ich mal der Held.

Zwanzig Minuten vor dem Klingeln trudelten wir alle wieder im Geschichtsraum ein. Meine neue Frisur fiel unserem Geschichtslehrer anscheinend nicht groß auf. Viola gab ihm den Kassettenrekorder zurück.

«Jetzt bin ich ja mal gespannt», sagte er und drückte auf Play.

Das Band begann zu laufen. Rauschen. Das Nichts hörbar gemacht. Fasziniert lauschte ich.

«Ist schon zurückgespult?», fragte der Lehrer. Wir nickten.

Rausch. Mir war schwindelig vom Sekt, ich fror an den Seiten meines Kopfes, und mein Nacken juckte. Dani kaute schmatzend einen Kaugummi. Alle kuckten irgendwohin. Nur Viola sah den Lehrer an.

Sein Gesicht wurde rot, was bei seinem rübenfarbenen Bart- und Haupthaar ein bisschen so aussah, als hätte ein Kind ihn mit den falschen Farben ausgemalt.

«Warum tut ihr das?», brüllte er. «Warum macht ihr mir mein Leben kaputt? Ihr wollt mein Leben zerstören!»

Wollten wir doch gar nicht. Ich zumindest nicht.

«Na gut! Dann machen wir's anders!», schrie er, und es klang wie ein Fluch. «Dann machen wir's anders! Wenn ihr's so wollt, dann könnt ihr das haben!! Dann wird's eben von nun an anders gemacht!» Er schlug mit der Faust auf den Tisch, packte seinen kleinen Rekorder und stürmte aus dem Raum, obwohl es noch gar nicht geklingelt hatte. Wie er so davonlief, sah er aus wie der einsamste rothaarige Mann der Welt. Nur den Rekorder hatte er, seinen kleinen Roboterfreund. Diesen seinen kostbarsten Besitz hatte er uns Schweinen geliehen, und wir hatten ihn mit Füßen getreten. Mann, das war doch eigentlich voll die süße Idee gewesen: «Ihr seid jetzt Journalisten.» Er hatte sich richtig was ausgedacht für uns. Ich fühlte mich schuldig. Was würde Jesus tun? Dann strich ich mir über die rasierten Seiten

83

meines Schädels und wusste, dass ich solchen weichen Gedanken ab jetzt nicht mehr nachhängen durfte. Denn ich war ja nun ein Punk.

neun

Endlich Punk. Es war der Hammer.

Das war es also gewesen, wonach ich mein Leben lang gesucht hatte. Nun war ich angekommen. Punk hatte mir gezeigt, wer ich im tiefsten Innern meines Selbsts war: nämlich ein Punk. Ein punkiger Punk. Ein punkiger Punk des Punkes, liebe Freunde, und zwar direkt into the face. Und ob. O Mann.

Bloß was *war* Punk eigentlich? Ich hatte wenig Informationen darüber. Verschwommen erinnerte ich mich an eine Folge von «Disco 79», in der Ilja Richter in einem seiner göttlichen Sketche Zwerg Nase trifft, und Nase ist traurig wegen seiner Hässlichkeit. Da sagt Ilja zu ihm: Geh doch nach London und werde ein Punk. Denn Punk heißt: Was hässlich ist, ist schön.

Und genauso macht er's auch. Geht nach London, und lauter punkige Girls tanzen da um ihn rum. Astrein.

Einfach nur hässlich sein reichte aber nicht aus, fürchtete ich, man brauchte zusätzlich den gewissen punkigen Stil. Ich zog meine beigefarbene Jacke verkehrt herum an, sodass das Futter außen war. Außerdem malte ich mir mit Kuli kleine Atompilze auf meine Jeans – verkehrt rum leider, wie ich zu spät bemerkte. Und ich wartete, dass meine

Klamotten Löcher bekommen würden. Das dauerte ziemlich lange, war ja noch gute Qualität damals.

In den Pausen stellte ich mich auf dem Hof zu den anderen Punks. Wenn einer was sagte, grinste ich, nickte oder rotzte auf den Boden, wozu ich mich anfangs sehr überwinden musste. Nach einer Weile bezogen sie mich in ihre Gespräche ein, fragten zum Beispiel: «Wie findste die neue Ritzmounes?», oder «Warst du gestern bei Froxz Rabatt in der Kaserne?», oder jemand meinte: «Samstag spielen X-Toc Plasmapläst im K.Z.36 zusammen mit Festnetz und Schleim 8-15.» So Sachen halt.

Ich machte dazu immer «pfa» und «tsäh», sagte dann «geil» oder «arschgut» beziehungsweise «So sieht's leider einfach mal aus», oder was sonst gerade zu passen schien.

Es ging um irgendwelche Bands, das war mir schon klar, vermutlich die Bands, die sie sich in der Pause per Kassettenrekorder reinzogen. Da versuchte ich immer so ein bisschen dran vorbeizuhören. Erstens, weil Kassettenrekorder mich seit der Sache mit dem Geschichtslehrer traurig machten, und zweitens, weil diese Musik ziemlich anstrengend klang.

So musste doch Musik gar nicht sein! Ich hatte das Gefühl, die mühen sich da total ab; es war wie ein Wettrennen der Instrumente, und einer war immer langsamer als die anderen, mal der Gitarrist, mal der Trommler, mal der Sänger. Und die Texte gingen immer nur so «Kaputten – Karotten – Robotten – Johnrotten – Bulle, du musst sterben, und Alkohol ist unser Wohl», alle Silben falsch betont, hasserfüllt und ohne wirkliches Stimmvolumen vorgetragen.

Wie viel toller waren da doch die Bee Gees mit ihrem Hit «Staying alive»! Ha, ha, ha, ha – staying alive, staying alive! Viel besser. Na ja. Durfte ich jetzt nicht mehr gut finden, leider.

Über die nächsten Wochen wurde ich mehr und mehr von den Punkern akzeptiert. Sie nahmen mich mit auf «Konzerte» in irgendwelchen verlassenen Häusern, wo wir dann zu schlimmstem Geschrei hoch- und runterspringen mussten. War schon okay. Ein kleiner Preis für die Freundschaft und das Zugehörigkeitsgefühl.

Tatsächlich war bei den Punkern die alte Schläger/ Schwulibert/Irrer-Regel außer Kraft gesetzt. Es gab bei uns alle möglichen Typen, und alle waren sie einfach nur Punk.

Immer mehr wurden Punks. Meist nutzten sie dafür die Ferien. Am letzten Schultag waren sie noch stinknormal, und aus den Ferien kamen sie als fertige Punks, mit allem Lametta. Die ersten Tage wurden sie trotzdem ausgelacht, einfach weil's so verkleidet aussah, aber wenn sie da durch waren, wurden sie akzeptiert. Ich allerdings musste mir mein neues Punkerselbst Stück für Stück vor den Augen der anderen zusammenbasteln und arbeitete dabei sehr viel mit der Versuch-und-Irrtum-Methode.

Zum Beispiel Turnschuhe mit Klettverschluss. Waren gerade neu und irgendwie doch auch total irre – keine Schnürsenkel mehr. Ich holte mir welche, musste aber feststellen: war nicht Punk. Genauso wenig wie meine graue Cordhose. Und ich hatte gedacht: Cord. Cord ist doch so daneben, dass es schon wieder cool ist. Aber es stellte sich raus: doch nicht.

Meine neuen Punkerfreunde hatten auch gerne einen Spleen. Norbert zum Beispiel trug einen Teelöffel an einem Bändchen um den Hals, Leiche nuckelte ständig an seinem Schnuller herum, und Viola hatte überall Sicherheitsnadeln, und an manchen Tagen saß ihr sage und schreibe eine Ratte auf der Schulter. Eine echte lebendige Ratte. Auf der Schulter. Als Haustier! Nancy hieß die auch noch, da musst du erst mal draufkommen.

So was brauchte ich auch. Darum holte ich mir einen kleinen Spielzeugrevolver. Hatte ich schon als Kind immer haben wollen und nie bekommen. Er lag gut in der Hand, und damit das jetzt nicht so fünftklässlermäßig rüberkam, gewöhnte ich mir an, ihn für russisches Roulette einzusetzen. Der war ich nämlich jetzt: der alles riskiert. Es waren zugegebenermaßen nur Platzpatronen, aber wenn so eine direkt neben deinem Ohr losgeht, kannst du mindestens eine Viertelstunde lang nichts mehr hören. Wirklich. Fünfzehn Minuten bist du total taub. Keiner wollte das mit mir spielen, also spielte ich's alleine.

Einmal kam ich in den Kommu-Raum, und alle saßen um ein Plattencover rum, auf dem ein paar Typen abgebildet waren, von denen einer fast so dünn war wie ich. Super! Ein Dünner konnte also Punkstar werden. Ich wollte mehr erfahren.

«Wer ist das?», fragte ich unklugerweise und zeigte auf den Dünnen.

«Mann, hinter welchem Mond lebst du eigentlich,

Fil?», stöhnte Viola. Viola und Dani waren gefährlich für mein neues Punkerimage, weil sie natürlich genau wussten, wie zufällig es eigentlich nur entstanden war.

«Das ist Sid Vicious», sagte Dani.

«Mann, weiß ich doch, wollte euch nur verarschen», sagte ich und suchte fieberhaft das Cover nach mehr Informationen ab. «Sex Pistols» stand da. Musste der Bandname sein.

«Du weißt überhaupt nichts.» Viola klang so vorwurfsvoll, als wären wir ein altes Ehepaar.

«Ja, wa, ich weiß nicht, dass Sid Vicious bei Sex Pistols spielt, wa. Logo weiß ich das nicht. Weiß ja keiner», sagte ich triefend vor Ironie.

Die anderen achteten nicht mehr auf mich, sondern diskutierten das Plattencover.

«Kuck, da ist Paul, und da ist John», sagten sie und: «Da, wie süß, da steht Malcolm.»

Irgendwie klangen sie auch nicht anders als die Drahtbürsten mit ihren Bay City Rollers, wie sie hier von diesen Sechs Pistolen schwärmten. Müsste Punk nicht viel negativer sein? Ich wollte auch mitreden.

«Spielen die eigentlich bald mal wieder?», fragte ich nach einer Weile beiläufig.

«Ich wusste, dass du keine Ahnung hast, du Idiot!», rief Viola.

«Die Pistols gibt's schon seit drei Jahren nicht mehr», sagte Tom.

«Äh, Leute, kapiert hier keiner mehr Sarkasmus, oder was?», sagte ich. «Denkt ihr, ich bin so bescheuert, dass ich das nicht weiß?»

«Ja», sagte Viola.

«Ich wollte eigentlich fragen, in welcher Band Sid Vicious jetzt spielt. Weil, das hatte ich wirklich vergessen, wie die noch mal hieß.»

Viola brach in Tränen aus und rannte aus dem Raum. Ihre Ratte ließ sie zurück. Dani nahm sie hoch und streichelte sie. Dann sagte sie: «Fil, du bist so ein Idiot.»

Musik blieb meine Schwachstelle. Konnte mich für Punkrock einfach nicht erwärmen. Ich war da irgendwie auf einem anderen Trip. In unserem Plattenschrank zu Hause hatte ich neben Adamo, den ewigen Beatles und Heintje ein paar alte Jazzplatten von meinem Vater entdeckt. Das *muss* gute Musik sein, dachte ich, die Typen auf den Plattencovers sahen alle total cool aus. Die Cover selbst waren aus superschwerer Pappe, und die Platten waren auch viel schwerer als normale. Alles an diesen Platten sagte: Schwer, heavy, extragut. Als ich mir das dann auf meinem Kinderplattenspieler anhörte, war ich geschockt: Was für ein schwachsinniges Gedudel! Aber die Musiker sahen so cool aus. Und irgendjemand hatte doch auch diese Platten mit ihnen gemacht, ihnen Geld dafür bezahlt, das waren doch keine Punks hier – old Duke Ellington, Charlie Christian und Miles Davis. Sogar die Namen klangen gut. Besser als Adamo oder Heintje. Sogar besser als Sid Wieauchimmer. Irgendwas musste dran sein an dieser Musik. Um dahinterzukommen, hörte ich mir die Platten eisern weiter an. Beim Zeichnen. Ich zeichnete ja immer noch meine Otto-und-Tom-Comics, für mich alleine nachmittags. Auch die beiden waren inzwischen anders drauf als früher. Ihre Kriminalfälle lösten sie einfach nicht, dafür hingen sie viel mit Frauen ab. Frauen zeichnen dauerte länger als Männchen, machte aber auch mehr Spaß. Das Gute an der dudeligen Art des Jazzes war, dass man ihn irgendwann gar nicht mehr wahrnahm, so wie Verkehrslärm. Und irgendwann kapierte ich's auch. Es lief gerade ein Stück von Duke Ellington. «Live in Newport» hieß die Platte, und sie war auch wirklich live. Das Publikum rastete aus. Auf einmal hörte ich nicht mehr auf das Gedudel, sondern auf das Publikum, diese immens kochende Stimmung, und – zack – in dem Moment hatte ich Jazz kapiert. Es ging gar nicht um die Musik, sondern um die Stimmung. Ab da war ich Jazzfan.

Sagte ich natürlich meinen Punkerfreunden erst mal nicht. Genauso wenig, wie dass ich immer noch Christ war und bei allem Rumgepunke heimlich versuchte, gute Taten zu tun, um dafür später in den Himmel zu kommen. Eigentlich müsste ich auch die anderen bekehren, das war mir schon klar. Würde ich auch machen. Viola und Dani vielleicht als Letztes. Aber klar, ein Christ muss bekehren. Wartete nur auf den richtigen Moment.

Der totale Zwerg-Nase-Effekt blieb aber leider aus, denn eine «Mrs. Punk» trat nicht in mein Leben.

Wer hätte das auch sein sollen? Jenny Gesundbrunnen lachte nur hysterisch, wenn sie mich mit meinem Iro sah. Punk schnallte sie nicht, die kleine Drahtbürste. «Sie ist auf Draht, aber nicht auf Zack, hihi. Fuck off», dachte ich, wenn ich an ihr vorbeischlenderte, und mein überlegenes Schmunzeln neutralisierte ihr Lachen aufs köstlichste. Außerdem waren ihre Titten jetzt langsam wirklich zu groß. Wie groß denn noch? Nein, Jenny, sorry, hast deine Chance gehabt, lass uns Freunde bleiben.

Vielleicht ja Heike Bujarski aus meinen alten Leichtathletikzeiten? Die war inzwischen eine von den Ökos geworden, und die Ökomädchen fanden wir Punker verrückterweise total interessant: Sie wirkten so sanft und mitfühlend. Viola und die anderen Punkerinnen ja eher nicht so. Mit denen zu schmusen, das konnte man sich nicht richtig vorstellen.

Punkerinnen also lieber nicht. Drahtbürsten eh nicht, Ökomädchen vielleicht, so dachten wir Punkboys. Ökomädchen waren zwar nicht punky, aber vielleicht war das gerade 'ne gute Balance. Konnten sie mit ihren Rehaugen die fulminante Zerfetztheit unserer sicherheitsnadeldurchbohrten Seele sehen? Erkannten sie die Weichheit hinter der Härte? Die ganze Tragik? Würden sie uns in den Arm nehmen wollen? Uns randrücken? Unsere staubigen verletzten Härtzen mit Kirsch-Vanilletränen reinwaschen? Könnten wir nicht so eine Art wütende, kranke Robbenbabys für sie sein, die sie wieder gesund kuscheln? Warum zum Henker nicht? Wir hingen jedenfalls immer gerne mit den Ökomädchen ab, traten gegen die Tische, an denen sie saßen, wälzten uns vor ihnen im Dreck, fragten: «Na, habt ihr eure Tage?», oder aßen ihre benutzten Teebeutel auf. Man hatte immer das Gefühl: *Fast* schnallen sie, dass wir grade ganz gut 'nen Haufen Liebe gebrauchen konnten, aber Sekunden vor der Erkenntnis driftet ihr Denken wieder zurück zu Rüben, Batik und Atomkraft oder sonstigem Ökoquatsch. Sie waren gefangener in ihrem Öko als wir in unserem Punk. Ich meine: Wir wären noch bereit gewesen, die Grenze zu überschreiten, aber sie schienen dafür nicht die Kraft zu haben. Sahen uns nur traurig an und dachten: «Hiiiii … roshima». Dabei sprang Hiroshima gerade hier vor ihren Augen auf und ab, aber sie schnallten's nicht. Dass sie, die immer so offen taten, in Wahrheit so borniert waren, erschütterte mich. Es erschütterte mich zutiefst, wenn ich das mal sagen darf.

Komischerweise machten uns aber die Ökotypen Avancen. Aus irgendwelchen verzweigten Gründen waren sie der Überzeugung, wir seien eigentlich auf ihrer Seite. Punk and Öko united, dachten sie wohl, und grinsten uns unter ihren ungewaschenen Lockenschöpfen mit den von Ballaststoffen aufgedunsenen Schweinegesichtern an.

«Fil, kommst du auch zum Schweigen für den Frieden am Samstag?», fragte mich zum Beispiel Manuel, der Alternative, mit vorwitzig aus dem Palästinensertuch herausblitzender Nase. Als Antwort rotzte ich ihm vor die Füße. Er lächelte und sagte: «Wir treffen uns um zwölf in Tegel in der Fußgängerzone, vor C&A. Würd mich freuen, wenn du da wärst.» Ich hielt mir den Revolver an die Schläfe und drückte ab: Peng. Tot. Manuel lächelte, als wären wir Brüder. Dann schob er sich eine Rübe rein – der Typ war doch geistesgestört.

Zehn

Als dann aber der Samstag tatsächlich kam, hatte ich irrwitzigerweise gerade nicht viel zu tun, und so fuhr ich mit dem Kinderskateboard meiner kleinen Schwester nach Tegel. Das heißt: Ich fuhr, aber mit der U-Bahn, nicht mit dem Skateboard. Das Skateboard hatte ich unterm Arm. Oder über der Schulter. Sah lässig aus. Wenn ich darauf zu fahren versuchte, sah es nicht mehr so lässig aus. Die Kunst bestand also darin, es nicht zu versuchen.

Ich schlenderte durch die Fußgängerzone – ein Mann und sein Brett an einem sonnigen Samstag kurz vorm Atomkrieg – und tatsächlich: Dort standen die ganzen Ökos wie angekündigt vor C&A im Kreis, hielten sich an den Händen und schwiegen. Manuels nicaraguakaffeebraune Knopfaugen leuchteten überglücklich auf, als er mich erblickte. Er ließ die Hand des Mädchens neben sich los und winkte mich zu sich heran. Er wollte lieber meine Hand halten als die eines Mädchens? Der Typ war geistesgestört und gemeingefährlich. Ich schlenderte im Kreis um die Schweiger herum. Es waren nur so etwa zehn. Zwei Frauen, eine davon die neben Manuel. Und Möhre war auch dabei, mein Politische-Weltkunde-Lehrer, wegen dem ich ja überhaupt erst Punk geworden war. Anscheinend war er hier der Boss und führte die Schüler sanft an sein radikal kommunistisches Weltbild heran.

«Ist hier Schweigen für den Frieden, Herr Möhrental?»,

fragte ich, stellte mein Brett auf den Boden und sprang drauf. Sofort flog ich wieder runter. Das Teil schoss in die Schweiger und traf ein Mädchen am Knie.

«Au!», rief sie.

«Da! Sie hat das Schweigen gebrochen!», rief ich. «Das Schweigen ist gebrochen, das Schweigen ist gebrochen!»

Aber Möhre lächelte mich nur mit gütigen Augen an und wies mit dem Kopf zu Manuel, der wieder die Mädchenhand losließ und mir winkte.

«Was?», fragte ich, während ich mich wieder aufs Skateboard stellte. «Ich kann euch nicht verstehn. *Was* soll ich machen?»

Ich kuckte zu dem Mädchen neben Manuel. Sie war groß und schlank, hatte kurze Haare, hohe Wangenknochen und riesige schwarze Augen mit irre langen Wimpern. Ihr Gesicht hatte etwas Klassisches – sie sah aus wie eine griechische Göttin, die mit einer Art Batikfluch beladen worden ist. Na gut.

Zittrig rollerte ich zwischen Manuel und sie und ergriff ihre Hand. Diese eleganten schmalen Finger und der leichte Druck, das gefiel mir. Aber ich durfte mir nichts anmerken lassen.

Von der anderen Seite würstelte Manuel mit seinen Gichtgriffeln an meinen herum.

«Fass mich nicht an», sagte ich. Möhre blitzte auffordernd zu uns herüber. Die anderen auch. Nimm seine Hand, sagten ihre Augen.

«Ich mach so, okay?», sagte ich und packte Manuel am Oberarm.

Dann schwieg ich mit den anderen im Kreis. Sehr kurze Zeit allerdings nur, bis ich den Drang verspürte, «Wie lange geht das noch?» zu fragen.

Dann sang ich laut: «Hurra, ich bin genormt. Hurra, ich bin geformt. Hurra, ich bin genormt. Hurra, ich bin geformt.»

Dabei rollte ich auf meinem Board hin und her, bis es mir wieder wegflutschte und ich stürzend die griechische Göttin mitriss. Wir landeten hart, leider nicht aufeinander. Sie fluchte.

«Sie hat das Schweigen gebrochen, Herr Möhrental!», schrie ich wieder. «Sie hat das Schweigen gebrochen!»

«Philipp, wenn du nicht mitmachen magst, dann geh doch bitte», sagte Möhre.

«Jetzt haben Sie auch das Schweigen gebrochen!», grölte ich, und auf einmal brachen alle das Schweigen. «Hau ab, du Volltrottel!» – «Du machst uns hier alles kaputt!»

Sie wollten mich nicht mehr dabeihaben bei ihrer Schweigeaktion. Meine Augen füllten sich mit Tränen. Es war immer wieder ein Schock zu sehen, wie hart die Ökos eigentlich waren und wie wenig sie sich bemühten, hinter meine raue Schale zu schauen. Mit gesenktem Kopf trollte ich mich.

Ein paar hundert Meter weiter setzte ich mich auf eine Bank. Auf einmal fühlte ich mich, als wär ich schon in Rente. Schnell stand ich wieder auf. Stand so da mitten in der Fußgängerzone.

«Was halten Sie von der Berliner Mauer?», fragte ich eine Oma, die gerade vorbeikam.

«Hilfe», hauchte sie und umklammerte ihre Handtasche. «Hilfe. Polizei.»

Omas kamen damals mit Punk am schlechtesten klar.

Ich haute mir das Skateboard ein paarmal sanft auf den Schädel, um zu symbolisieren, dass ich kein Taschendieb war, sondern ein harmloser Spinner, aber das schien sie nicht zu beruhigen.

Okay. Also wieder mal keine Interviews heute.

Sollte ich mir ein Eis holen? Allerdings – das einzige Eis, das ich mochte, war Ed von Schleck, und ich kriegte es nicht hin, diesen Namen auszusprechen. Hatte auch gar kein Geld. Also auch kein Eis.

Es war ein wunderschöner Sommertag – heiß. Mich stellte der Sommer immer auf eine harte Probe, weil ich selbst bei übelster Hitze mindestens zwei Sweatshirts unter meiner Lederjacke trug. Die anderen sollten ja nicht sehen, wie dünn ich war. Mein Krafttraining hatte noch nicht viel gebracht, obwohl ich den Bodymaster inzwischen sogar schon kaputt gedrückt hatte. Fünfzig Kilo wog ich und kein bisschen mehr. Ich schwitzte. Ich kriegte einen Dicken. Ich rollte mit dem Brett so lange hin und her, bis ich wieder runterflog. Ich langweilte mich. Hatte keinen Edding dabei, also konnte ich auch nichts nirgendwohin schreiben.

Da kam mir eine Idee: Mal kucken, was die Schweiger machen!

Aber Möhre und die Möhrepeoples of Love and Understandingness waren nicht mehr da. Vielleicht waren sie nach Hause gegangen, weil ich ihr Schweigen zerstört hatte. Was war ich bloß für ein Arsch. Vielleicht waren sie ja auch verhaftet worden, weil eine von den panischen Omas hier sie angezeigt hatte. Mist, das hätte ich gern gesehen. Kurz stellte ich mir vor, wie ich die griechische Göttin aus dem Knast befreien würde, aber das war keine prickelnde Phantasie. Besser *sie* befreit *mich*. Oder noch besser, ich bin im Knast, und sie ist so eine Art Bewährungshelferin, will mich wieder eingliedern in die Gesellschaft und kommt dazu in meine Zelle. Der Wärter noch so: «Würd ich nicht machen, kleine Dame, der Typ ist gemeingefährlich», aber sie sagt schnippisch: «Ein jeder Mensch hat das Anrecht auf eine faire blablabla, schließen Sie bitte auf.» Wir quatschen kurz, sie sagt: «Ich weiß, dass Gutes in dir steckt, Desperado, ich weiß, dass du nicht durch und durch böse bist.» Ich fixiere sie schweigend und erinnere dabei an ein Raubtier. Dann nehme ich sie als Geisel, und wir fliehen nach Südamerika, wo wir uns ineinander verlieben und dann zusammen eine Farm betreiben. Interpol jagt uns, wir sind ständig auf der Flucht und lernen die ganze verdammte Welt kennen. Ja, das wäre gut. Möhre, Manuel und die anderen können ja von mir aus auch mitkommen und dann in der Nähe wohnen. Als Freunde.

Warum zum Teufel konnten wir nicht alle Freunde sein, was war denn bloß los?

elf

«Wir müssen die Band sein», sagte Acki in der Hofpause, und ich nickte. Absolut klar. Punker spielen in Bands, also: wir auch. Punkmusik war zwar immer noch nicht meine Leidenschaft, aber sie war leicht herzustellen: einfach F-Dur greifen und dann den Gitarrenhals hoch- und runterrutschen. Fiel mir nicht schwer, ich hatte ja als Kind Gitarrenunterricht gehabt, bei einem echten Liedermacher mit großen Gesten und mit Überbiss.

Acki konnte nichts, also war er der Sänger. Wir liehen uns von einem sanftäugigen Ökomädchen eine Wandergitarre, schwänzten Französisch und schrieben in anderthalb Stunden zehn Songs.

«Wir brauchen Gabi als Sängerin», sagte Acki dann.

«Gut», sagte ich.

«Ich hab gehört, ihr seid jetzt die Band», flötete Norti, um die Ecke kommend. Hammer: Wir waren ja schon regelrecht legendär. «Braucht ihr noch 'n Sänger?»

Schwer zu sagen.

«Klar. Du bist dabei», sagte Acki. Ach kuck. Also doch nicht so schwer zu sagen, hatte ich mich wohl getäuscht.

«Wir können ja Background singen in eurer Band», kicherten Viola und Dani auf ihre zur Hälfte bezaubernde Art.

«Auf jeden Fall», sagten wir, und ich verlor mich kurz wieder in einen Tagtraum: Wir auf Tour, lauter Mädchen finden mich gut, aber ich bin sperrig, verschlossen und mysteriös. Dann kommt die Polizei und will mich von der Bühne runter verhaften, worauf ein Tumult losbricht und ich mit Viola als Geisel entkommen kann. Und dann verliebt sie sich in mich, und wir bereisen flüchtend die Welt. Das alles ließe sich allerdings besser realisieren, wenn ich weiter vorne im Bandgefüge agieren würde.

«Ich kann ja auch bei 'n paar von den Liedern singen», schlug ich Acki vor. «Zum Beispiel bei ‹Gummipuppe›, ‹Horst› oder ‹Wixen›.»

«Unbedingt», sagte er. «Bei den Liedern denk ich eh immer an dich.»

Unser erster Auftritt war auf einem Schulfest vor tausend grölenden, werfenden Schülern, von denen die wenigsten Punker waren.

Sicherheitshalber hatte ich vorher anderthalb Flaschen Kargenhorster Krakengrund getrunken. Mit diesem ganzen Alkoholgetrinke hatte ich nur so aus Punk angefangen, aber langsam fing's mir auch an zu schmecken.

«Wir sind EiBlutKakao!», brüllte Norti in den Saal, während ich mich aus meinem Kabel zu heddern versuchte.

«Ihr seid scheiße!», riefen die Schüler zurück.

Norti lächelte. Glaub ich jedenfalls. Ich hatte eine 3-D-Brille auf, durch die ich praktisch nichts sah.

«Wolltet ihr nicht Background singen?», rief ich Viola und Dani von der Bühne runter zu.

«Och nö», machten die beiden, und während mir Saftkartons und Joghurtbecher um die Ohren flogen, erkannte ich zu meinem Schrecken: *Nicht* auf der Bühne sein ist

cooler, als auf der Bühne zu sein. Ich hatte es falsch berechnet.

«Unser erstes Lied heißt ‹Radio, TV, SS›!», rief Norti.

«Wir warten nur auf Monsieur», sagte Acki zu mir, und
ich überlegte krampfhaft, was zum Teufel er damit meinte.
Wir warten auf Monsieur. Irgendein Sinn steckte dahinter,
da war ich mir sicher. Ich kniff die Augen zusammen – half
nicht. Half nie. Wieso eigentlich nicht. Mir war schwindelig. Ich setzte mich hin. Dann legte ich mich hin.

Sowie ich am Boden lag, hatte ich das schöne Gefühl,
voll und ganz hierherzugehören. Ich schloss die Augen und
drehte mich in meinem eigenen Körper ein Dutzend mal
um mich selbst, während hinter meinen Lidern die un-
glaublichsten Farborgien abgingen. Yeah.

Irgendjemand zerrte an mir. Ich machte Geräusche.
Dann drehte ich den Kopf zur Seite und kotzte rosa Schaum
in die Erwartungshaltung hinein. Der Hausmeister schaltete sich ein, und das war das Ende unseres ersten Auftritts.

Mit dem ersten Auftritt endete auch die Geschichte der
Band, was für mich okay war, denn so hatte ich endlich wie-
der mehr Zeit für andere Freizeitaktivitäten. Zum Beispiel
sah ich mir gern dienstagabends im Fernsehen die Sendung
«Mein Name ist Hase» an. Dort kämpfte mein Held Daffy
Duck gegen Speedy Gonzales, die schnellste Maus von
Mexiko. Speedy repräsentierte alles, was ich hasste: Er war
selbstgefällig, altklug, feist und dazu noch ein verdammter
Mexikaner, aus irgendeinem Grund mochte ich Mexikaner
nicht.

Daffy dagegen war ein Punkrocker, wie sich's gehörte:

hässlich, ungeliebt, auf der Schattenseite des Lebens zu Hause. Geboren, um zu verlieren, aber bereit zum Kampf. Kuck doch mal: Sein Gegner war die schnellste Maus von Mexiko, also wohl ziemlich schnell, sollte man meinen, und man musste schon recht faktenignorierend unterwegs sein, um sich immer wieder von neuem auf einen so ungleichen Kampf einzulassen. Vor allem: Was hätte Daffy gewonnen, wenn er Speedy jemals fangen würde? Was wollte er denn dann mit ihm machen? Er konnte ihn nicht essen, wie sollte er ihn denn essen? Er war eine Ente, das wäre ja ekelhaft.

Er konnte *gar nichts* mit Speedy anfangen und versuchte trotzdem wieder und wieder, ihn zu fangen, obwohl es so sonnenklar wie tausend Sonnen war, dass er das nie schaffen würde.

Daffy kämpfte *mit* nichts *für* nichts: die Essenz des Punk.

Leider kam das, wie gesagt, immer nur Dienstagabend. Der Rest der Woche zog sich. Manchmal kuckte ich mir in meinem Zimmer heimlich die Damenwäscheseiten des Otto-Katalogs an. Auf den meisten sah man nur Matronen mit mauve melierten Miedern, aber es gab auch immer zwei oder drei, auf denen junge Frauen in Strapsen abgebildet waren. Sie standen freundlich lächelnd herum, als hätten sie keine Strapse an. Die Bilder machten mich fertig. Ich legte den Katalog auf den Boden, wuchtete mich mit gestreckten Armen im Liegestütz darüber und studierte so diese freundlichen Frauen. Mein Dicker hing dabei schwer hinunter und zuckte grimmig vor sich hin. Ich hatte nicht viel Ahnung vom Onanieren, darum blieb ich in dieser Position, bis ich zusammenbrach. Zusammenbrechen wollte auch gelernt sein, man musste in letzter Sekunde zur Seite

ausweichen, sonst hätte das wohl für den Dicken ein kra-
chendes Erwachen gegeben.

Dass diese Aktionen irgendwie schlecht und nicht richtig
waren, spürte ich deutlich. Und ich war mir leider ziemlich
sicher, dass ich nach meinem Tod im Himmel mit allen, die
ich zu Lebzeiten gekannt hatte, mit allen Grundschulfein-
den, Kumpels, Lehrern, den Eltern, Schwestern, sonstigen
Verwandten und sämtlichen Frauen meiner Träume, die
dann alle auch tot wären, in einen riesigen Kinosaal gehen
müsste. «Hereinspaziert!», ruft Petrus, und wenn alle sitzen, geht das Licht aus und der Film beginnt. Und es ist ein
Film über mein Leben. In Echtzeit.

«Süß!», rufen sie noch die ersten paar Jahre, aber dann
würde plötzlich diese fragwürdige Szene hier kommen.
Mist. Mist für den Christ. Um die Sache irgendwie zu re-
lativieren und als eine Art Buße las ich hinterher jedes Mal
auch den restlichen Otto-Katalog durch, kuckte mir alle
Gartengeräte, Teener-Nickys und Fleischmesser an, ver-
glich die Preise und stellte imaginäre Einkaufslisten zusammen, bei denen mir das Porto erlassen werden würde oder
wo ich sogar noch ein kleines Treuegeschenk erhielte. Sehr
viel Zeit verpulverte ich mit diesen Katalogen.

Zum Glück kam immer wieder irgendwann das Wochenende. Da gingen wir auf Feten. Alle wohnten noch zu Hause, aber erstaunlich viele Eltern waren am Wochenende
weg, und dann kamen wir und zerstörten die Wohnung.
Wir machten das ohne böse Absicht, es war eben unsere Art
zu feiern. Auf diesen Feten entdeckte ich eine interessante
neue Eigenschaft an mir: Ich konnte alles trinken. Eierlikör,

Erdbeersekt, Cognac, Wodka, Weinbrand, Cidre, Blue Cu-
raçao, Sangria – ich war in der Lage, die verschiedensten
Alkohole in jeder beliebigen Reihenfolge zu trinken, aus
Gläsern, Flaschen, Schüsseln. Wenn es jemand vor mich
hinstellte, konnte ich es trinken. Selbst wenn mir schon
speiübel war, konnte ich noch was in mich reinkippen. Ich
konnte trinken bis zum Kotzen, und manchmal schaffte ich
es, schon nach zwei Gläsern zu kotzen. Was ich nicht konnte, war, vor dem Kotzen aufzuhören, denn darin sah ich keinen Wert. Ich trank und trank und trank, und dann kotzte
ich. Ich kotzte auf jeder Fete. Ich war nicht der Einzige, der
kotzte, aber der Beständigste. Und diese Beständigkeit auszustrahlen war mir wichtig. Die Mädchen sollten sehen: Er
macht keine halben Sachen. Und sich vielleicht auch ein
bisschen fragen «Was hat er nur?» beziehungsweise «Wie
könnte ich ihm jetzt helfen?».

Einmal dachte ich, vielleicht reicht es nicht, der Mann
zu sein, der alles trinkt. Vielleicht sollte ich zusätzlich der
harte Knochen sein, der alles isst. Ich pirschte mich an zwei
Mädchen heran, rupfte ihnen die Zigaretten, die sie sich
gerade anzünden wollten, aus den Händen, steckte sie mir
in den Mund und kaute darauf rum.

«Davon stirbst du», sagte die eine.

Grinsend kaute ich weiter.

«Wenn du das runterschluckst, bist du tot.» Sie zündete
sich eine neue Zigarette an und drehte sich weg. Die andere
auch.

Hä? Verarschten die mich? Wenn ich wirklich sterben
konnte von diesen Zigaretten, wieso flehten sie mich nicht
an, alles sofort wieder auszuspucken? Lassen mich hier eis-

kalt krepieren, das ist ja fast Mord! Ich fasste die eine an der Schulter, um diesen Punkt im Gespräch zu vertiefen, aber mein Mund war voller Zeug, und was ich sagte, klang wie Tiergeräusche. Sie kuckte angewidert. So kuckt man doch keinen an, der in Todesgefahr schwebt! Panisch versuchte ich, ein bisschen was auf den flauschigen weißen Teppich von irgendwelchen Eltern zu spucken, aber das ging fast gar nicht. Die Zigaretten waren in meinem Mund zu einer breiig-faserigen Masse geworden, die anscheinend eigenen Gesetzen folgte. Zum Glück musste ich genau in diesem Moment kotzen.

«Magst du nicht zu uns in die Friedensgruppe kommen, Philipp?», fragte Möhre mich auf dem Flur. Das war nun die Erkenntnis, die er aus unserem gemeinsamen Schweigeabenteuer in Tegel gewonnen hatte: Es wäre gut, wenn DIESER Typ bei uns mitmachen würde.

«Los, wir gehen in die Friedensgruppe», sagte ich zu meinem neuen besten Freund Schocker.

«Friedensgruppe, Filly?» Seifenstücke bröckelten fragend aus Schockers Haaren.

«Auf jeden Fall. Die ganzen Ökofrauen. Denk doch mal nach.»

Ich konnte die Ökofrauen einfach nicht aufgeben. Irgendwie musste man doch ihre Mitleidenergie anzapfen können. Vielleicht gemeinsam mit Schocker.

Die Friedensgruppe plante, das nächste Wochenende in irgendeiner Jugendherberge zu verbringen, wo sie dann Diavorträge ansehen und darüber mit älteren Friedenskings diskutieren würden. Für Schocker und mich war das

Konzept Frieden ein zynischer Witz. Die Bombe würde eh bald fallen und uns alle töten. Wir lebten in der Endzeit. Kuck mal, wie wir schon aussahen. Das war die Endzeit hier. End-zeit! End-zeit!

Nach dem ersten Vortrag fing ein Mädchen an, leise vor sich hin zu weinen. Es war um Hiroshima gegangen, und – klar – Hiroshima war schlecht. Dieses Weinen jetzt aber kam mir gekünstelt und eitel vor, darum lachte ich. Schocker nickte grinsend.

Dann erzählten alle lang und breit, wie bewegt sie von dem Vortrag waren. Es war öde. Schocker und ich beschlossen, aus dem Fenster zu springen und wie die Kaputten schreiend draußen durch die Gegend zu rennen. Wisst ihr, vielleicht war das ja unsere Art, mit den schrecklichen Bildern umzugehen, und vielleicht war die ja viel ehrlicher. Schnallte nur natürlich mal wieder keiner. Spät am Abend kamen wir erst zurück und stürmten das Mädchenzimmer. Irgendwie waren die aber zu müde für Mitleid, darum gingen wir runter in den Vortragsraum, legten eine Kassette mit den Sex Pistols in den Rekorder, drehten voll auf und fingen an zu tanzen. Unser Tanz ging so: jeder in eine Ecke, Anlauf nehmen, gegeneinanderspringen und wieder zurück.

Nach kurzer Zeit waren wir schweißnass, Möhre und die Ökos standen vor der abgeschlossenen Glastür und hämmerten dagegen. Anscheinend war es ihnen zu laut. Möhre trug einen knallroten Frotteeschlafanzug. Er war auf seine Art fast noch mehr Endzeit als wir.

Wir drehten die Musik lauter, um das nervige Hämmern zu übertönen, und da auf einmal kapierte ich Punk! Es ging nicht um die Musik, es ging um die Stimmung! Es war genau wie beim Jazz! Punk war also der Jazz des weißen Mannes, und der weiße Mann waren wir. Armer, armer weißer Mann. Wir tanzten die ganze Nacht, zerrissen uns gegenseitig die Klamotten und gingen zwischendurch in voller Montur unter die Dusche.

Am nächsten Morgen meinte Möhre: «Vielleicht ist es besser, ihr kommt erst wieder, wenn ihr bereit seid, euch etwas mehr einzubringen.»

Wir waren gerade aufgestanden, und die Ökos kuckten schon wieder Dias. Diesmal von Konzentrationslagern.

Wir verließen die Gruppe, ohne eine Frau gefunden zu haben, dafür mit einem tieferen Verständnis für uns selber.

ZWÖLF

Zu meiner Schande muss ich gestehen, dass wir kurz nach meinem fünfzehnten Geburtstag in ein halbes Häuschen in Frohnau zogen. Jetzt wohnten wir nicht mal mehr im Märkischen Viertel, Dreck. Gerade jetzt hätte das so gut zum Punk gepasst. Mein neues Zimmer unterm Dach war sogar noch kleiner als mein altes und hatte eine schräge Wand, die mich wahnsinnig machte. Um das Haus rum war ein kleiner Garten – was sollte das alles? Dieses ganze Grün kam mir vor wie die größte Verarschung aller Zeiten. Wenigstens wohnte Schocker in der Nähe. Manchmal schwänzten wir die Schule und hingen bei einem von uns ab.

106

Einmal sammelten wir Kastanien, um sie uns in der Teflonpfanne meiner Eltern zu braten. Schocker begutachtete den Herd.

«Filly, der Knopf hier geht von 1 bis 12. Vielleicht erst mal bei 1.»

«Auf keinen Fall», sagte ich, tat die Kastanien in die Pfanne und schaltete auf 12.

«Muss da nicht noch Fett zu?»

«Was denn für irres Fett nun wieder, du Schaf?»

«Na, die gute Rama oder ein ähnliches Produkt. Fett, Filly. Kein Fett?»

«Wenn die Pfanne richtig heiß ist, brauchst du kein Fett. Komm, das dauert hier jetzt 'ne Weile.»

Wir gingen rüber ins Wohnzimmer, das wie alle Elternwohnzimmer komplett auf den Fernseher hin ausgerichtet war. Den schalteten wir mal ein.

Auf den beiden Westprogrammen war nur das Testbild, aber auf dem Ostsender besichtigte Erich Honecker eine Chemiefabrik. Diese Sendung nahm uns gefangen, weil sie ohne jede Dramaturgie immer weiterging und einfach nicht endete, obwohl niemand, der dabei mitmachte, auch nur für fünf Pfennig Bock auf die Chose zu haben schien. Nicht mal Honni selbst.

«Genössssnnngenösssssn», nuschelte Honni, «wrrrr sndrrr vrsmmmmlld, ömmm döö Löisdüng dz Schömügömbünöds Hölle zü wördn.»

Er redete und redete, während die Kamera über die lustlosesten Visagen des Universums wanderte. Dann redeten Arbeiter, später sangen sie, Honni kriegte was aus Chemie Hergestelltes überreicht, sie sangen wieder, Honni sang allein – es hörte einfach nicht auf. Wir schauten gebannt zu.

Diese Ostchemiefabrik sah zudem noch so trostlos aus, man konnte die giftigen Dämpfe fast riechen. Aber natürlich war das, was wir rochen, nicht die Fabrik, sondern die in der Pfanne verbrennenden Kastanien.

Die ganze Küche war voller Rauch. Wir machten das Fenster auf, stellten die Pfanne unter den Wasserhahn und besahen uns die Sache: nicht gut. Die Kastanien waren außen pechschwarz, gingen aber nicht auf.

Wir warfen sie in den Mülleimer, wo sie den Plastiksack zum Schmelzen brachten, was noch übler roch.

«Heute keine Kastanien, mein Junge», brachte ich die Sache auf den Punkt.

«Schocki hat aber Hunger. Haben deine Eltern nicht was anderes da?»

Ich machte den Kühlschrank auf. Ein Eierkarton lag da, mit noch genau zwei Eiern – perfekt! Dieses Abenteuer würde gut ausgehen.

«Man muss die Eier vorher anstechen, sonst platzen sie auf», warnte Schocker.

«So viel weiß ich auch.»

«Aber das Loch darf auch wieder nicht zu groß sein. Am besten nimmt man 'ne Stecknadel. Habt ihr hier 'ne Stecknadel, Filly?»

Wir durchsuchten das ganze Haus, und am Ende fanden wir sogar eine.

Vorsichtig und von Schocker zweifelnd beäugt, stach ich zwei winzige Löcher in die Eier.

Dann setzten wir Wasser auf.

«Aber jetzt nicht wieder auf 12, bitte!», moserte Schocker. Der Hunger hatte ihn zickig gemacht.

«Aber auch nicht auf eins. Nehmen wir 6», schlug ich vor. Wir einigten uns auf 5.

«Ich mag nicht, wenn die Eier so hart sind», sagte Schocker, während wir warteten, dass das Wasser kochte.

«Aber wenn sie so eklig roh rumsuppen, das mag ICH nun wieder nicht. Zu weich dürfen sie nicht sein. Müssen schon eine Minute kochen.»

«Neieeeen!», rief Schocker. «Dann sind sie so hart! Lass uns 'ne halbe Minute machen.»

Nach langem Hin und Her einigten wir uns auf eine Dreiviertelminute, die wir mit angehaltenem Atem auf unseren Digitaluhren ablasen. Schocker wollte mich ablinken, indem er schon nach 35 Sekunden «Jetzt!» schrie, aber ich blieb so hart, wie gleich mein Ei sein würde.

Nach 45 Sekunden riss Schocker den Topf vom Herd und kippte das Wasser raus.

«Halt!», rief ich. «Erst abschrecken! Mit kaltem Wasser abschrecken, sonst platzen sie beim Pellen.»

Als wir die Eier köpften, waren sie allerdings noch *ziemlich* roh.

«Siehst du, du Idiot!! Ich hatte doch gesagt, 'ne Minute! Scheiße.»

«Tut mir leid, Filly. Ich mag nur nicht, wenn Eier so hart sind.»

Eizeugs floss über den Tisch, es stank nach geschmolzenem Plastik, und die Teflonpfanne war hin. Es würde nichts zu essen geben. Ein guter Moment, die Küche zu verlassen.

Wir gingen wieder ins Wohnzimmer. Honni war immer noch in der Hirbelfabrik. Kein Wunder, dass dieses System nicht funktionierte. Ich gab ihm noch so sechs, sieben Jahre, dann würde es zusammenbrechen. Sanft wahrscheinlich sogar.

Schocker sah mein Buch auf dem Sofa liegen.

«Ein Buch, Filly?»

Irgendwann musste ich's ihm ja mal sagen. «Ja, Schocki, es ist mein Buch.»

«Du liest?»

«So sieht's mal aus. Nicht oft. Aber dieses Buch hier ist gut. Charles Bukowski.»

«*Der Mann mit der Ledertasche*, Filly.»

«So ist der Titel. Es ist gut. Ich – ich les es gern.»

«Schocker kennt Bukowski, Filly.»

«Schocker kennt Bukowski?»

Er nickte: «Ich hab ein Buch mit Gedichten von ihm.»

«Die Gedichte sind gut, aber die Romane sind noch besser.»

«Würdest du sagen, *Faktotum* ist ein Roman, Filly?»

«Unbedingt. Hast du *Faktotum* gelesen?»

Schocker nickte.

Ich konnte es nicht fassen. Immer hatte ich mich dafür geschämt, dass ich Bücher las – keinem hatte ich davon erzählt, und jetzt las mein bester Freund auch. Eine Woge der Wutlosigkeit überwältigte mich, und ich verzieh ihm seine dilettantische Eieraktion.

«Fandest du *Faktotum* gut?»

«Ich fand's gut, ja.»

Jetzt ging ich aufs Ganze:

«Ich les nicht nur Bukowski, Schocki.»

Er zog die Brauen fragend hoch. Ich seufzte. «Weißt du, ich finde auch Franz Kafka, Hermann Hesse und Dostojewski ganz gut.»

«Ja», sagte Schocker, «ich hab auch mal ein Buch von Dostojewski gelesen.»

Mir stockte der Atem. Schocker? Dostojewski? Das konnte nicht sein! Oder doch? Was wäre das für ein kosmischer Witz: Wir beide sind eigentlich heimliche Leseratten, finden dieselben Autoren gut, ohne es zu wissen, und wenn wir uns treffen, machen wir nur minderwertiges Essen oder springen gegeneinander, dabei könnten wir über Literatur reden! Aber stopp mal, das klang zu gut, um wahr zu sein. Schocker war bekannt dafür, falsche Fährten zu legen.

«Hat dir das denn gefallen, dieses Dostojewski-Buch?», hakte ich vorsichtig nach.

«Ich fand's gut.»

«War es dick?»

«Ja.»

Bis jetzt stimmte alles. Aber dann fragte ich: «Wie hieß es denn?», und Schocker antwortete: «*Der Idiot.*»

Und da war klar, dass er sich das alles mal wieder nur ausgedacht hatte. Es rührte mich fast: Old Schocker. Er nahm natürlich an, Dostojewski wär so ein Typ wie Bukowski – bei *dem* hieß ein Buch vielleicht *Der Idiot*, Dostojewski hatte aber viel früher gelebt, und seine Bücher trugen Namen wie *Erniedrigte und Ausgestoßene*, *Aufzeichnungen aus einem Kellerloche* oder *Die verlorene Ehre der Anna Karenina*. Poetische Namen, nicht *Der Idiot*.

«War das ein Buch über dich, Schocker?», fragte ich und grinste.

«Schocki kam nicht drin vor.»

«Bist du sicher? Ach komm, lass uns hier abhaun. Holen wir uns Pommes.»

dreizehn

«Wo ist dein Physikhefter?», fragte mein Vater.

«In der Schule», sagte ich.

«Bring ihn morgen mit! Zeig ihn mir! Ich will ihn sehn!»

Ein paar kleine Töne murmelnd, schlurfte ich in mein Zimmer. Mein Vater veranstaltete in letzter Zeit eine Menge Stress, wenn er zu Hause war. War er fast nie, jetzt aber leider doch, es musste Sonntag sein. Und immer wieder ging es um den Physikhefter.

Ich war kein Physikcrack. Ich wusste nicht, was Physik wollte. Das Letzte, was ich noch mitgekriegt hatte, war der Bunsenbrenner.

«Das hier ist ein Bunsenbrenner.»

Irgendwann in der Siebenten oder in der Achten oder in der Neunten war das gewesen. «Hier: der Bunsenbrenner.«

Und dann: Wusch – Flamme an. Was dachten sie? Dass wir da auf die Knie fallen wie Wilde? Dieser Bunsenbrenner schockte uns null. War doch irgendwie nichts anderes als eine blöde Kerze aus Metall. Klar, man kann das jetzt Bunsenbrenner nennen, man kann aber auch mal versuchen, 'n bisschen entspannt zu bleiben. Einfach mal 'n kleines bisschen auf dem Boden bleiben, Mann.

Ich konnte da nicht mehr zuhören. Bunsenbrenner ist für Penner. War das nicht sowieso eher Chemie, Alter? Wie auch immer. Am Ende des Tages war's doch eh alles bloß Sachkunde. Die Kunde von Sachen, und Sachen waren schlecht. Während draußen die Welt unterging, sollten wir hier drinnen beheizt, neondurchleuchtet und asbestwandbestrahlt schnell noch mal ihre Gesetzmäßigkeiten erlernen oder was? Das Hebelgesetz. O ja, klar. Jeden Moment fällt die Atombombe, aber wir studieren hier noch mal fröhlich die Gesetzmäßigkeiten Seiner Hoheit Herrn von und zu Hebels. Leck mich am Arsch. «Wie viel Kraft benötigen wir bei einem längerem Hebel?» Ja, das war echt die Frage.

Blöderweise hatte der Physiklehrer mal bei uns zu Hause angerufen und den Verdacht geäußert, ich hätte keinen Physikhefter. Hatte ich auch nicht.

Mein Vater kam mir in mein Zimmer nach. Ich hatte wohl nicht euphorisch genug reagiert auf seine Vorschläge.

«Morgen Abend sehe ich den Physikhefter!»

Er starrte mich mit verengten Pupillen an. Die Sache setzte ihm zu.

«Hast du mich verstanden?»

«Ja.»

Meine Augen füllten sich mit Tränen. Ich versuchte, meine Gesichtsmuskeln weich zu machen, weil ich glaubte, dass man dadurch wahrheitiger aussieht.

Dabei stellte ich mir vor, ich hätte *doch* einen Physikhefter. Einen Physikhefter voller Physik, der – genau wie ich gesagt hatte – in der Schule war. In meinem dunklen Schrank. Da lag er, und morgen würde ich ihn holen und meinem Vater zeigen, und danach würden wir gemeinsam lachen, ins Grüne fahren und dort über das Hebelgesetz diskutieren. Auf einer Wippe. Könnten wir uns gegenseitig hoch- und runterhebeln und «Ich liebe dich, Dad!» – «Ich liebe dich auch, Partner!» rufen.

Leider war es nicht so, und es würde auch nie so werden.

Meine schulischen Leistungen sanken. Ich konnte dem Unterricht nicht mehr folgen und nahm weniger und weniger daran teil.

Stattdessen schwänzte ich. Leider schwänzte meistens niemand anders mit.

Früher, in der Zehnten, hätten sie's noch gemacht, aber jetzt waren wir ja in der *Oberstufe*. Ich hatte es gerade so eben geschafft, aber die ganzen anderen lustigen Punker waren entweder nicht mehr mit dabei, oder sie hatten sich auf einmal in totale Streber verwandelt.

Schwänzte ich also allein und erkundete die Gegend um die Schule: das Märkische Viertel mit seiner augenzwinkernd irren Todesarchitektur. Ich untersuchte die Piker. Woraus bestanden sie? Welche Kraft ließ sie wachsen, und warum wuchsen sie nicht hoch wie Häuser? Pikten sie auch, wenn man sich freiwillig reinwarf? (Ja.) Ich suchte in verpissten Häusereingängen und auf zusammengetretenen Klettergerüsten nach Zeichen von Gott. Überall fand ich welche.

Wenn das alles nichts half, aß ich 'ne ehrliche Portion Pommes im «Fuchsbau», der Kneipe gegenüber der

Schule. Ich bewunderte den Grillmann, denn er war der einzige Erwachsene, der einen verstehbaren Beruf ausübte. Was mein Vater machte, hab ich nie kapiert, irgendwas mit Anzug und Aktenkoffer, und die Lehrer waren Lehrer. Dieser Typ aber stellte mit seinen eigenen Händen aus tiefgefrorenem, styroporartigem Krempel echtes Essen her und verkaufte das dann für richtiges Geld. Er spürte meine Faszination und weihte mich nach und nach in seine Geheimnisse ein: «Die Leute sagen immer, ranziges Fett stinkt: Die haben keine Ahnung. Frisches Fett stinkt viel mehr. Hier, riech mal.» Er hielt mir einen Balken bleiches Fett vor die Rübe. Ich nahm eine Nase. «Stimmt», rief ich aus. «Stinkt total!»

«Weil die Leute sich nicht auskennen», sagte er und machte mir wie immer eine doppelte Portion zum einfachen Preis. Mein ganzes Essensgeld ließ ich bei ihm. Seine Pommes schmeckten einfach besser als das labbrige Schulessen mit den von Behinderten total kastig geschälten Kartoffeln. Ich sog alle Informationen gierig auf und träumte davon, später selber einmal in einem Imbiss zu arbeiten.

Irgendwann hatte ich so viele Fehlstunden, Verwarnungen und Elterngespräche zusammen, dass mein Vater dazu überging, mich jeden Morgen persönlich zur Schule zu fahren. Vor dem Schulgebäude ließ er mich raus, er hatte ein Auge darauf, dass ich auch wirklich hineinging, und fuhr dann zu seiner eigenen Arbeit, was auch immer das war. Vermutlich nichts, wo man groß um die Ecke denken musste, denn sowie er außer Sichtweite war, kam ich wieder raus aus dem Schulgebäude und ging zum Supermarkt, Erdbeersekt kaufen, oder zu meinem guten Freund, dem Imbissmann.

Unsere morgendlichen gemeinsamen Fahrten waren stets erfüllt von Radiomusik. Nur einmal unterhielten wir uns, als nämlich gerade irgendeine Jugendsendung lief, in der ein Typ namens Bert Bruttosozialprodukt oder Trixa Paletti oder irgendwas in dieser Richtung eine engagierte Hymne aufs Anderssein grölte und dazu mit Kochlöffeln auf einen Sack Katzen eindrosch.

Mein Vater sah zu mir herüber.

«Und das findest du gut?», fragte er.

Ich fand's nur so halb gut, nickte aber. Pubertät ist nicht die Lebensphase der differenziert ausformulierbaren Grauzonen, Alter. Wir fuhren weiter.

«Und Schlager?», fragte er nach einer Weile. «Schlager findest du nicht gut?»

«Nein.»

«Aber die Rolling Stones machen doch auch Schlager.»

Ich war ziemlich sicher, dass das nicht stimmte, und hatte auf einmal den horsthaften Wunsch, meinen Vater zu umarmen. Anscheinend hatte er genauso wenig Ahnung von seiner Musik wie ich – wenn ich mal kurz ehrlich sein darf – von meiner. Vielleicht hätten wir beide eine generationsübergreifende Gang gründen sollen: die Nichtsschnaller. Sehr viel sprach allerdings dagegen, also zuckte ich mit den Schultern und antwortete: «Die find ich ja auch nicht gut.»

Bert oder Trixa tötete das letzte Tier, dann meldete sich

wieder der Moderator. Er hatte mehrere Gäste bei sich im Studio, und die stellte er jetzt vor: Doris Deutschkurs, Unmut Unruh, Zickezacke de la Rue und Pepsi Hitler.

«Doris», wandte er sich an Doris, «du hast ja früher zur Punkbewegung gehört, aber ich denke, wir beide sind uns einig, dass Punk tot ist.»

«Mausetot», lachte Doris. Er hatte eine unsympathische Lache. «Schon lange.»

«Ja, klar», haspelte der Moderator. «Das hatte ich auch gemeint: schon lange tot.»

Und dann lachten sie beide wie die Gestörten. Und die anderen lachten alle mit, schaukelten sich gegenseitig die Eier und bekräftigten immer wieder, wie *irre* lange der Punk nun schon tot war. *So* lange, schon, Hahaha hahaha HA!

«Hast du das gewusst?», fragte mein Vater, und Hoffnung färbte seine Stimme.

«Klar», sagte ich, «schon lange.»

Aber die Wahrheit war: Das hatte ich jetzt noch nicht gewusst, und es riss mir den Boden unter den Füßen weg. Gerade jetzt, wo ich mich in meinem neuen Punkerselbst eingerichtet hatte, sollte schon wieder alles vorbei sein? Aber wenn sogar die Spießerbacken im Radio es sagten, musste es ja stimmen. Und es deckte sich leider auch mit meinen Beobachtungen: Seit wir in der Oberstufe waren, wirkte der ganze Punk bei vielen nur noch wie Fassade.

Plötzlich schienen sie alle ihre Murmeln auf die Reihe zu kriegen, konzentrierten sich und lachten mit den Lehrern, die doch unsere Feinde waren. Wie Doris und die anderen Deppen mit dem Radiofritzen (der doch eigentlich auch der Feind war: Radio, TV, SS!) lachten sie: hahahihaha, alles ist hin, jetzt machen wir schön Abitur. War ja eh alles nicht so ernst gemeint gewesen. Nur 'ne Mode.

VIERZEHN

In Deutsch lasen wir «Der Fänger im Roggen» und gleich danach «Die neuen Leiden des jungen W.». Beide Bücher handelten unglaublicherweise von mir.

«Silke, was fällt dir ein zum neuen W.?», fragte Feistel, unser Deutschlehrer.

Silke wurde rot. «Ey, der Typ ist so bescheuert», sagte sie.

«Wie kommst du darauf?»

«Weil er scheiße ist.»

Die Drahtbürsten rechts und links von Silke nickten.

«Warum müssen wir diese Kacke lesen?»

«Der ist pervers.»

Feistel sah mit dem üblichen verletzten Hippielehrerblick zu mir rüber. Hippies sollten keine Lehrer werden, es ist einfach kein Job für sie. Sie arbeiten ja auch nicht auf Schlachthöfen oder im Krieg. Warum dachten damals bloß so viele Langhaarige, sie wären für diesen Job geeignet?

«Was sagst du dazu, Philipp?»

«Ich find's gut.»

«Weil du genauso 'n perverser Idiot bist», sagte Silke.

Ich grinste.

Feistel starrte neiderfüllt aus dem Fenster, und in dem

118

Moment wurde mir klar, dass er sich ebenfalls mit den Helden dieser Bücher identifizierte.

Oh Mann. Eine Erkenntnis, die ich lieber nicht gehabt hätte. Feistels Leben musste die Hölle sein. Er war wie ein Bauer, der gern ein Schwein wäre. Aber Pechsache, Freund Tafelschwamm: Es hieß leider nicht «Der Lehrer im Roggen» oder «Die alten Leiden des alten L.».

Mist, trotzdem tat er mir leid. Erwachsene Männer taten mir dauernd leid, es gab keine tragischeren Wesen. Alles, wovon sie mal geträumt hatten, waren sie nicht geworden, sondern das genaue Gegenteil. Das sollte mir nicht passieren.

Darum beschloss ich, genau so zu handeln, wie es in den Büchern beschrieben wurde, und endlich von zu Hause abzuhauen. Der Held haut ab. Er bleibt nicht da und studiert. Er geht.

Mein Plan war, mich bis in den Bayerischen Wald durchzuschlagen – vielleicht gab es dort Ecken, die noch nicht von saurem Regen zerstört waren. Da wollte ich versuchen, Arbeit als Holzfäller zu finden. Nach einem Jahr Bäumefällen würde ich auch endlich die Schwarzenegger-Figur haben, die ich mit dem elenden Bodymaster irgendwie nicht kriegte. Kein Wunder: Der Bodymaster war ja selber lang und schmal. Ein Baum dagegen war breit.

Wenn ich dann so ein breites Baumkreuz hätte, würde ich was mit der Holzfällerbosstochter anfangen, einem drallen blonden Ding mit gutem Herzen und dicken Zöpfen, aber ihr Vater würde es rauskriegen, und wir müssten fliehen.

Die ganzen Holzfäller äxteschwingend im Nacken, würden wir uns durchs Unterholz beißen, das ich nun zum Glück wie meine Westentasche kennen würde, und nachdem wir sie abgehängt hätten, würde ich uns aus selbstgeschlagenem Holz eine Hütte bauen – eine zweistöckige sogar, mit Balkon, und dort würden wir leben, Blaubeeren, Sauerampfer und Kartoffeln anbauen und glücklich sein.

Die Schwäche dieses Plans war mir schmerzlich bewusst: Er war nicht Punk. Tatsächlich war er ja fast schon Öko, mit dem Wald und den Beeren und dem ganzen Glücklichsein. Ein bisschen kam ich mir wie ein Verräter vor. Aber Punk war ja nun mal tot, schon lange sogar. Eigentlich hatte *er* *mich* verraten, das dumme Schwein. Jetzt musste ich halt sehen, wo ich blieb, ey.

Also kämmte ich mir die Haare runter, ließ meine Lederkutte und die Lausestiefel zu Hause und zog stattdessen die alte, gesichtslos hellgelb verwaschene Schimanski-Jacke an, dazu Klettverschlussturnschuhe (jetzt mal im Ernst, das war doch 'ne Supererfindung: KEINE SCHNÜRSENKEL MEHR!), packte noch ein paar Ersatzunterhosen, mein schweizerähnliches Taschenmesser, die Zahnspange und ein paar Stullen in meinen winzigen Kinderrucksack, schrieb meiner Familie einen erklärenden Brief und zog los.

Mein Herz klopfte wie wild. Ich fühlte mich so lebendig wie überhaupt noch nie. Es war, als würde ich aus einem fünfzehnjährigen Schlaf erwachen und jetzt ginge das Leben los, denn so musste doch Leben sein: losziehen ins Unbekannte und alles riskieren. Die Eltern taten mir ein bisschen leid, aber ich würde mich nach dem ersten Jahr bei ihnen melden, und wenn sie mich sehen würden, mit den neuen Muckis und der drallen Blonden (nur ein Arbeits-

titel, vielleicht wäre es auch eine schmale Dunkelhaarige),
dann würden sie verstehen.

Ich fuhr zum Bahnhof Zoo, passte dort gut auf, dass
mir niemand Heroin durch die Jeans fixte, und kaufte mir
ein Ticket für den Schlafwagen nach München. Es kostete
170 Mark, jetzt hatte ich noch 130.

Bis in den Wald würde ich damit schon kommen.

Die Zugfahrt: ratternd. Konnte nicht schlafen vor Aufregung und vor Ostzöllnern, die ständig unsere Ausweise
kontrollierten, immer mit ihrem typischen Jetzt-haben-
wir-dich-Martin-Bormann-Blick in der kotelettenumwu-
cherten Schrebergärtnervisage. Kurz bevor wir am Morgen
dann in München ankamen, zog ich mir auf dem Klo noch
schnell eine frische Unterhose an. Die alte spülte ich runter: auf keinen Fall die optimale Lösung, aber wenn ich sie
jetzt gewaschen hätte, wäre sie ja danach nass gewesen und
hätte alle anderen Sachen in meinem Rucksack ebenfalls
nass gemacht, und das wollte ich unbedingt vermeiden.

München! Blauer Himmel! Viele Leute. Ich legte mich
erst mal auf eine Bank am Bahnhof und schlief bis mit-
tags. Dann ging ich zu McDonald's und danach in das Kino
neben McDonald's, wo gerade *Conan der Barbar* lief. Ein
Spitzenstreifen, und noch dazu mit Arnold Schwarzenegger, meinem alten Bodymasterkameraden! So würde
ich also bald aussehen. Nach dem Kino kaufte ich mir einen Stadtplan (jetzt hatte ich noch genau 100 Mark übrig)
und fand mit dessen Hilfe eine Straße, die direkt bis in den
Bayerischen Wald führte. Ich ging die Straße lang und fühlte mich wie eine Milliarde D-Mark. Stunden ging ich so. Es

fühlte sich so richtig und lebendig an und war dabei so einfach: gehen. Immer weiter in eine Richtung gehen. Warum machten wir das zu Hause bloß nie? Wegen der Mauer. Aber hier gab es keine Mauer. Hier war eh alles irgendwie anders, und zwar auf eine gute Art. Ich war glücklich. Fast hätte ich gesungen.

Gegen Abend erreichte ich den Wald. Jetzt wurde die Gehstraße irgendwie zur Autobahn; das hatte man auf dem Stadtplan nicht erkennen können. Mein schlimmes Knie war auch ziemlich geschwollen und schmerzte. Es wurde dunkel. Ich humpelte durchs Unterholz, während permanent Autos mit Raketengeschwindigkeit an mir vorbeizischten. Wusch! Wusch!! Wuschsch!!! Irgendwann hielt ein roter Sportwagen an, und ein älterer Herr fragte, ob er mich mitnehmen könne.

Bis nach Lustheim, irgend so ein Dorf.

«Wollen wir noch was trinken?», fragte er, als wir angekommen waren.

«Nein danke, muss weiter.»

«Könntest ja auch bei mir im Hotelzimmer schlafen», nuschelte er mit einer Stimme, die vor Lustheimlichkeit schon sämige Blasen warf.

«Nächstes Mal», sagte ich, öffnete die Beifahrertür mit der einen Hand, während ich die andere am Messer hielt wie schon die ganze Fahrt über. «Tschüss.»

Weg hier. Lustheim ist Frustheim. Ich sah ein Schild: Unterschleißheim 5 Kilometer.

Das war doch was für mich: Unterschleißheim. Und diesmal keine Autobahn, sondern ein gemütlicher Waldweg. Zwar stockdunkel und das Knie tat weh, aber fünf mal hundert Meter würde ich noch schaffen. Konnte ja die Schritte zählen, dann wär's eins zwei fix gegessen. Hauptsache, erst mal raus aus Lustheim. Lustheim war's einfach nicht. Lustheim fuck off.

Unterschleißheim. Als ich nach einer angstgepeinigten Stunde voller Tiergeräusche endlich angekommen war, machte es seinem Namen alle Ehre. Es war stockdunkel.

Nach einer Weile fand ich ein Wirtshaus, «Zum blauen Karpfen». Hua. Voll der psychedelische Laden oder was? Auf mein Klingeln öffnete ein skeptisch blickender Greis.

«Haben Sie ein Zimmer für die Nacht?»

«Gibt nur noch ein Doppelzimmer, und das kostet 70 Mark.»

Hm. Ganz schön teuer. Tja. Ich beschloss, jetzt mal schlau zu sein und dieses Zimmer nicht zu nehmen.

Stattdessen zog ich alle T-Shirts, die ich dabeihatte, und meine zwei Hosen übereinander, Sweatshirt und Jacke natürlich auch, und legte mich auf eine Parkbank.

Ich konnte nicht einschlafen, es war zu kalt. Also stand ich wieder auf, stopfte mir Herbstlaub unters Sweatshirt, faltete mich in eine Telefonzelle und deckte mich mit Zeitungen zu. So lag ich da in dem gleißenden Licht, bis zwei Bullen kamen, die wohl irgendein Anwohner gerufen hatte. Schnell sprang ich auf und tat so, als würde ich telefonieren. Die Bullen standen eine Weile unentschlossen vor der Zelle und fuhren dann wieder weg. Die restliche Nacht humpelte ich draußen umher.

Um mich aufzumuntern, dachte ich an zu Hause und dass ich jetzt endlich nicht mehr dort war. Was würden wohl meine ganzen Kumpels denken? Und die Frauen? Vor allem eine: Susi Schall. Die war gerade erst in unsere Großgruppe gekommen, sitzengeblieben. Das fand ich an sich schon sympathisch. Und Susi war sanft. Susi war mild. Sie war wie eine Lotion. Obwohl sie kein Öko war, sondern New Wave, also irgendwie auch Punk. Leider hatte ich nicht so viel mit ihr zu tun, sie hing mehr mit den Älteren ab, Ältere, die sie ja selber war, aber wenn sie mal mit mir redete, dann stets auf eine freundliche, mir zugewandte Art, die ich sonst gar nicht von den Mädchen kannte. Ich hatte das Gefühl, sie mag mich oder hat zumindest Mitleid mit mir, was ja sogar noch besser wäre. Und Susi trug nie einen BH. Einfach mal *nie*.

Das heißt, du läufst in der Schule nichtsahnend die Gänge entlang, und auf einmal kommt dir ein liebes ovales Gesicht mit korrektem New-Wave-Scheitel entgegen, sagt mitfühlend: «Hey Fil, wie geht's?», und darunter: Flopp flopp flopp. Es war Himmel und Hölle zugleich, das Beste aus beiden Welten. Susi würde sich bestimmt Sorgen machen um mich, wenn ich jetzt ein Jahr verschollen war. *Flopp flopp, wo steckt er bloß?* Vielleicht würde sie irgendwann sogar denken, ich sei tot, und um mich weinen. Wenn es nicht so verflucht kalt wäre, könnte ich ja meine Jacke ausziehen und hier ins Gebüsch legen. Nächtliche Wiesel würden sie sich holen und als Nest benutzen, und dann würde ein Wolf kommen und die Wiesel essen. Später würde ein internationaler Suchtrupp die blutverschmierte, zerrissene Jacke finden, und Susi würde weinen. Arme Susi. Diese und andere Gedanken wärmten mich, bis dann um fünf der erste Bus zurück zum Münchner Hauptbahnhof fuhr, wo ich mich auf meine Bank legte und wie am Tag davor bis zum Mittag schlief.

Wieder ging ich zu McDonald's, und wieder kuckte ich mir *Conan der Barbar* an, als wäre ich in eine Zeitschleife geraten.

So konnte es doch nicht weitergehen. Da kam mir eine Idee: Tagsüber war es ja wärmer, da ging das Draußenschlafen besser, nachts war's dafür definitiv zu kalt. Warum suchte ich mir also nicht einfach einen Nachtjob hier? Dann hätte ich vor allem auch Geld; mein Erspartes ging langsam echt zur Neige.

Ich holte mir eine Zeitung – die konnte man sich hier in München einfach umsonst aus so Kästen nehmen –, kuckte unter Jobangebote, und – Bingo! – da war's doch: Pakete verladen in Dachau. Rosengasse 11 bis 15, 22 bis 6 Uhr. Ich wäre die Nacht im Warmen, hätte Geld und würde dazu noch conanmäßige Muskeln bekommen von den schweren Paketen. Perfekt!

Als der Abend kam, setzte ich mich in den Bus nach Dachau. Krass: Dachau. Aber ich würde das ja nicht ewig machen. Paar Monate vielleicht, und dann mit den neuen Muskeln Holzfäller. Erst Pakete, dann Bäume: der Pappherstellungsprozess voll umgedreht. Was soll's, passte irgendwie zu mir.

Ich hatte ein gutes Gefühl, das sehr schnell verflog, als ich in Dachau ausstieg. Der blaue Himmel wirkte hier grau, weiße Asche wehte umher. Was zum Teufel war das für Asche? Kein Mensch auf der Straße, nur ein paar Dutzend schäbige Häuser, runtergemilbte Wohnhäuser, vor allem aber abgewrackte Industriebaracken. Wellblech. Es sah

überhaupt nicht mehr nach Bayern aus hier. Da war die
Rosengasse. Nummer 8, Nummer 9, Nummer 10 ...

Es gab keine Nummer 11.

Ich kuckte auf der anderen Seite, ich schaute um die
Ecke. Nichts. Keine Nummer 11. Erst recht keine Nummer 11 bis 15. Auch nichts, was irgendwie lang und pakete-
verladebegeistert aussah. Kein Haus hier sagte «11 bis 15»,
alle sagten nur «Hau ab».

«Entschuldigung», rief ich einer Oma zu, die weiter
hinten ächzend um die Kurve krepelte, «Entschuldigung,
ich suche die Rosengasse Nummer ...»

«Nein», murmelte die Oma und versuchte, sich schneller von mir wegzubewegen. «Nein, nein!»

«Keine Angst, ich möchte Sie nur was fragen. Können
Sie mir sagen ...»

«Nein, nein, nein!», stieß sie aus und krückte davon.
«Nein, nein, nein, nein, nein!»

Bayern. Klar, die Oma war wahrscheinlich eine ehemali-
ge KZ-Wärterin, und jetzt verbrachte sie ihre Schattenjahre
in Angst. Vor dem Mossad. Vor der Geisterasche. Tja, Leni,
das haste dir selber eingebrockt, da kann ich dir auch nicht
helfen.

Wie ich sie so steif und reif davonbürsten sah, durch-
zuckte mich eine neue Idee, nämlich: Warum überhaupt
Bayern, ist doch total fascho. Ich fahr einfach mal wieder
zurück nach Berlin.

Dazu musste ich jetzt erst mal zurück nach München,
aber – hoppla – der letzte Bus für heute war längst schon
weg.

Es dämmerte. Die Asche wirbelte in unnatürlichen Spiralen hoch über meinem Kopf. Krähen sammelten sich, und in den schmalen Seitengassen wuchsen die Schatten.

Ich stellte mich an die Autobahn und hielt den Daumen raus.

Autos zischten an mir vorbei, es wurde immer dunkler. Um zehn ging der Nachtzug nach Berlin, den *musste* ich kriegen! Hinter meinem Rücken spürte ich das alte Dachau erwachen. Das nächtliche Dachau. Wie eine Wunde riss es auf. Ich spreizte meinen Daumen so weit ab, wie ich konnte.

Nach einer endlosen Zeit hielt ein Wagen. Zwei Frauen saßen drin, offenbar Mutter und Tochter. Beide überirdisch schön. Die Tochter war ungefähr in meinem Alter. Ungefragt erzählte ich ihnen meine ganze Geschichte. Sie bogen sich vor Lachen.

«In Unterschleißheim in der Telefonzelle?»

Jetzt fand ich's auch komisch.

«Und dann Dachau!»

«Voll!», gluckste ich.

«Und jetzt fährst du aber wieder nach Hause?», fragte mich die Mutter, eine Lachträne wegwischend.

«Haha, genau», sagte ich.

Sie ließen mich am Hauptbahnhof raus, wünschten mir viel Glück und fuhren weiter. Zurück in ihr Feenreich.

Ich kaufte mir ein Ticket nach Berlin. Schlafwagen war zu teuer, ich konnte mir nur noch einen normalen Sitzplatz leisten. Danach hatte ich noch 4 Mark übrig und eine halbe Stunde Zeit. Ich rief Susi Schall an. Zum Glück ging sie gleich selber ran. Ihre Stimme klang wie ein murmelnder Bach.

«Hey, hey, hey», sagte ich.

«Fil!», rief sie. «Wo bist du?»

«Wieso soll ich irgendwo sein?»

«Deine Eltern haben überall angerufen, ob dich jemand gesehn hat. Alle machen sich Sorgen um dich.»

«Bin in Bayern. Hehehe.»

Damit hatte sie nicht gerechnet.

«Komm doch wieder zurück», sagte sie, und mein Herz schwoll an.

«Nein», sagte ich.

«Komm doch. Komm zurück, dann werden wir ja sehn, … was wir machen …»

Dann werden wir sehn, was wir machen! *Wir* werden sehn, was *wir* machen! Fuck, das klang, als wären wir so gut wie verheiratet! Dieses Abenteuer hatte sich schon jetzt total gelohnt.

«Leb wohl», sagte ich und legte auf.

Gut gelaunt rumpelte ich in dieser Nacht zurück in die Mauerstadt. Kurz bevor wir in den Bahnhof Zoo einliefen, wechselte ich auf der Toilette noch mal die Unterhose und spülte die benutzte runter wie in alten Zeiten. Hier brauchte ich bald mal ein neues System, denn ich hatte jetzt nur noch zwei.

Nach meinen Abenteuern in München kam mir die Gegend um den Zoo schäbig und provinziell vor. Nicht mal *Conan* lief. Hätte ich mir aber eh jetzt nicht angesehen, kein Geld. Ich kaufte Schrippen und ging die Kantstraße rauf und runter, in jedem Laden nach Arbeit fragend. Das war nämlich mein neuer Plan: erst mal in Berlin 'n Job suchen wegen Geld. Dann von dem Geld eine Wohnung mieten und dann Susi kontakten.

«Du hast eine eigene *Wohnung*?»

«Klar. Ist nicht das Hilton, aber gut genug für mich. Zum Heizen schlag ich Holz im Tegeler Forst.»

«Fil, es ist der Wahnsinn! Meinst du, ich könnte mit dir hier einziehn? Meine Alten stressen mich total.»

«Kein Problem, Susi.»

«O toll! Du bist der Größte!» (um den Hals fall, die Brüste spür).

Leider hatte niemand Arbeit für mich. Als es Abend wurde, fuhr ich mit der U-Bahn nach Tegel und ging dann zu Fuß weiter nach Tegelort zum Haus meiner Oma. Seit ihrem Tod vor einem Jahr wohnte keiner mehr hier.

Ich schlich mich in den Garten und bastelte mir aus zwei Gartenstühlen und einem alten Schlauchboot eine Art Bett. Es war nicht sehr bequem, trotzdem schlief ich irgendwann ein, wachte in der Nacht allerdings vor Kälte bibbernd wieder auf. Das alte Haus meiner Oma stand auf einem Wassergrundstück. Ich ging runter zum Steg und schaute auf den See. Schwarzes Wasser schwappte da herum. Mein Magen knurrte. Es wurde wieder eine lange Nacht.

Am nächsten Morgen zog ich mir eine frische Unterhose an, legte die alte zusammen mit dem Schlauchboot in den Schuppen, kaufte mir von meinen vorletzten 20 Pfennig zwei Schrippen, aß die und rief dann mit den letzten 20 Pfennig meine Eltern an.

Fünfzehn

Der erste Psychiater war ein massiger Typ mit riesigen Händen, die schwer auf seinem Schreibtisch lagen. Er sah mich an und schwieg. Seine Hände bewegte er keinen Zentimeter.

Nach meinem Holzfällerabenteuer in Bayern war ich von der Schule geflogen. Ich hatte vier Tage unentschuldigt gefehlt, und das hatte den Arschgeigen als Vorwand gereicht. Umso besser.

Jetzt musste ich hier hin. Zum Arzt. Aber so richtig die Lösung schienen wir gerade nicht zu finden, der Schwerhändige und ich. Er sagte ja nichts.

Hinter ihm stand ein Schrank aus freundlichem hellem Holz, der bis oben hin mit Brettspielen vollgepackt war.

«Spielen wir so ein Spiel jetzt?», fragte ich nach einer Weile.

«Möchtest du ein Spiel spielen?», fragte er.

Eigentlich ja, aber ich sagte: «Nein.»

Er schwieg.

Wir spielten nichts.

Was war er für ein mieser Psycho, wenn er nicht mal die alte Ja-Nein-Verschleierungsmethode durchschaute? Und was sollte das für eine Behandlung sein, bei der man sich nur gegenübersaß und versuchte, länger zu schweigen als der andere? Keine gute.

Der zweite Psychiater sagte erst mal «Hallo» und rief dann: «Verdammt noch mal, Junge, warum willst du nichts essen?»

«Ich ess doch ganz normal.»

«Ja?»

«Ja.»

Er schüttelte den Kopf. Dann lächelte er und haute mir auf die Schulter. Fühlte da ein bisschen herum an den Knochen. «Verdammt noch mal, Junge.»

Was wollte der Idiot?

Schließlich musste ich zu meiner Oma. Zu meiner anderen Oma, die noch lebte und die auch irgendwas Psychologisches war. Sie schrieb Gutachten und redete hier und da mit. Manchmal kam sie auch im Fernsehen, sagte was, und die anderen nickten. Oder war sie in der Politik? Keine Ahnung.

«Erzähl Nonna, was mit dir los ist», wies mich mein Vater an. Wir nannten sie nicht Oma. Ich fuhr nach Steglitz und ging von der U-Bahn die paar hundert Meter zu ihrer Wohnung. Wobei ich versuchte, so langsam wie möglich voranzukommen. Ich machte zwei Schritte vor und einen zurück. Leider bleibt da unterm Strich immer noch ein Schritt nach vorne übrig, und so kam es, dass ich irgendwann – später als angekündigt, aber letztlich eben doch – vor ihrer Tür stand und die Klingel drückte.

Meine Oma rannte zur Tür, sie bewegte sich schneller als ein normal alter Mensch.

«Du kommst zu spät», begrüßte sie mich.

«Ja, 'tschuldige ... die Bahn hatte Verspätung.»

«Welche hast du denn genommen?»

«Na, erst aus Frohnau die S-Bahn bis … »

«Das weiß ich, dass du aus Frohnau die S-Bahn genommen hast, aber war es die um Viertel nach oder die um drei vor halb?»

«Weiß ich nicht mehr.»

«Denk nach.»

«Die um Viertel nach.»

«Das kann nicht sein. Dann hättest du schon vor einer halben Stunde hier sein müssen.»

«Dann die andere.»

«Dann hättest du auch schneller hier sein müssen. Ist da eine Bahn ausgefallen?»

«Genau.»

«Haben sie gesagt, warum?»

«Ich glaub Gleis … Gleisarbeiten.»

«Wo?»

«Auf der … Strecke –»

«*Wo* auf der Strecke? Ich muss das wissen, ich bin am Wochenende auf einem Kongress in Waidmannslust eingeladen. Wenn da Gleisbauarbeiten stattfinden, muss ich eventuell mit dem Bus fahren. Ich kann da nicht zu spät kommen, die haben mich als Vortragsrednerin gebucht.»

«Ach ja, sie hatten durchgesagt, am Wochenende ist's wieder in Ordnung.»

«Sie haben eine Durchsage gemacht, in der sie auf Gleisbauarbeiten hingewiesen haben mit dem Zusatz, am Wochenende wären diese erledigt?»

«Genau.»

«Also keine Beeinträchtigung mehr am Wochenende?

Ruhen dann die Arbeiten, oder sind sie dann wirklich vorbei?»

«Vorbei.»

«Bist du dir sicher? Ich muss mich auf deine Aussage verlassen können. Ach, ich werde sicherheitshalber doch auf Busse ausweichen. Dann muss ich den Fünfundzwanziger um 17 nach nehmen, Savignyplatz umsteigen in den Dreier bis Waidmannslust und da mit dem Zwölfer weiter. Das dauert eine Dreiviertelstunde länger als geplant.»

«Mh.»

«Sie erwarten mich auf diesem Kongress. Ich bin die Hauptrednerin. Ich wollte es ursprünglich nicht machen, aber sie haben mich bedrängt.»

«Ja.»

«Philipp, bist du depressiv?»

«Nein.»

«Dann geht's dir gut?»

«Total.»

«Im Norden Europas sind die Menschen eher depressiv. Im Süden neigen Sie dagegen mehr zur Aggressivität.»

«Stimmt.»

«Komm doch bitte rein und zieh Schuhe und Jacke aus. Kannst ins Wohnzimmer gehn und dich schon mal an den Tisch setzen. Ich habe Schichttorte gebacken. Möchtest du Saft dazu? Du kannst Quitte, Apfel, Birne oder Kirsch haben.»

«Birne.»

«Nicht lieber Kirsch?»

«Okay, Kirsch.»

«Du kannst nehmen, was du willst.»

«Ja, dann Kirsch.»

«Oder Apfel.»

«Geht auch.»

«Sag doch bitte.»

«Kirsch.»

Ich zog Jacke und Schuhe aus und ging ins Wohnzimmer. Meine Oma lebte in einem Altbau, ungewohntes Terrain für einen Ghettoprinzen wie mich. Die Decken waren endlos hoch, als würden da unsichtbare Geister der Vergangenheit umherschweben. Jeder Schritt ließ den Holzboden knarren und das ganze Mobiliar erzittern: fragile Glasschränke, zarte Beistelltischchen, dürre Stehlampen, alles reagierte auf die kleinste Bewegung. Ich setzte mich an einen kleinen Tisch am Fenster tief hinein in den senfgelben Sessel. Mir gegenüber stand der Schaukelstuhl, in dem meine Oma immer saß. Neben dem Tisch war eine Stehlampe mit einem riesigen Schirm aus Menschenhaut. Es wurde schon ziemlich dunkel an diesem Novembernachmittag, aber ich schaltete die Lampe nicht ein. Ich legte eine Hand auf die eine Lehne des Sessels und die andere auf die andere. Versuchte, meine Hände still da liegen zu lassen, wie ich es bei meinem ersten Psych gesehen hatte, aber es gelang mir nicht, sie krampften sich einen zurecht.

«Oh, Kirsch ist alle, da ist nur noch ein winziger Rest», rief meine Oma aus der Küche.

«Macht nichts, dann nehm ich Quitte.»

«Quitte hab ich noch. Aber Apfel und Birne auch. Birne ist noch zu, aber ich kann das aufmachen.»

«Quitte.»

«Du kannst Quitte haben.»

Stille.

Fragende Stille.

«Ja, Quitte!», rief ich.

«Kannst du haben. Mach ich dir. Für mich mache ich einen Tee.»

Sie werkelte in der Küche herum, und ich inspizierte die Gegenstände im Glasschrank. Kleine Chinesen aus Porzellan, mit diesen üblichen runden Hüten, die einen Karren zogen, in dem ein anderer saß. Als Kind hatte ich mal gefragt, ob ich damit spielen dürfe.

Meine Oma kam ins Wohnzimmer gerannt und brachte alles zum Zittern. Das Mobiliar, mich und vor allem das fragile Ensemble, das sie auf einem Tablett vor sich herwuchtete: eine hauchdünne Teetasse, ein Saftglas, ein Tellerchen mit Torte und eine riesige schmerbauchige Teekanne. Ich sah sie fallen, ich sah alles auf dem Parkett zerschellen, aber natürlich nur in meiner unbändigen Phantasie. Im richtigen Leben kriegte sie alles zum Tischchen hingewuchtet, und dann saßen wir da und aßen den Kuchen.

«Gut?», fragte meine Oma.

«Ja», sagte ich.

Und draußen war es schon dunkel. Draußen war's auch nicht geil.

«Am nächsten Montag nimmt dich Nonna mit nach Teneriffa», sagte mein Vater. «Eine Woche Urlaub, nur ihr beide.»

Das hatte eine gewisse Logik: Seit ich aus der Schule raus war, lebte ich ja genauso ein Rentnerleben wie meine Oma.

Warum also dann nicht auch gleich mit ihr in Urlaub? Was gab es sonst schon zu tun?

«Okay», sagte ich. Teneriffa klang gut. Könnte ich noch mal abhauen, diesmal richtig. Die Nächte wären da warm, also übernachten schon mal kein Problem.

«Du kannst dir hier Tomatensaft bestellen», sagte Nonna, als wir im Flieger saßen.

«Schon okay.»

«Das kostet nichts. Bestell dir doch einen.»

«Mag keinen.»

«Dann möchtest du später einen?»

«Vielleicht. Weiß ich noch nicht.»

«Du musst doch wissen, ob du jetzt oder später einen Saft möchtest.»

«Ja.»

«Magst du einen später?»

«Ja.»

«Was denn?»

«Später.»

«Das geht. Wann denn später?»

Der Flug war lang.

Auf dem Flughafen von Teneriffa wuchtete Nonna ihren Koffer alleine vom Laufband – wieder sah ich sie stürzen, wieder stürzte sie nicht. Ich hatte nur meinen kleinen Fluchtrucksack dabei, mit frischen Unterhosen bestückt.

«Soll ich deinen Koffer tragen?», fragte ich. Sie schüttelte den Kopf, verzog das Gesicht und keuchte hinkend zum Taxistand. Matt tapste ich hinterher.

Teneriffa. Es war heiß, aber auf eine miese Art. Staubig

und schwül zugleich. Keiner schien hier Bock auf uns zu haben, zumindest wirkten sie alle sehr in ihre eigenen Probleme vertieft.

Das Hotel hatte einen Pool.

«Kuck mal, der Pool», sagte meine Oma.

«Mh.»

«Siehst du ihn?»

«Ja.»

«Dort ist er.»

«Ich seh ihn.»

Dann der erste Schock: «Wir haben *zusammen* ein Zimmer?»

«Ja, was dachtest du denn. Keine Angst, jeder hat sein eigenes Bett.» Hier machte meine Oma ein Geräusch, das sie sich vermutlich von kichernden Leuten abgeschaut hatte.

Ich sah die zwei winzigen Bettchen mit ihren Nachttischlämpchen direkt nebeneinander und brach in kalten Schweiß aus.

«Aber ...», stammelte ich.

«Ich werde jetzt duschen», sagte sie. «Oder möchtest du zuerst?»

«Ich – äh – geh mal runter zum Pool.»

«Weißt du, wo der ist?»

«Ja.»

«Wir sind vorhin dran vorbeigegangen.» Sie knöpfte ihre Bluse auf.

«Ich werd ihn finden», rief ich und rannte raus.

Eine Viertelstunde irrte ich durch die Anlage, bis ich endlich vor dem blöden Pool stand. Na ja, ein Pool. Erst flach, dann etwas tiefer. Das Wasser sah blau aus, war aber eigentlich durchsichtig. Drumrum lagen verbrannte deutsche Rentner. Aber auch zwei Mädchen in meinem Alter. Mit Bikinis an.

Jetzt standen sie auf und glitten milde kreischend ins Wasser. Sah total erfrischend aus. Diese Mädchen – irgendwie wussten sie was, was ich nicht wusste. Leider konnte ich selber ja nicht baden, wenn andere Menschen dabei waren. Zu dünn.

Ein Kellner legte mir die Hand auf die Schulter: «Felipe?»

«Yes?»

«Ihre Großmutter wartet sich an die Reception.»

Er führte mich hin. Ich kam mir vor wie ein verfluchter Kolonialist. Meine Oma stand dort mit Wanderschuhen, einem Stock und einer riesigen ausgefalteten Karte, die sie konzentriert studierte.

«Wo warst du?», rief sie, als sie mich sah.

«Am Pool.»

«Hast du ihn gefunden?»

«Ja.»

«Ich hatte dir ja den Weg beschrieben.»

«Alles ging glatt.»

«Schön. Ich habe gedacht, wir machen jetzt eine Wanderung. Ich hab mich erkundigt, ganz in der Nähe gibt es eine interessante Schlucht.»

«Jetzt?»

«Wann denn sonst? Wir sind ja nur eine Woche hier.»

«Na ja … bin irgendwie müde. Vielleicht ruh ich mich lieber 'n bisschen aus. Aber geh du ruhig.»

«Ich habe jetzt hier bereits diese Karte studiert und eine gute Strecke gefunden.»

«Umso besser. Geh ruhig. Macht nichts. Ich warte hier.»

«Wirst du denn klarkommen hier alleine?»

«Keine Angst.»

«Du kannst ja auch in den Pool gehen.»

«Da geh ich rein.»

«Du weißt ja jetzt, wo er ist.»

«Voll.»

«Also gut, ich bin in drei, vier Stunden wieder da.»

«Astrein.»

Und sie wanderte weg.

Ich setzte mich an den Schreibtisch im Zimmer. Ich griff mir eine der Postkarten, die ich von der Rezeption unten mitgenommen hatte, und adressierte sie an Susi Schall.

«Wie geht es dir? Mir geht es gut. Die Sonne scheint», schrieb ich und malte ein großes Hakenkreuz darunter. Hakenkreuz war Punk, das hatte ich auf einem Plattencover gesehen.

«In Liebe, Dein Fil.»

Ich griff mir die nächste Karte und adressierte sie ebenfalls an Susi. Jetzt versuchte ich, so viele Wörter wie möglich auf der Karte unterzubringen. Ich schrieb winzig klein ohne Lücken. «Hallosusiwiegehtsichbinaufteneriffasitzegradeim hotelzimmerundschreibediesekartejetztschreibeichgerade dieseswortjetztschondasnächstegleichkommtnocheinswartewarte …»

Stunden saß ich da und schrieb die Karte voll. Ich

schrieb in die Zwischenräume, dann schrieb ich über die ersten Sätze. Konnte nicht mehr aufhören. Irgendwann war die Karte total schwarz.

Es klopfte an der Tür.

«Felipe! Ich habe ein wichtige Nachricht von deine Großmutter.»

«Yes. What is it?»

«Deine Großmutter – hatte eine Unfall. Ist gestürzt.»

«Oh. Echt? Hä?»

«Hat sich Bein gebrochen und Schulter. Sie ist zurück nach Deutschland.»

«Zurück?»

«Ja, sie hat gerade Flieger zurückgenommen in Deutsches Krankenhaus – Operation. Aber sie sagt, keine Sorge, Felipe.»

«Okay.»

«Hier, sie hat für dir organisiert Flieger morgen früh um sechs.»

«Ach so? Ich flieg dann auch zurück?»

«Ja. Morgen. Heute ging leider nicht mehr. Aber morgen. Taxi bringt dich zum Flughafen. Hier.»

Er gab mir ein Flugticket und ging.

Ich verbrachte den restlichen Tag im Zimmer, schrieb noch ein paar Karten an Schocker und die anderen, und am nächsten Morgen flog ich zurück. Erst im Flugzeug fiel mir auf, dass ich ganz vergessen hatte abzuhauen.

Einmal traf ich mich mit Susi Schall. Sie hatte angerufen: «Wir feiern Dienstag um vier vor der Schule Winfrieds Geburtstag. Kommst du auch?»

Als ich da ankam, standen Susi, Winfried – ein eher biederer Typ – und nun wieder Manuel mit zwei Flaschen Erdbeersekt rum. Das war die Geburtstagsfeier: wir vier. Winfried und Manuel kannte ich eigentlich nur vom Sehen, warum war ich also überhaupt dabei? Weil Susi mich liebte, oder?

«Wie geht's dir denn?», rief sie und streichelte meine Schulter.

Winfried grinste, streckte mir die Hand hin und legte die andere um Susis Taille. Dann küssten sie sich lange und feucht. Ich ploppte eine Flasche Erdbeersekt und trank sie ex. Es kribbelte, sprudelte, schäumte mir die Mundwinkel runter und aus den Nasenlöchern raus.

«Hey, lass mal noch was für uns übrig», nörgelte Manuel, und nach einer Weile sagte sogar Susi: «Fil, trink nicht alles allein.» Aber ich setzte die Flasche erst ab, als sie leer war. Na ja, fast leer. Ein kleiner Rest war noch drin, aber das würden die anderen nie herausfinden, weil ich die Flasche in hohem Bogen gegen das Schulgebäude warf, wo sie zerschellte. Breitbeinig stand ich vor Winfried und trat ihn mit meinem trotzigem Blick in den Arsch, den er Gesicht nannte. Er hatte die Frau, aber ich war der Mann.

Das dumme Schwein, zum Glück hatte ich ihm erst gar kein Geschenk besorgt.

Grinsend hielt mir Winfried die andere Sektflasche hin: «Willst du die auch noch?»

Haha, was für ein taktischer Fehler! Er gab mir selbst die Waffe in die Hand, mit der ich Susi zurückgewinnen würde. Wortlos nahm ich die Pulle, ließ den Korken knallen und setzte sie an.

«Och nö», jammerte Manuel. «Nicht jetzt die auch noch! Mann, ich wollte doch auch was davon.»

Der Junge war in Ordnung. Gegen ihn hatte ich nichts. Musste jetzt ein bisschen auf hart machen und so tun, als wäre er ein großer Trinker, aber das war schon okay. Er würde später Susis und mein Freund bleiben dürfen, wie der Affe bei Tarzan und Jane. Mit ihm würden wir wohl noch viel zu lachen haben. Susi lachte jetzt schon. Das feuerte mich an. Trotzdem war es schwerer als bei der ersten Flasche. Ich ließ mehr Sekt aus den Mundwinkeln gluckern, aber das half nichts. Ich kriegte keine Luft mehr, es fühlte sich an wie Ertrinken, trotzdem trank ich weiter, so lange ich konnte. Dann rupfte ich mir die Pulle aus dem Gesicht und warf sie wieder gegens Schulgebäude. Sie blieb leider ganz. «Happy Birthday», sagte ich triefend vor Ironie.

Manuel machte wieder seine niedlichen «Ooooch, der schöööne Alkohol, da hätte ich sooo gerne auch was von getrunken, uijuijuijuijui»-Laute, Susi lächelte mich mitfühlend an, hielt sich dabei aber an Winfried fest, der mich fragte: «Und, wie geht's dir jetzt?»

«Besser als dir, du Sack», antwortete ich, und tatsächlich ging's mir super. Vor allem: Ich war überhaupt nicht besoffen, kein bisschen! Anscheinend wirkte Alkohol nicht, wenn man ganz schnell und richtig viel trank – wichtige Erkenntnis, würde ich mir merken, für später.

Aber erst mal musste ich pissen. Im M. V. gab es ja keine großen Bäume, also an eine Laterne oder so. Ich suchte mir eine gute, eine richtig korrekte, stellte mich davor und holte meinen Lümmel raus. Wollte gerade anfangen, als mir auffiel, dass ich nur einen Meter von Susi entfernt stand und mit dem Gesicht zu ihr, das war nicht gut, also stopp! Stopp, stopp, stopp! Umdrehen erst mal. Und dann vielleicht weiter weggehen. War weiter weg noch eine Laterne? Schwer zu sagen. Ich ging einfach in die eine Richtung, weg von Susi. Weg von Susi, aber nur kurz. Nachher würde ich ja wiederkommen. Pisste ich schon? Ja. Im Gehen? Anscheinend. Wo ging ich hin? Wo pisste ich gegen? Hauptsache, weg von Susi. Ich drehte mich um. Da war sie. So schön. Schief allerdings und mit den störenden beiden Idioten. Und nicht so weit weg, wie ich gehofft hatte. Pisste ich noch? Da kam ein Bus.

«Fil, das ist unser Bus! Den müssen wir nehmen», riefen sie mir zu. Ich winkte ab. Immer mit der Ruhe. Die Rentner aus dem Bus glotzten mich an, ich lehnte an der Haltestelle und kriegte meinen Schwanz nicht wieder in die Hose.

Dann lag ich auf einmal auf einem Bett, inmitten von Erbrochenem. Dann war ich in einem fremden Badezimmer und kotzte alles voll. Und dann war ich wieder auf dem Bett, aber das ganze Erbrochene war wie durch Zauberei weg, und ich hatte fremde Joggingklamotten an. Optimal. Bis jetzt war ja alles gutgegangen. Susi, Winfried und Winfrieds Eltern beugten sich über mich.

«Fil, mein Bruder bringt dich nach Hause. Kannst du aufstehn?», fragte Winfried. Er sah besorgt aus, das kam noch arroganter rüber als sein Grinsen.

«Susi», sagte ich.

«Wirst du's schaffen, Fil?», fragte Susi, und das war alles, was ich brauchte.

Lässig schnaufend sprang ich aus dem Bett. Meine Knie gaben zwar sofort nach, und ich knallte mit dem Kinn hart gegen einen niedrigen Glastisch, aber ich tat so, als wäre das genau mein Plan gewesen, indem ich fröhlich lachte und «Happy Birthday» sang. Dann rappelte ich mich auf und lehnte mich lässig gegen die Wand. Ich richtete die Augen auf Susis mitfühlende Brüste, damit sie nicht merkte, dass ich einen Schwips hatte.

«Lasst ihn nicht wieder ins Bad, das hab ich gerade geschrubbt», hörte ich eine Frauenstimme, und ich musste lachen. Diese Spießer! Winfried und sein Bruder stützten mich und führten mich vorsichtig den Flur lang.

«Muss noch mal kurz aufs Klo», murmelte ich, und unterwürfig hielten sie mir die Tür auf. Wollten sogar mit reinkommen, aber ich winkte ab. Pinkelte auf den flauschigen Teppich und fragte mich, wieso die keine normale Schüssel hatten. Dann kotzte ich noch mal in sämtliche Ecken, über Zahnputzbecher, Rasierzeug, Tuben, ich drehte mich dabei im Kreis, um meinen rosa Schaum auch wirklich in jede Richtung speien zu können, das schien mir sehr wichtig. Nur auf den Pissteppich kotzte ich nicht, denn das sollte sich nicht vermischen. Das durfte sich nicht mischen. Niemals.

Winfrieds Bruder half mir in sein Auto. Susi warf mir noch einen Blick voll sorgenvoller Liebe zu, und da war Manuel auch wieder. Manuel wollte sein wie ich.

«Später vielleicht mal», sagte ich zu ihm durch das geschlossene Autofenster, dann fuhr mich der Bruder heim. Zu Hause kotzte ich noch in diverse Ecken, es kam allerdings nur noch so was wie Seifenblasen. Dann warf ich mich aufs Bett und schlief ein.

Am nächsten Morgen ging es mir dreckig. Ich wählte Susis Nummer.

«Fil, was ist denn nur los mit dir?», fragte sie.

«Verzeih mir, Susi», lallte ich.

«Klar, du, bei *mir* musst du dich nicht entschuldigen. Ruf lieber bei Winfried an.»

«Bei dem Arsch? Wieso?»

Susi seufzte. «Es war doch sein Geburtstag.»

Ich musste lachen. «Der Penner hat's nicht anders verdient.»

«Aber seine ganze Wohnung! Wir waren den ganzen Geburtstag nur am Putzen.»

«Hahahahaha!» Köstliche Vorstellung.

«So bist du doch nicht, Fil», summte Susi sanft, und mein Herz schmolz. Susi mochte mich. Sie machte sich Gedanken über mich. Wie ich so war. Sie saß in ihrem Mädchenzimmer zu Hause und dachte: «Er ist soundso.»

«Susi», murmelte ich. «Su-su-susi.»

«Vielleicht legst du dich noch mal hin.»

«Mit dir.»

«Wir reden ein andermal weiter, okay? Ich muss los. Und ruf bei Winfried an.»

«Niemals. Er soll in der Hölle schmoren.»

Aber je länger der Tag so ging, ich nur im Bett, von meinen Eltern alle paar Stunden skeptisch beäugt, umso schlechter fühlte ich mich. Und gegen fünf rief ich tatsächlich bei Winfried an.

Seine Mutter ging ran: «Ach, Fil, wir hatten uns schon alle gesorgt. Wie geht's dir denn?»

«Es tut mir leid.»

«Na, da hattest du wohl zu viel zu trinken. Keine Sorge, hier ist alles wieder in Ordnung. Deine Kleider haben wir gewaschen, Winfried kann sie dir Montag mit in die Schule bringen.»

«Die Schule ist aus, Frau Winf … »

«Du möchtest ihn sicher sprechen. Warte, ich ruf ihn.» Winfried kam ans Telefon.

«Na?»

«Na?»

«Zu viel Sekt, wa?»

«Weiß nich.»

«Haste 'n Kater?»

«Geht.»

«Du hast das ganze Bett von meinem Bruder vollgekotzt.» Winfried lachte. Ich lachte mit.

«Na dann», sagte ich.

«Bis die Tage», sagte er.

sechzehn

Es gab nichts zu tun. Nicht mal mehr zu den Psychatoren musste ich. Es war ein bisschen wie nach der Knieoperation. Ich wollte aber nicht wieder nur zu Hause rumhängen, darum ging ich fast jeden Tag doch in die Schule. Setzte mich irgendwo auf dem Gang hin, spielte mit meinem Platzpatronenrevolver und wartete auf das Pausenklirren. Wenn dann die anderen kamen, grinste ich und sagte: «Hehe, ihr Säcke, na? Schön gelernt?» Und sie so: «Arsch, hockst hier nur faul rum, aber wir müssen pauken», und ich dann: «Könnte stimmen, hehehe.» Peng, nichts mehr hör – aber ich glaube, wir alle wussten, wer hier mal wieder der wahre Depp war.

Irgendwann – ich weiß nicht, wie – war ich auf einmal wieder richtig an der Schule, noch mal in der Zehnten. Meine Eltern hatten mich anscheinend wieder eingeschult. Obwohl ich nicht offiziell sitzengeblieben war, sollte es nun also noch mal die ganze zähe Zehnte sein, tja. In der Sache änderte sich gar nichts. Ich ging zur Schule und schwänzte dort. Das Schwänzen fühlte sich allerdings viel besser an, jetzt wo ich wusste, *was* zum Teufel ich eigentlich schwänzte.

Als dann der Frühling kam, beschloss ich, mich umzubringen.

Mit Schlaftabletten wollte ich es machen, das schien mir der sanfteste Tod: einschlafen und nicht wieder aufwachen. Musste nur genug besorgen.

Weil richtige Schlaftabletten verschreibungspflichtig sind, spielte ich in allen Apotheken immer wieder denselben Sketch. Ich fasste mir an die Hosentaschen, vorne, hinten, und rief dann: «O nein, Mist, ich hab das Rezept vergessen, aber meine Mutter braucht die echt dringend.»

Natürlich klappte das eher selten, aber wenn du eine Sache lange genug betreibst, hast du irgendwann auch Erfolg damit. Nach ein paar Tagen hatte ich tatsächlich sechzig Pillen beisammen.

Während dieser Zeit versuchte ich, zu jedermann so nett wie möglich zu sein, damit hinterher keiner Schuldgefühle hatte. Das war gar nicht so einfach, denn ich hatte ja in letzter Zeit dieses eher unnette Punkerselbst so meisterlich verinnerlicht, und die anderen fühlten sich jetzt manchmal verarscht, wenn ich ihnen zum Beispiel einen Schwung Comics gab und sagte: «Hier, wollt ich dir auf unbestimmte Zeit leihn und – ich mag dich, du bist 'n okayer Typ. Wir werden uns …» – geheimnisvoll kuck – «… *später* wiedersehn.»

Am meisten freute sich die Schulbibliothekarin, als ich mein Exemplar von «Die neuen Leiden des jungen W.» zurückbrachte.

«Hier, das hatte ich geklaut.»

«Und nun bringst du's zurück! Das find ich toll.»

Sie weinte fast. Why? Jeder, der kein Buch klaute, war toller als ich.

Die vier Tage seit meinem Entschluss waren jedenfalls anstrengend. Panik, Euphorie, Traurigkeit, Vorfreude – lauter mächtige Gefühle gaben sich während dieser Zeit in meinem Innern permanent die Klinke in die Hand. Zwischendurch vergaß ich vor Erschöpfung immer wieder kurz, was ich vorhatte, und es fiel mir dann jedes Mal mit einem glockenschlagartigen Schock wieder ein. Es kam mir komisch vor, diesen dürren Krepelkörper noch zu benutzen, zu füttern, aufs Klo zu hieven, einzuseifen, abzuduschen. Ich spürte die tiefe Sinnlosigkeit meiner Handlungen, und sie widerten mich an. Ich hob meine Arme hoch und betrachtete sie – die knochigen, abnorm langen Unterarme, die Hände – und spürte keine Verbindung, es waren schon die Gliedmaßen eines Toten.

Einmal kriegte ich aus alter Gewohnheit einen Dicken.

Ich lächelte ihn milde an, worauf er sofort wieder verschwand. Dieser Bullshit war jetzt auch endlich ein für alle Mal vorbei.

Am Abend des vierten Tages löste ich die sechzig Tabletten in einem großen Glas Wasser auf und stellte ein zweites Glas mit Milch daneben. Die Milch würde ich hinterher trinken, sie erhöhte die Wirkung der Tabletten. Das stand in dem Buch «Die Kunst zu überleben. Survival» von Rüdiger Nehberg, aus dem ich auch die richtige Dosierung und die Art der Schlaftabletten hatte. In einem Kapitel beschreibt er dort verschiedene Möglichkeiten der Selbsttötung. Wenn es mal sein muss, weil man zum Beispiel von irgendeiner Schweineregierung gefangen genommen und im Kerker gefoltert wird. Dann hat man wahrscheinlich weder Schlaftabletten noch Milch zur Hand, aber mir hatten seine Tipps jetzt auf jeden Fall geholfen.

Die Tabletten brauchten lange, um sich aufzulösen. Mein Herz klopfte wie wild, ich bekam höllische Angst. Für einen Christen wie mich war Sterben ja kein Problem, wegen dem Paradies. Aber die Handlung selbst, das Austrinken dieser Giftbrühe … Ich führte das Glas zu den Lippen und schloss die Augen.

Da hörte ich von unten aus dem Wohnzimmer die Anfangsmelodie von «Mein Name ist Hase». Stimmt ja, war ja Dienstagabend! Schnell setzte ich das Glas wieder ab und lief die Treppe runter. Unten saßen meine Schwestern und meine Mutter vor dem Fernseher.

«Ich hatte mich schon gewundert, dass du nicht kommst», sagte meine Mutter. Ich hockte mich zu ihnen, und wie immer lachte ich mich kaputt. Old Daffy. «If werde

149

diefe verflickfte Mauf fon noch kriegen. Fpeedy Gonfalef – daf geht fu weit.» Natürlich kriegte er Speedy wieder nicht.

Nach dem Ende der Sendung ging ich wieder hoch, setzte das Glas an und trank es aus. Es schmeckte wie Farbe, wie giftiger Lack, wie etwas, das man auf gar keinen Fall trinken sollte. Gerade wollte ich die Milch hinterherschütten, da sah ich unten in dem Giftglas eine schleimige weiße Masse. Die Tabletten hatten sich nicht richtig aufgelöst, das war nicht gut. Ich wankte ins Bad, goss noch mehr Wasser ins Glas, verrührte alles mit einer Zahnbürste und kippte es runter. Mein Herz schlug, als ob es gleich zerspringen würde, aber diesmal schmeckte ich nichts; meine Geschmacksnerven hatten wohl nach dem ersten Mal aufgegeben. Ich schüttete die Milch – die nun erst recht nach nichts schmeckte – hinterher, legte mich ins Bett, starrte an die Decke und wartete auf den Schlaf.

Aber nichts. Kein Auge kriegte ich zu. Mein Herz raste, ich fing an zu schwitzen. Musste pissen. Stand auf, meine Beine waren wie Gummi, ich musste mich abstützen. Die Pisse stank nach Chemikalien. Keuchend und mit bis hoch in den Hals pochendem Herzen wankte ich wieder zurück zum Bett. Meine Augen blieben krampfhaft aufgerissen, ich konnte sie nicht mehr schließen. Der Tod durch Schlaftabletten tritt mittels Lähmung ein, hatte ich gelesen. Erst werden die Gliedmaßen gelähmt, dann die Atmung und das Herz. Aber ich dachte doch, dass man dabei schläft! Ich wollte das doch nicht hellwach durchmachen! Wieder musste ich pinkeln. Wollte aufstehen, konnte aber nicht: Meine Beine waren taub. Ich glitt aus dem Bett auf den

Boden und robbte zum Bad. Dort hievte ich mich auf die Schüssel und pinkelte im Sitzen wie ein dressierter Affe. Kurz verlor ich die Besinnung, schreckte aber dann wieder hoch. Meine Familie sollte mich nicht auf dem Klo finden. Mühsam und wie ein Schwein schwitzend robbte ich zurück. Die Wände meines Zimmers kamen auf mich zu, wichen wieder zurück, ich wusste nicht mehr, wo oben war und wo unten, musste schon wieder pissen, aber ich konnte jetzt auch meine Arme nicht mehr bewegen. Ich pinkelte ins Bett. Es fühlte sich nicht mal warm an. Ich starrte die wabernden Wände an und versuchte mich irgendwie zu beruhigen. «Bald ist es vorbei», sagte ich laut. «Das ist die letzte Hürde, dann wird alles gut.» Meine Stimme klang nicht normal. Ich pinkelte und pinkelte. Ich erkannte mein Zimmer nicht mehr, das waren nur noch dunkle, sich ständig verändernde Formen. Und ich schlief einfach nicht ein.

siebzehn

Am nächsten Morgen wachte ich auf. Von unten hörte ich, wie meine Eltern sich fertig machten. Ich sah auf den Radiowecker: 7 Uhr 10. Musste mich beeilen, wenn ich den Bus zur Schule noch kriegen wollte.

Da erst fiel mir alles wieder ein. Ich versuchte aufzustehen, aber es ging nicht. Und jetzt fingen die Wände auch wieder an, sich zu wellen. Ich kriegte Panik: Gelähmt oder behindert wollte ich nicht sein, ich musste was tun. Mit aller Kraft, die mir noch blieb, glitt ich aus dem Bett auf den Boden und zog mich dann am Schreibtisch hoch. Unten öffnete mein Vater die Wohnungstür. Nein! Nicht gehen! Ich lief zweimal gegen die Wand, ich sah die Zimmertür, aber ich traf sie nicht, erst beim dritten Mal klappte es. Jetzt die Treppe, irre tief und sich windend. Ich ließ mich einfach fallen und rutschte ein paar Stufen, bevor ich mich überschlug und unten auf den Boden prallte. Das hatte zum Glück genug Krach gemacht, und mein Vater, der schon draußen gewesen war, schaute wieder in die Wohnung rein.

«Ich muss dir was sagen», krächzte ich. «Wir ... sollten für Chemie so 'n Experiment machen mit aufgelösten Schlaftabletten, und jetzt hab ich aus Versehen diese Schlaftabletten getrunken, weil ich dachte, das wär meine Milch.»

«Was hast du?»

«Schlaftabletten. Aus Versehn. Sah aus wie Milch.»

«Hast du jetzt getrunken?»

«Gestern», sagte ich.

Er packte mich, und wir fuhren ins Krankenhaus.

Jetzt war ich aber echt müde. So müde wie noch nie.

Im Krankenhaus blendete mich das verfluchte Neonlicht. Ich wurde auf eine Liege geschnallt durch Gänge gekarrt, und ein Arzt sagte: «Drück mal dein Bein gegen meine Hand, so doll du kannst.»

Ich drückte.

«Sehr gut!», sagte er und lachte. Da er sich so freute, wie doll ich drücken konnte, drückte ich noch doller. Er freute sich noch mehr. Ich drückte noch doller.

«Super, Junge!», rief er.

Der Arzt war zufrieden mit mir. Mit diesem guten Gedanken schlief ich ein.

Keine Ahnung, wie lange ich schlief, aber als ich wieder aufwachte, war mir kalt. Ich lag in einem Krankenhausbett. Ein Schlauch kam aus meinem Arm. Ein durchsichtiger Schlauch, der zu einem durchsichtigen Beutel voll Wasser oder Sprite führte. Dieses Wasserzeug floss offenbar in meinen Körper hinein und kühlte den von innen.

Neben dem Bett saß meine Oma und schaute mich wütend an.

«Wie konntest du deinen Eltern das antun?», fragte sie.

Heiser summte ich eine schmale Erläuterung ins Flachkissen.

«Wir reden später», sagte sie, stand auf und ging.

Schnell schlief ich wieder ein. Ich schlief tief und gut. Als ich das nächste Mal erwachte, fühlte ich mich großartig. Außerdem fand ich alles irgendwie extrem witzig. «Hihihi», dachte ich so bei mir.

Dann kam ein Arzt. Sah total in Ordnung aus. Voll der gute Typ. Freundlich.

«Glück gehabt, Junge», sagte er. «Dein Körper hat das Gift gut bekämpft. Hast einen Haufen weiße Blutkörperchen verloren, aber die bildet der Körper mit der Zeit schon wieder.»

«Der Körper ist geil», lallte ich.

«Der Körper ist unglaublich», stimmte er mir zu. «Darum bin ich auch Arzt geworden: weil er mich wieder und wieder fasziniert.»

«Ich werd vielleicht auch Arzt.»

«Klasse.»

Am Nachmittag zogen sie mir den Schlauch aus dem Arm. Danach wurde ich etwas klarer im Kopf, und meine phantastische Hochstimmung schrumpfte zu immer noch ziemlich guter Laune zusammen. Sie gaben mir eine Tasche mit Kleidung, die wohl meine Eltern vorbeigebracht hatten, und dann führte mich ein Pfleger auf eine andere Station hoch in den 14. Stock.

Eine geschlossene Station mit einem Wächter davor. «Psychoirgendwas» stand an der Tür.

«Geil, jetzt bin ich ein echter Verrückter», dachte ich, «Wie bei *Einer flog übers Kuckucksnest*!»

Mein Gesicht verzog sich zu einem derart breiten Grinsen, dass fast die obere Kopfhälfte abfiel.

«Alles okay?», fragte der Pfleger, der mich begleitete. Der mich bewachte! Ich nickte nur wortlos crazy und ließ das Grinsen im Gesicht stehen.

Er brachte mich in ein Zimmer mit zwei Betten. Eins war jetzt meins, und auf dem anderen lag angezogen ein Typ Mitte zwanzig mit langem blondem Haar und Schnauzer. Er las eine Fußballzeitung. Seine beiden Unterarme waren komplett mit dicken Mullbinden umwickelt. Er beachtete mich nicht. Hm. Der also auch hier, ja? Hm.

Verrückt sein war ja gut, aber mit anderen Verrückten zusammen auf dem Zimmer? Wie gut konnte das sein? Nicht so gut.

Nachdenklich schleuderte ich meine Kleidung in den Schrank.

«Spielst du Tischtennis?», fragte der Typ vom Bett aus, ohne hochzukucken. Ich nickte, dann fiel mir ein, dass er das ja nicht sah. Also sagte ich: «Ja.»

Ein paar Minuten geschah gar nichts, dann seufzte er, stand auf, sah mich zum ersten Mal an und sagte: «Also gut.»

«Kann man denn hier Tischtennis spielen überhaupt irgendwo einfach so?», fragte ich und bemühte mich, so geistesgestört wie möglich zu klingen, damit er sah, dass ich einer von seinen Leuten war. Er antwortete nicht, sondern lief an mir vorbei aus dem Zimmer. Die Tür ließ er hinter sich offen, das war vielleicht eine Einladung. Breit grinsend ging ich hinter ihm her, und wirklich: Direkt um die Ecke war ein Mehrzweckraum mit einer Tischtennisplatte.

«Du hast Aufschlag», sagte er, und dann war's wohl auch so. Wir spielten.

Es stellte sich allerdings heraus, dass er so ein ehrgeizdurchseuchtes Schmetterschmidtchen war, und ich hasse das. Plonk plonk plonk, packadidonk, *so* muss Tischtennis gehen und nicht PLACK!!!!! Hahaha, stirb, 21:0, streng dich mal mehr an, hast's ja überhaupt nicht drauf, Versager, kuck doch mal, wie ICH's mach!

Ich hatte es aber auch schwerer als er: Mit einem breiten Grinsen im Gesicht kann man nämlich den Kopf nicht so schnell drehen. Seine Bälle verschwanden in meiner Peripherie.

Lange hielt er zum Glück nicht durch, wegen seinen Armen.

«Aua, meine Arme», meinte er und rieb sie sich.

«Was hast du mit denen überhaupt gemacht?», fragte ich.

«Alles aufgeschnitten. Bis auf die Knochen.»

Die Schwester kam rein. «Du hast Besuch», sagte sie zu mir.

«Also gut», grinste ich.

Winfried, Manuel und Susi – meine Geburtstagsgang! Wer hätte das gedacht. Ich lachte sie alle an.

«Was geht ab, ihr Piloten? Setzt euch aufs Bett. Er hier ist mein Tischtennisfreund.»

Winfried kuckte skeptisch, Manuel wollte sein wie ich, und Susi lächelte mitfühlend.

Sie erzählten Sachen aus der Schule. Es war irgendwie bedrückend, aber meine Laune blieb gut. Ich war trotzdem froh, als sie endlich gingen. Später kamen Schocker, Blonder und Hülse, meine Punkerfreunde.

«Was machst du für Scheiße?», fragte Schocker. Er wirkte schlecht gelaunt. Ich lachte. Konnte auf einmal nicht aufhören zu lachen.

Am nächsten Tag kam noch mehr Besuch. Alle möglichen Freunde und dazu jede Menge flüchtige Bekannte wie zum Beispiel Manuel nun wieder.

«Schon wieder du», sagte ich.

«Hatte grad nichts anderes zu tun», nuschelte er fleischlippig und wurde rot.

Susi kam allerdings nicht noch mal, dafür hatte Manuel eine Frau aus der Oberstufe dabei. Ich kannte sie flüchtig vom Im-Kommuraum-Abhängen. War sicher schon 19 oder so.

«Wollt ihr Hagebuttentee?», fragte ich. Wir hatten jede Menge Hagebuttentee auf der Station. Wollten sie aber nicht. Selbst schuld. Es wäre welcher da gewesen.

«Darfst du raus?», fragte die Frau. Tanja hieß sie, oder Anja. Was wollte die hier?

«Klar», sagte ich, und wir fuhren mit dem Aufzug runter aufs Krankenhausgelände.

Mit Manuel als einer Art Kind waren wir ein bisschen wie die beklopppteste Familie der Welt. Wir hatten uns nichts zu sagen. Es war komisch und beunruhigend. Die beiden setzten sich auf eine Bank, ich legte mich auf den Boden. Immerhin war ich ja verrückt.

«Samstag macht Birgitt 'ne Fete. Wenn du willst, kannst du auch vorbeikommen. Sie hat dich jedenfalls eingeladen», sagte Tanja oder Anja.

«Nein», sagte ich und warf mit kleinen Kieseln nach Manuel. Er grinste.

«Kennt ihr ihn?», fragte ich dann und zeigte auf einen alten blatternarbigen Mann mit Krücken und Kropf, der sich gerade die Stufen zum Hauptgebäude hochmühte. «Er ist hier der Boss.»

«Er?», fragte Manuel ungläubig.

«Ja, mein Junge», sagte ich. «Ihm gehört hier alles. Siehst du dieses Haus?» Ich zeigte auf einen zwölfstöckigen Neubau. «Das ist sein Haus. Dort wohnt nur er.»

Jetzt sah sich Manuel das Haus an. Die Frau schaute zu mir rüber.

«Unten der Keller geht noch mal sieben Stockwerke tief. Da hat er einen Swimmingpool vor dem Herrn. Das Wasser darin wird je nach Tageszeit immer wieder anders gefärbt.»

«A-ha», murmelte Manuel.

«O ja», sagte ich. «Manuel, du musst mir glauben. Es ist wichtig, dass du mir glaubst.»

«Erzähl mal schön weiter», sagte Manuel. In seinem Gesicht kämpften eine Art ironische Distanz, Mitgefühl und die übliche Wulstigkeit einen ungleichen Kampf, den wie immer die Wulstigkeit gewann.

«Morgens steht er auf und sagt erst mal zu sich selber: Ich bin der Boss», laberte ich weiter. «Dann rutscht er an seiner Feuerwehrstange runter ins Esszimmer aus purem Gold. Sogar das Essen ist aus Gold, Manuel. Nach dem Essen singt er seine Lieder.»

«Er singt seine Lieder?», fragte die Frau.

«Das hab ich nie gesagt», antwortete ich, hob die Hand und rief: «Hey Boss!»

Der Alte kuckte irritiert. Ich winkte lächelnd: «Sie sehn gut aus heute, Boss!»

Er drehte sich weg und ächzte weiter die Stufen hoch.

«Und was gibt's sonst Neues?», fragte Manuel.

Statt einer Antwort schnippte ich einen Kiesel hoch, fing ihn mit dem Mund auf und schluckte ihn runter. Eigentlich hatte ich nur so tun wollen, als ob ich den Kiesel essen würde, aber irgendwie – zack. Mist. Konnte man davon sterben? Stein? Würde der für immer in meinem Magen bleiben, sich dort von Gewebe umwuchern lassen, bis ich ein kindskopfgroßes Teil im Bauch hätte? Musste man das dann rausschneiden und die OP würde schiefgehen? Die OP würde schiefgehen, stimmt's? Argh. Ich spürte den Kiesel, er steckte in meiner Speiseröhre. Klar, er konnte sich ja nicht auflösen wie ein Bonbon, und warum

sollte er runterrutschen, für ihn war's oben genauso halb-
geil wie unten! Unten wartete ja keiner auf ihn, im Gegenteil. Er würde für immer oben bleiben und mir die Luft
abschnüren, sie wurde schon knapp. Ich japste. Steckte der
Kiesel in der Luftröhre? Kalter Schweiß brach mir aus. Verfluchter Manuel, nun würde ich ersticken wegen diesem
Vollidioten.

«Schmeckt's?», fragte die Frau. Mit aufgerissenen Augen und schweißnasser Stirn nickte ich beiläufig zitternd.

«Ich geh jetzt», sagte sie.

«Ich komm mit», sagte Manuel, das Verräterschwein.

«Gkk», machte ich. Alles drehte sich.

«Hier, ich hab dir die Adresse von Birgitt aufgeschrie-
ben», sagte sie und gab mir einen Zettel, den ich sicherheitshalber nicht in den Mund steckte.

Ich blieb allein auf dem Boden sitzen und versuchte
zu spüren, ob der Stein runterrutschte oder nicht. Es war
schwer zu sagen. Luft bekam ich aber irgendwie wohl doch,
auch wenn es sich nicht so anfühlte, denn ich lebte ja noch.
Um mich zu beruhigen, dachte ich an all die Dinge, die
ich in meinem Leben schon runtergeschluckt hatte. Dann
dachte ich an die restlichen Dinge.

Nach einer Weile ging es mir besser, obwohl ich den
Stein weiterhin spürte wie nichts zuvor auf dieser Welt. Ich
kehrte aufs Zimmer zurück.

Der schnurrbärtige Schmettererking saß wie immer
auf seinem Bett, las sein zerfleddertes Kickermagazin und
rauchte.

«Du kriegst viel Besuch», sagte er, als ich reinkam.

«Tja», flüsterte ich gepresst in steinigem Ton. «Wolln

wir noch mal Tischtennis spielen? Oder Mau-Mau?»
Musste mich von diesem Stein ablenken.

«Gleich», sagte er, stand auf, ging zum Fenster und
kuckte raus. Es hatte angefangen zu regnen. Er klopfte leise
gegen die Scheibe. Dann ging er aufs Klo.

Ich setzte mich auf mein Bett, ließ die Füße baumeln,
spürte den Stein und wartete.

Da wurde die Tür mit einem lauten Knall aufgestoßen.
Zwei Pfleger stürmten ins Zimmer. Der eine stürzte sich
auf mich, griff meine Hände und hielt sie fest.

«Ganz ruhig!», brüllte er mich an, während der andere
unsere Klotür eintrat.

«Sitzen bleiben!», rief mein Pfleger und verstellte mir
den Blick. Ich sah aber trotzdem, dass die Wände im Klo
knallrot waren. Bis hoch zur Decke. Jetzt kamen ein wei-
terer Pfleger und zwei Schwestern mit einem Rolltropf und
verschiedenem anderen Zeug hineingestürmt.

«Raus! Raus!», rief der Pfleger, der mich hielt, riss mich
vom Bett und zerrte mich aus dem Raum.

Draußen auf dem Flur ertönte Alarm. Über den Zim-
mertüren flackerten Lampen auf. Ein Arzt rannte über den
Flur. Pfleger und Krankenschwestern drängten die Patienten ziemlich unsanft in ihre Zimmer. Mich nahm der Pfleger mit in den Krankenschwesterraum.

Dort saßen wir schweigend nebeneinander. «Rauchst
du?», fragte er nach einer Weile und zündete sich selbst
eine an. Ich schüttelte den Kopf.

«Was ist denn mit ihm?», fragte ich.

«Du kriegst ein neues Zimmer», antwortete er.

achtzehn

Am Montag begann die Therapie. Ich wurde abgeholt und in ein kleines Sprechzimmer gebracht. Wieder mit Regalen voller Spiele, aber diesmal nicht in freundlichen Holzfarben, sondern eierschalenkrankenhausweiß. Kam mir ehrlicher vor.

«Wie geht's?», fragte mich der Psychiater, ein freundlicher kleiner Mann mit Glatze und Brille, der komischerweise trotzdem total lebendig wirkte.

«Gut», sagte ich. Er nickte.

«Ich wollte mal fragen, was ist eigentlich aus dem geworden, der mit mir im Zimmer war?»

Er runzelte kurz die Stirn, dann wurde sie wieder glatt. «Dem geht's gut.»

«Wirklich?»

«Ja», sagte er und betrachtete einen Skifahrerschlumpf, der auf seinem Schreibtisch stand, als sähe er das gottlose Biest zum ersten Mal in seinem Leben. «Alles in Ordnung. Jetzt würd ich gerne mit dir über dich sprechen.»

«Bei mir ist auch alles in Ordnung», sagte ich.

Er lächelte: «Das freut mich zu hören. Essen ist okay?»

«Voll.»

«Und du isst auch?»

«Ja.»

«Schön.»

«Wie lange muss ich noch hierbleiben?»

«Das kommt darauf an.»

«Mir geht's echt schon wieder gut.»

«Tja. Wir müssen noch einige Gespräche führen.»

«Aber warum? Wenn's mir doch wieder gut geht?»

Er sah aus dem Fenster.

«Wenn's mir doch schon wieder gut geht?», versuchte ich noch mal, ihn argumentativ einzukesseln, aber von einem Moment auf den anderen rastete er total aus:

«Verdammt noch mal, ich will wissen, wieso ein junger Mensch so etwas tut!»

«Na ja», sagte ich.

«Ich will das wissen! Wieso schmeißt so 'n junger Mensch sein Leben weg?»

Ist doch *mein* Leben, dachte ich, sagte aber lieber nichts, weil er sich nicht noch mehr aufregen sollte. Außerdem war ich in dem Alter, in dem man nicht gerne hört, dass man jung ist. Wenn du wirklich jung bist, sind nur Deppen jung, und «junger Mensch» ist ein Schimpfwort, genauso wie «alter Mensch», wenn du alt bist.

So plötzlich, wie er sich in Rage versetzt hatte, kam der Psychiater auch wieder runter. Den Rest der Sitzung redeten wir über unwichtigen Kram.

Danach hatte ich Maltherapie. Ein halbes Dutzend traurige alte Frauen und ich saßen mit einem bärtigen begeisterten Therapeuten um einen Tisch herum, auf dem ein riesiges Blatt Papier lag.

«Wir malen alle zusammen auf ein Blatt?», fragte ich.

«Ja!», gluckste er. «Genau! Genau so machen wir das!»

«Aber jeder hat seine Ecke, oder?»

«Muss nicht sein!», jauchzte er. «Muss gar nicht unbedingt sein!»

Die Frauen krakelten ungelenk trostlose Blumen, Kühe und Wolken aufs Papier. Es verblüffte mich immer wieder, dass alle Kinder malen können, aber fast kein Erwachsener dazu in der Lage ist. Ich nahm meine Wachskreide und zeichnete ein paar Skelette, Panzer, Pyramiden und nackte Frauen mit wehendem Haar. Ziemlich Heavy Metal, aber besser als der Schrott von den Kolleginnen hier. Die Frau, die neben mir saß, sah sich meins an, hörte auf zu zeichnen und strich dann ihre Zeichnung mit langsam ausholenden Bewegungen durch.

«Aber nein! Nein! Warum denn?», rief der Therapeut entsetzt.

«Ich kann das nicht wie er», flüsterte sie und fing an zu weinen. Jetzt fingen auch die anderen an, ihre Zeichnungen durchzustreichen.

Der Therapeut sah zu mir: «Es ist vielleicht besser, wenn du erst mal nicht mehr bei der Maltherapie mitmachst.»

«Kann ich das Bild mitnehmen?», fragte ich, denn ich fand ja selbst, dass meine Zeichnung ziemlich gut geworden war. Wie immer, wenn man nichts erwartet.

«Nein», keuchte eine der Frauen, als ich das Blatt wegziehen wollte. «Nein, nein! Mein Bild!»

Dabei war ihr «Bild» total zerkrakelt und eh scheiße gewesen. Irgendwelche Strichwesen mit Hasenohren.

«Ich reiß meinen Teil raus, okay?», schlug ich vor und fing an zu reißen.

«Nein! Er macht alles kaputt! Er macht mein Bild kaputt!», rief die Hasenfrau und fing an zu weinen. Da jammerten und weinten die anderen auch alle los. Auf einmal war richtig Leben in der Bude.

Der Therapeut griff nach meinem Arm: «Ich geb's dir später, okay?», flüsterte er. «Geh jetzt bitte.»

Dann Gruppentherapie. Wir saßen gemeinsam im Kreis – ich, der Therapeut und zehn alte Frauen. Irgendwie waren hier nur alte Frauen.

«Letztes Mal hatten wir ja darüber gesprochen, dass Dorothea möglicherweise in eine Wohngemeinschaft ziehen möchte. Hast du dir denn inzwischen ein paar mehr Gedanken darüber gemacht, Dorothea?»

«Ich will da nicht hin», sagte Dorothea. «Ich kenne da niemanden.»

«Aber du könntest die Leute ja kennenlernen. Dich drauf einlassen. Wie wäre das?»

«Nein. Ich möchte sterben.»

«Wie findet denn das die Gruppe? Hat jemand einen Vorschlag für Dorothea?»

Eine kleine Dickliche meldete sich und sagte mit einer Stimme, die klang, als wäre sie ein halbes Jahr nicht benutzt worden: «Sie will ja da nicht hin.»

«Aber vielleicht wäre es gut, sich mal auf etwas Neues einzulassen, was meint ihr?»

«Sie möchte doch nicht», meldete sich eine andere.

«Diese Leute wollen mich ja auch gar nicht dahaben», erklärte nun wieder Dorothea. Die anderen nickten.

«Aha!», freute sich der Therapeut. «Das ist jetzt aber eine Hypothese. Wie wäre es, wenn wir die überprüfen würden? Es einfach mal ausprobieren?»

«Nein.»

«Wenn sie doch nicht will.»

«Man kann sie nicht zwingen.»

«Dann bring ich mich um.»

Dorothea begann zu weinen. Der Therapeut schaute mich an. «Wir haben ja heute einen Neuzugang. Was magst denn du der Dorothea raten?»

Mit roten Augen sah Dorothea zu mir. «Sie könnten's ja mal probiern», sagte ich zögernd.

«Aha, siehst du, Dorothea: mal probieren. Was hältst du davon?»

«Aber ich kenne da niemanden.»

«Macht doch nichts», sagte ich. «Kann man ja dann kennenlernen.»

Alle schauten jetzt mich an. Was ich zu sagen hatte, schien sie zu interessieren. Endlich war ich mal wieder der Held.

«Hey, gehn Sie doch ruhig da rein in diese WG», sagte ich. «Wenn's scheiße ist, können Sie ja wieder ausziehn. Aber wahrscheinlich ist's gut.»

«Glaubst du?», fragte Dorothea.

«Ja», sagte ich, «auf jeden Fall.»

Sie schüttelte den Kopf. «Nein», murmelte sie, «die wollen mich ja nicht, und ich kenne diese Leute nicht. Ich will sterben. Ich will tot sein.»

«Ey, ich würd sofort in so 'ne WG ziehn.»

«Dorothea muss vielleicht noch ein bisschen darüber nachdenken», unterbrach mich der Therapeut. «Das ist ja auch eine große Entscheidung.»

«Ich will zu meinem Sohn!», rief Dorothea.

«Wir hatten das doch besprochen. Du weißt, dein Sohn will dich nicht nehmen», sagte er auf einmal echt hart.

«Vielleicht ja doch!», rief ich. «Kann man doch nicht wissen, muss man erst mal fragen!»

«Wir haben ihn gefragt. Können wir jetzt bitte –»

«Wann haben Sie ihn denn gefragt? Vielleicht hat er ja inzwischen seine Meinung geändert! Kann man doch nicht wissen! Muss man noch mal fragen! Haben Sie ihn denn noch mal gefragt?»

In Dorotheas Augen leuchtete wilde Hoffnung auf.

«Leute ändern ihre Meinung!», rief ich, jetzt richtig in Fahrt. «Das passiert andauernd! Ich würd erst den Sohn noch mal fragen.»

Die anderen nickten: «Er hat recht.» – «Mal den Sohn fragen.» – «Wieso machen die das nicht? Schweinerei.»

Zum Glück für den Therapeuten klingelte es da, und die Gruppensitzung war vorbei.

Ich wollte in mein Zimmer zurückgehen, da strömte aus dem Nebenraum ein Haufen Ärzte. Mein Einzelpsychiater mit der lebhaften Glatze war auch dabei.

«Super, Junge!», rief er begeistert. «Du hast dich sehr gut eingebracht. Viel Power!»

«Woher wissen Sie das denn?»

«Wir haben alles durch den Spiegel beobachtet. Der ist auf der anderen Seite durchsichtig.»

Ein Trickspiegel? Sauerei. Und ich hatte – Pubertierender, der ich war – die ganze Zeit heimlich hineingeglotzt und mein Aussehen überprüft. Komischerweise muss man das ja immer. Darauf fall ich beim nächsten Mal nicht wieder rein, Goldfinger.

Zur Gruppentherapie ging ich jedenfalls nicht mehr und auch zu keiner anderen.

Immer, wenn ein Termin für mich festgesetzt wurde, verdrückte ich mich in den Garten. Und nachts haute ich erst recht ab. Man durfte ja eigentlich nicht raus, aber der Wächter oder was das sein sollte, der vor der Station an seinem Schreibtisch saß, war so dermaßen unter Zack, dass man wie in einem Olsenbandenfilm einfach um ihn rumschleichen konnte. Im Treppenhaus dann ein Stockwerk runterlaufen und von dort den Fahrstuhl bis ganz unten.

Sowie ich aus dem Krankenhaus raus war, fühlte ich mich so lebendig, dass ich zitterte. Meistens fuhr ich einfach nur mit dem Bus durch die Nacht, schaute mir Berlin durch die Panoramafenster oben vorne an und staunte. Was für eine riesige Stadt. Und die ganzen Lichter überall in den Häusern. Hinter diesen erleuchteten Fenstern saßen die Leute in ihren Wohnungen und waren in Sicherheit. Wie gut. Aus dem Bus heraus mochte ich sie alle gern und wünschte ihnen das Beste.

Als wäre ich ein Magnet, setzten sich alle schrägen Vögel, die einstiegen, sofort zu mir nach vorne und fingen Gespräche an. Einer spendierte mir einen Kebab, ein anderer schenkte mir seinen Kaninchenpelzmantel, unter dem er nichts trug außer Hosenträgern. Ich gab ihm dafür meine Lederjacke. Hoffentlich würde sie auf ihn so gut aufpassen wie bisher auf mich.

Einmal kam ein Typ ohne Zähne, der aussah wie eine todkranke Greisin, und meinte: «Na, du bist ungefähr so alt wie ich, stimmt's? Fünfunddreißig?»

«Ich bin sechzehn», sagte ich.

«Ach so? Siehst aber viel älter aus. Du hast ja schon richtig Ringe unter den Augen und Geheimratsecken.»

«Ich hab nur 'ne Menge Blutkörperchen verloren.»

«Du kuckst mich so an wegen meinen Zähnen. Ich hab die bei McDonald's auf dem Tisch vergessen. Ich bin da ja wieder zurück, aber sie waren nicht mehr da. Ich brauch doch meine Zähne, hab ich denen gesagt, wie soll ich denn ohne Zähne essen, wie soll ich denn kauen ohne Zähne, das geht ja gar nicht! Weißt du, was die mir geantwortet haben?»

«Was?»

«‹Die haben wir weggeschmissen, aber wir kucken noch mal nach.› Kommt da so 'ne dumme Punze, wirklich eine ganz gewöhnliche Person, fett und dumm, du, so dumm, dass man weinen muss – reißt die den Müllsack auf und wühlt da drin rum in den ganzen labbrigen Pommes und all dem Angelutschten, mit der bloßen Hand wühlt die da und wühlt, und dann strahlt se übers ganze Gesicht: ‹Ich hab sie!›, und holt meine Zähne aus dem Sack. Kannst du dir das vorstellen?»

«Übel.»

«Holt die da raus, ganz verschmiert und versudelt, und hält sie mir hin mit ihrem dummen Grinsen, mit ihrem Pfannkuchengesicht, die Punze, und sagt: ‹Hier. Wolln se die wieder reinmachen?› Da hab ich gesagt: ‹Du, ich schenk se dir!›, und bin gegangen.»

«Aber jetzt?»

Er griff in seine Jackentasche und holte eine ausgerissene alte TV-Hören-und-Sehen-Seite heraus. Das Papier war abgeschrappt und voller brauner Flecken. Er zeigte auf das

Foto eines blonden dicklichen Mannes. 20 Uhr 15 stand darunter.

«Das bin ich», sagte er. «Ich hab so viele Filme gedreht. Immer wollten sie mich. ‹Ich kann das doch nicht, ich will das ja nicht›, hab ich denen gesagt, aber immer haben se nur geantwortet: ‹Du musst.› Ich wollt doch nicht. Ich hab doch nicht gewollt.»

«Echt? Was waren das denn für Filme?»

«Immer die Filme, ich hab ja nie gewollt. Ich hab geschrien: Lasst mich in Ruhe! Da haben die nur gelacht. Da bin ich nach Bayern gezogen, in so ein kleines Dorf, weg von allem. Es ging ja nicht mehr, ich musste weg.»

«Bayern hab ich auch mal versucht.»

«Ich hab mich da eingemietet bei einer Frau Reiniger. ‹Frau Reiniger›, hab ich gesagt, ‹seien Sie meine Rettung.› Da ist die Frau Reiniger ganz bleich geworden. Ich hatt ja da nur ein winziges Stübchen.»

«ICH hatte nicht mal 'n Stübchen gehabt. Musste in 'ner Telefonzelle schlafen. Bayern ist echt hart.»

«Dann hab ich mir eine mit 'ner Hasenscharte genommen, ich hab mir gesagt, nimmst dir eine mit 'ner Hasenscharte, die bleibt dir. So blonde Zöpfe hatte die, da konntest du dran ziehn. Die Frau Reiniger hat gesagt, Herr von Schönstenhagen, das geht ja so nicht mit dem Lärm, das geht ja mitten in der Nacht los, das ist ja wie bei den Negern im Urwald, und ich hab gesagt, Frau Reiniger, ich kann ja nichts dafür. Immer kam die an mit ihrer Hasenscharte, die war ja dann nur noch bei mir. Der Frau Reiniger hat's nicht gefallen, die hätt mich vor die Tür setzen wollen, aber sie hat gesagt, aus Herzensgüte tät sie's nicht

169

können. Herr von Schönstenhagen, Sie sind mir ja wie ein Sohn, hat sie gesagt, die Frau Reiniger. Und dann hatt ich da noch den Freund, der ist auch immer vorbeigekommen, immer wieder ist der vorbeigekommen. In der Nacht kam der vorbei und hat die Frau Reiniger aus dem Schlaf gerissen. Das Herz hat ihr gepocht, und da hat se gesagt: Herr von Schönstenhagen, dieser Mann darf nicht mitten in der Nacht kommen und stiehlt ja auch. Und ich sollt's ihm ausrichten, bitte schön, dass er ja nichts zu suchen hätt bei der Frau Reiniger in ihrem Privaten, und die Kommoden soll er nicht berühren mit seinen ungewaschenen Fingern und herausnehmen auch nichts. Und ich hab gesagt, Frau Reiniger, ich versteh Sie so gut, ich versteh das ja alles, alles versteh ich ja! Aber der war so ein Mensch, dem sagste was, da hört er nicht, so war der. Und hat noch geraucht. Überall war Asche: auf den Deckchen, in den Winkeln. Die Frau Reiniger hat gesagt, es geht nicht gegen Sie, Herr von Schönstenhagen, Sie sind ja nicht von dieser Sorte, ein Leuchten umgibt Sie ja, weil Sie doch ein Kind Gottes sind und fast ein Engel. Und dann haben wir zusammen geweint, die Frau Reiniger und ich, weil ich hab se doch so gut verstanden.»

Er holte wieder die Fernsehprogrammseite raus, entfaltete sie und streichelte mit seinem dürren Finger das Foto von Mister 20 Uhr 15. Nie im Leben war das er.

«Dann war's wieder so, dass die beide bei mir im Kämmerchen gesessen sind, die mit der Hasenscharte und der Freund, und es hat ja geregnet, aber ‹Wir gehn mal Zigaretten holen›, haben se gemeint. ‹Aber es regnet doch, es regnet ja›, hab ich gerufen, ‹seht ihr nicht, wie's regnet, es regnet ja schon den ganzen Tag. Da regnet's, das müsst ihr doch sehn!› Aber sie haben sich nicht abbringen lassen und immer nur gesagt: ‹Wir holen jetzt die Zigaretten, und in fünf Minuten sind wir wieder da.› Und dann sind se gegangen, ich hab's ja nicht gewollt, raus sind se gegangen in den Regen und nie mehr wiedergekommen.»

«Wahnsinn.»

«Ja, aber dann ein andermal hatt ich mich ausgeschlossen. Ich war draußen, und die Tür war im Schloss. Ich hatt ja keinen Schlüssel, ich war ja nackt.»

«Nackt?»

«Splitternackt bin ich doch gewesen, und die Tür war zu – ich hab versucht, durchs Kellerfenster wieder rein, aber der Spalt war zu schmal. Da hab ich mich in den Fußabtreter gehüllt und bin in die Kirche gegangen, weil es war ja Sonntag, und die Frau Reiniger war doch in der Kirche. Ich hab die Kirchentür aufgestoßen und gerufen: ‹Frau Reiniger! Frau Reiniger!›, und ich hab die Hände gehoben, dass sie mich sieht, und da ist der Fußabtreter runtergerutscht, und ich hab immer nur gerufen: ‹Frau Reiniger! Frau Reiniger!› Und alle haben geschaut. All die Gläubigen und der Herr Pfarrer, der hat noch mit dem Weihwasserwedel gefuchtelt und eine große Angst gehabt. Da ist die Frau Reiniger aufgestanden, ganz gefasst und schweigend, und hat mich bei der Hand genommen und ist mit mir nach Hause gegangen. Ich hab immer nur gerufen: ‹Frau Reiniger, ich hatt doch keinen Schlüssel!› Und zu Hause hat die Frau Reiniger dann aufgeschlossen, und dann hat sie unter Tränen gesagt: ‹Herr von Schönstenhagen, es geht ja nicht, Sie müssen ausziehn›, und ich hab gesagt: ‹Frau

Reiniger, ich versteh Sie vollkommen.› Meine Hand hat sie gestreichelt, und da hab ich auch weinen müssen. Aber es hat ja nichts geholfen, die Frau Reiniger und ich haben das gespürt. Bin ich wieder nach Berlin gezogen.»

«Hätten Sie nicht auch einfach warten können, bis Frau Reiniger wieder aus der Kirche rauskommt?», fragte ich.

«Ich kenn dich aber doch», sagte er. «Wir hatten schon mal was zusammen zu tun. Bist du auch beim Film?»

«Nein. Ich hab nur mal in ›nem Dokumentarfilm mitgemacht als Kind. Wobei, eigentlich ging der Film eher über meine Oma. Er hieß *Zum Glück ist Oma da*. Aber ansonsten – null.»

«Ach, ich tät mich so freuen, wenn du einen Comic über mein Leben machen würdest. Bitte! Tu mir doch die Liebe.»

Ich stutzte. Hatte ich ihm erzählt, dass ich Comics zeichnete? Mit Sicherheit nicht, denn ich war ja irgendwie noch gar nicht zu Wort gekommen bisher. Woher wusste er das dann? Mit zusammengekniffenen Augen fragte ich: «Wie kommen Sie denn darauf?»

«Bitte», rief er und fing auf einmal wirklich an zu leuchten. «Bitte, es tät mir so gefallen! Machst du's? Mach's doch.»

«Ich glaub, das krieg ich nicht hin», sagte ich.

«Hier, ich schenk dir das», sagte er und gab mir die Seite mit dem Foto des Dicklichen.

«Nein, das kann ich doch nicht annehmen.»

«Nimm doch! Ich hab ja Dutzende davon. Aber dafür machst du den Comic über mich, ja?»

«Mal sehn.» Ich steckte die Seite in meinen Hasenfellmantel. Den Rest der Fahrt schwiegen wir. Als ich aussteigen musste und ihm tschüss sagte, reagierte er nicht. Starrte nur geradeaus und bewegte stumm die Lippen.

Wenn ich von meinen nächtlichen Trips zurückkam, schlich ich mich wieder an dem unaufmerksamen Pfleger vorbei in mein neues Zimmer, das ich nun allein hatte, legte mich ins Bett und schlief bis zum Nachmittag. Meine ganzen Einzeltherapiestunden verpennte ich. Manchmal traf ich den lebhaften Glatzentherapeuten auf dem Flur, und dann sagte er so was wie: «Mensch, schade, dass du nicht da warst heute, vielleicht magst du ja morgen, wär doch klasse.» Um ihn loszuwerden, fragte ich dann nach meinem alten Zimmernachbarn mit den Armen.

«Wurde in ein anderes Krankenhaus verlegt, wo sie ihm besser helfen können. Also dann! Vielleicht morgen, ja?» Und er eilte davon.

Einmal machte ich noch einen Test bei einer total gutaussehenden Blondine mit randloser Brille. Es war schwer, sich zu konzentrieren, ständig dachte ich: «Was hält sie wohl von mir?»

Der Test war, wie ich mir Tests beim Psychiater immer vorgestellt hatte. Erst Tintenklecksraten, dann knifflige Logikaufgaben und Trickfragen. Wenn man einen Würfel aufklappt, wie sieht das dann aus? Welche Form passt nicht hierher? Egal wie ich antwortete, die Blondine zeigte keine Regung.

«Wo liegt Brasilien?», fragte sie.

«Neben Spanien», antwortete ich.

Sie legte das Fragekärtchen beiseite und nahm ein neues,

ohne mich anzusehen. Auf einmal war ich mir allerdings nicht mehr so sicher? Lag Brasilien neben Spanien?

«Und Mexiko?»

Fucking Mexiko!

«Auch neben Spanien.»

Das stimmte jetzt aber wahrscheinlich wirklich nicht. Es konnten ja auch nur zwei Länder neben Spanien liegen, und für so einen Test würde man doch nicht ausgerechnet diese beiden nehmen. Mindestens einmal hatte ich mich also geirrt. Aber sie machte ungerührt weiter. Ließ sich nichts anmerken, die verlogene Schlange! Erotisch. Aus welchem irren Grunde war Verlogenheit erotisch? Keine Ahnung, war aber so.

«Was fehlt hier?», fragte sie und hielt mir ein Kärtchen hin, auf dem ein Herr im Seitenprofil abgebildet war. Er hatte keine Nase.

«Da fehlt die Nase», rief ich schnell, denn ich hatte langsam Angst um meine Punkte. Wer weiß, in was für 'ne Geschlossene ich weggesperrt werde, wenn ich das hier nicht bestehe.

«Und hier?»

«Der Mund.»

«Und bei dem?»

«Die Augenbrauen.»

Hm. Vielleicht war das eine Falle. Diese Fragen waren so leicht. Wenn man die trotzdem beantwortete, bewies man vielleicht, wie irre man war. Ein Normaler würde doch aufstehen und sagen: «Halten Sie mich für ein Kind? Ich gehe!» Oder? Oder wär's genau umgekehrt? Dreck.

«Und was fehlt hier?»

«Die Krawatte.»

Sie stutzte. Dann sah sie mich an. Zum ersten Mal.

«Wie kommst du darauf?»

«Sieht man doch.»

«Das hat noch keiner rausgekriegt. Vielleicht – diese Karten sind sehr alt … »

Sie besah sich die Karte. Ein Typ ohne Krawatte war darauf, wie konnte man das nicht sehen? Auf einmal wurde mir klar, dass sie genauso verrückt war wie ich, und das beruhigte mich.

Aber als ich ein bisschen länger darüber nachdachte, beunruhigte es mich eher.

«Wie hab ich abgeschnitten?», fragte ich sie zum Schluss.

«Wir müssen das erst auswerten.»

«Krieg ich dann das Ergebnis gesagt?»

Sie zögerte.

«Möglicherweise», log sie. «Kann man machen, ja.»

Wenn jemals ein Paar keine gemeinsame Zukunft gehabt hat, dann waren das wir beide. Ich sah sie nie wieder.

neuNZEhn

Dann kam der Samstag, und da war ja diese Fete von Birgitt. Natürlich ging ich hin. Es war im Wedding. Nach Ofenrauch roch's. Komisch, dass die Leute im Wedding immer noch mit Rauch heizten wie zu Zeiten von Jack the Ripper.

Ich war schon ziemlich früh bei der Adresse. Um nicht

wie ein Idiot als Erster da rumzustehen mit «Birgitt», die ich überhaupt nicht kannte, schlenderte ich eine Weile durch die dunklen Gassen, wobei ich mich prompt verlief. Gut so, jetzt kam ich richtig spät, das würde souverän wirken. Gut, gut.

Ein blonder Punk öffnete mir die Tür.

«Ey, na?», sagte ich. «Ist hier mit Schuhe aus?»

Er starrte mich schweigend an. Vielleicht hatte er gerade was Tragisches erlebt und ihm war nicht nach Reden.

Mit einem wissenden Nicken – auch ich kannte mich ja mit Tragik aus – schlängelte ich mich an ihm vorbei ins Wohnzimmer.

Dort saßen alle im Kreis.

Gerade lief «Smooth Operator» von Sade, ein Liedchen, das ich heimlich liebte.

Es war kein Punk, aber es war Sade. «Schade» nannten wir Punker sie mit der uns eigenen ironischen Treffsicherheit, aber kein Einziger von uns war nicht in sie verliebt. Ein alter Mitschüler von mir hieß übrigens Helmut Schadendorf, was auch wieder witzig war, weil die beiden nun VOLL nicht zusammenpassten. Oder sagen wir mal – weiß ich nicht, auf jeden Fall waren sie sehr unterschiedliche Typen. Ist doch auch egal.

Eine fremde Frau stand auf, kam zu mir und rubbelte meinen Arm.

«Schön, dass du da bist, Fil.»

«Tja», sagte ich.

«Nimm dir Bier. Ist in der Wanne im Badezimmer.»

«Oh, okay, geil.»

Im Badezimmer stand schon wieder der Punk. Entweder

konnte er sich beamen, oder es waren zwei, wie bei der Geschichte von Hase und Igel.

Ich winkte ihm zu. Wir kannten uns jetzt ja schon so 'n bisschen. Er starrte schweigend.

«Bier», sagte ich und nahm mir eins.

Wir waren die einzigen Punks auf der Fete. Alle anderen waren ökomäßig unterwegs.

Ich ging mit meinem Bier wieder ins Wohnzimmer, und da sah ich die Frau von letztens, Tanja oder Anja, in einer Ecke sitzen. Vorsichtig stiefelte ich um die ganzen Kerzen, Chipskübel und Flaschen, die überall standen, herum auf sie zu. Sie blinzelte lächelnd zu mir hoch.

«Ey, na?», sagte ich und trat aus Versehen ihr Bier um.

«Ich hol 'n Lappen!», erklärte ich dem Punk, der schon wieder neben mir stand. Auf dem Weg zur Küche trat ich noch zwei Flaschen um. Umso nützlicher würde gleich der Lappen sein.

Nach einigem Wischen hockte ich mich neben Tanja. Ehrlich gesagt hatte ich die ganze Zeit gewusst, dass sie nicht Anja hieß. Sie war diese Göttin von Schweigen für den Frieden damals gewesen. Und wenn ich so darüber nachdachte, war sie überhaupt ganz schön oft dabei gewesen in der letzten Zeit. Dieses «Tanja oder Anja»-Getue war so eine Art innerer Spaß mit mir selbst gewesen. Ein ziemlich zäher Selbstspaß, der jetzt langsam auch mal enden konnte.

«Ich hätte gedacht, du kommst nicht», sagte sie.

«Ich bin auch gar nicht da», sagte ich. Hm. Nicht so 'n witziger Witz. Ich betrachtete die Lavalampe auf dem Schreibtisch gegenüber, trank dabei mein Bier und trat das von dem anderen Punk um. Im Sitzen. Muss man erst mal bringen. Wie ging überhaupt Sitzen? Ich schien es komplett verlernt zu haben.

«Woher kennst du Birgitt?», fragte sie.

«Aus dem Krieg», sagte ich. Komisch, alles, was ich heute sagte, war nur so halb witzig. Hatte ich meinen Zauber verloren? Tanja beobachtete mich mit ihren riesigen schwarzen Augen. Ich versuchte, die Ellenbogen aufzustützen, aber sie waren zu spitz. Die Poknochen waren aber auch spitz. Wieso gab es hier keinen Teppich? Nur Planken. Der Ofen machte die Hütte heiß, unter meinen zwei Sweatshirts und dem Seemannspullover schwitzte ich wie ein armes, warmes Schwein.

Schade war fertig mit ihrem Lied. Schade. Stattdessen griff sich nun ein schöner Lockenkopf seine Gitarre und klimperte darauf herum. Alle Girls schmachteten ihn an. Die Ökofrauen hörten einfach nicht auf, mich permanent zu enttäuschen. Sollten sie sich nicht eigentlich um bedrohte Arten wie mich kümmern? Stattdessen fanden hier alle wieder den Schönling gut, den Alpha-nativen, genau wie in der normalen Welt. Wozu dann das ganze Wollsockengedöns? Dann geht doch gleich in die Junge Union.

«Ein Scheiß, oder?», flüsterte ich.

«Ich find's schön», sagte Tanja laut, und der Lockige lächelte.

Ich trank das Bier des anderen Punks, das ich für meins hielt. Netterweise sagte er nichts. Als der Lockige aufhörte zu spielen, meinte ein Mädchen versonnen: «Grad hab ich 20 Zentimeter über dem Boden geschwebt.»

Er lächelte dazu. Sagte nichts. Ließ sein Instrument sprechen. War Musik nicht eigentlich zum Tanzen oder als Hintergrund gedacht? Wieso mussten wir jetzt alle da zuhören, als ob man was daraus lernen könnte?

Ich holte – links und rechts Kerzen, Tassen und Flaschen umtretend – noch zwei Bier aus der Wanne. Eins stellte ich vor dem Punk ab.

«Hier, Alter», sagte ich. Er fasste es nicht an.

«Diesmal waren's 30 Zentimeter», sagte das versonnene Mädchen, als der Schöne das nächste Mal sein Spiel unterbrach. Und – man würde es nicht denken – genau so ging das weiter: Er spielte ein Stück, sie gab an, wie viel Zentimeter sie dazu geschwebt hatte, dann kam das nächste Stück, die nächste Zentimeterangabe, es nahm kein Ende. Sie schwebte auch jetzt nicht so stumpf jedes Mal 10 Zentimeter höher, sondern trieselte auf und ab, je nachdem. Einmal war sie wohl sogar nur 5 Zentimeter über dem Boden; das war ja schon fast: der Boden. Fast.

Zum Glück gab es genug Bier.

«Kennst du Schocker?», fragte ich den Punk. Er starrte. Vielleicht war er auch Franzose. Da musste die Fete für ihn noch unerträglicher sein als für mich. Mitfühlend stellte ich ihm ein neues Bier zu den vielen ungeöffneten, die ich ihm schon gebracht hatte.

«Du wirkst so verkrampft», sagte Tanja auf einmal. «Entspann dich doch mal. Soll ich dich massieren?»

«Pff, kannste ja», murmelte ich.

«Dann leg dich mal hin.»

Ich legte mich auf den Bauch, was eigentlich nicht gut ging wegen den spitzen Rippen. Diesmal aber doch, denn mein Dicker trug mich in Erwartung der Berührungen, die

179

gleich kommen würden, wie ein Luftkissenboot. Sie schob mir ein Kissen unter den Kopf.

«Was hast du denn alles an?», fragte sie. «Willst du den Pulli nicht auch ausziehn?»

Um das nicht beantworten zu müssen, tat ich so, als wäre ich eingeschlafen.

Sie begann, mit ihren schmalen, aber kräftigen Händen meine Schultern zu kneten. Es fühlte sich an wie die erste Berührung meines Lebens. Ich kriegte Gänsehaut am ganzen Körper, so stark, dass ich anfing zu zittern. Dann zu zucken.

«Hey, alles in Ordnung?», fragte sie.

Ich konnte nichts mehr sagen, nickte nur ins Kissen, das irgendwie nass war auf einmal. Ich kniff die Augen zu. Sie knetete weiter.

Dann fing sie an, mich zu kitzeln. Ich wand mich wie ein Wurm.

«Schlaft doch alle hier!», rief die Gastgeberin irgendwann, als schon keiner mehr stehen konnte, und ey, warum nicht. Jeder legte sich mehr oder weniger da hin, wo er gerade hing, in meinem Fall war das die exakte Mitte des Raums. Tanja lagerte sich rechtwinklig zu mir ab, sodass unsere Köpfe ziemlich nah beieinander waren. Das Licht war jetzt aus, trotzdem konnte ich erkennen, dass sie nur noch ein Unterhemd und ihren Schlüpfer anhatte. Ich dagegen immer noch Sweatshirt und Seemannspullover, Jeans natürlich sowieso, aber auch die Stiefel. Den Kaninchenmantel nahm ich als Decke.

Erst wurde noch eine Weile gelallt, geschwallt und sich

übergeben, aber nach und nach schliefen alle ein oder wurden zumindest still.

Ich spürte, dass Tanjas Hand ganz in der Nähe von meiner lag. Langsam streckte ich meine Finger und rutschte ein bisschen mit dem Handrücken über den Plankenboden in ihre Richtung. Jetzt! Jetzt berührten sich unsere kleinen Finger. Sie nahm die Hand nicht weg. Ich drückte meinen Finger vorsichtig kurz gegen ihren. Dann zog ich ihn wieder zurück. Nach einer Weile schob ich ihn wieder hin. Langsam strich ich über ihren Finger. Runter bis zur Handfläche, wo eine kleine runde Hornhautstelle war, und wieder hoch. Ihre Hand war leicht geöffnet. Ich schrappte das Handgelenk noch ein bisschen vor und strich jetzt mit allen Fingern sanft über ihre Handfläche.

Gleich zieht sie die Hand zurück!, dachte ich, aber sie bewegte sich nicht. Meine Finger kreisten in ihrer Handfläche. Jetzt ging ihre Hand weiter auf, oder bildete ich mir das ein? Ich ließ den Daumen über ihre Handwurzel wandern und rechnete immer noch damit, dass sie ihren Arm gleich wegziehen würde. Aber die Hand blieb, wo sie war, ganz warm und trocken und schmal und weich lag sie da und wirklich irgendwie geöffneter als vorher, da war ich fast sicher. Wie eine Blume in einem Zeitrafferfilm oder so.

Ich strich über die Innenseite des Handgelenks, fühlte die Sehnen unter der Haut. Wahnsinn, wie total anders als bei meiner Hand das alles war.

Langsam rutschte ich so – mit den Fingern kreisend – den Arm entlang. Er war leicht angewinkelt. Die Ellenbogen nicht spitz und knochig wie bei mir, sondern ganz rund. Ihre Haut fühlte sich so weich und lebendig an, dass die Nerven in meinen Fingerspitzen vibrierten vor lauter Empfindung. Nachdem ich endlos lange den Arm rauf- und runtergestrichen hatte, kam ich oben an ihre Schulter. Rund. Wieder kreiste ich umher, immer um die runde Schulter herum, dann rutschte ich rüber und ließ meine Finger auf ihrem Schlüsselbein balancieren wie auf einem echt dicken Seil. Ein sehr dickes Seil, trotzdem fielen sie runter, rutschten in eine Gegend, von der ich nicht wusste, wie sie hieß. Hier fing ihr Unterhemd an, selbst das schien aus einem feineren Stoff zu sein als meins. Ich fuhr mit den Fingern den Ausschnitt entlang. Dabei spürte ich ihren Atem. Er ging schwer. Jetzt. Jetzt dreht sie sich gleich weg. Kann ja nur. Aber sie blieb liegen und atmete weiter schwer.

Ich fuhr den Ausschnitt entlang. Hin und her. Immer schneller. Schon hier oben spürte man, dass weiter unten etwas kommen würde, was die Welt noch nicht gesehen hatte. Ich hatte Angst davor, darum blieb ich erst mal hier oben am Ausschnitt und rutschte weiter hin und her. Hin und her, her und hin – da atmete sie plötzlich stark ein, wölbte sich dabei vor, und ich war drin. Ich war unter dem Unterhemd. Meine Hand wanderte ein Stück zur Seite, und da war die Brust. Sie war klein und spitz und wie absolut nichts, was ich bisher angefasst hatte. Es war wie ein Teil des Körpers, aber gleichzeitig auch wie ein Pudding. Die Brustwarzen oben fühlten sich knallhart an. Ich streichelte einen Busen, dann den anderen, dann wieder den ersten. Es war zu viel Busen für eine Hand. Mir wurde schwindelig. Ich zog die Hand wieder raus und strich noch mal über die Schlüsselbeine. Aber Rückzug ging irgendwie nicht.

Also schob ich meine Hand wieder rein und streichelte

noch mal die Brüste. Dann den glatten Bauch. Den Saum von ihrem Schlüpfer entlang. Ich hielt die Luft an und fuhr vorsichtig mit meiner Hand den kleinen Hügel hoch. Es fühlte sich haarig an unter dem Schlüpferstoff und so, als würde es knistern. Ich rutschte den Hügel runter und zuckte zusammen: Da unten war alles ganz nass!

«Mist», dachte ich. «Sie hat ihren Samenerguss schon gehabt.»

Schweren Herzens drehte ich mich auf die Seite und versuchte einzuschlafen. Aber es ging nicht: Mein Dicker pochte und drückte. Ich machte mir die Hose auf und ließ ihn raus. Ist doch nur gerecht, wenn ich mich auch ergieße. Ich fing an, ihn zu reiben, da kam wie aus dem Nichts ihre Hand, legte sich auf meine, nahm sie von dem Dicken weg und drückte sie. «Ach so», dachte ich, «Händchen halten. Okay. Nicht ganz fair, aber okay. Händchen halten also.» Ich spürte, wie sie mich von der Seite ansah, aber meine Augen waren zur Decke gerichtet. Und fest zusammengekniffen. So lagen wir da, bis es hell wurde.

Dann drehte ich mich zu ihr und sah ihr ins Gesicht. Noch nie hatte ich ein Gesicht von so nahem gesehen. Haut über Knochen gespannt. Die Augen waren eigentlich so krasse Kugeln. Obwohl ich das alles dachte, als ich sie ansah, fand ich sie so schön, dass es weh tat. Nein, genau deswegen fand ich sie schön: Knochen, Haut, Augenbälle – das war das Leben. SIE war das Leben.

Sie streichelte mein Gesicht. Da machte ich das mit ihrem auch. Sah bestimmt bescheuert aus, aber die anderen schliefen eh alle noch, keiner konnte uns sehen.

Nach einer Weile musste ich pullern wie der Teufel

selbst. Ich stand auf und ging ins Bad. Mein alter Punker-freund schnarchte krumm in der Wanne, umrankt von ab-gelösten Bieretiketten. Mir fiel auf, dass ich gar nicht seinen Namen wusste. Na ja. Irgendwie waren wir auch ziemlich unterschiedliche Typen, zumindest jetzt gerade: Er ver-beulte sich hier am kalten Email einsam den Leib, ich da-gegen hatte Sex gehabt. So was Ähnliches wie Sex zumin-dest. Sexier als alles Bisherige auf jeden Fall.

Er tat mir leid. Ich wünschte ihm, dass er auch bald eine Frau finden würde. So waren wir Sextypen: voll guter Wün-sche.

Sie war auch aufgestanden und in die Küche gegangen. Einfach so in ihrer Unterwäsche. Das war irgendwie zu viel für mich bei Tageslicht, darum kuckte ich zu Boden.

Sie nahm meine Hand, und so standen wir ziemlich lan-ge rum.

«Muss zurück ins Krankenhaus», sagte ich dann.

«Warte mal», sagte sie, nahm einen Zettel, schrieb was drauf und gab ihn mir. Ihre Telefonnummer.

«Rufst du mich an?»

«Logo.»

Ich schaute mir den Zettel an – sie hatte so eine gute Schrift. Die perfekte Schrift, kein Strich zu viel. Zum Ab-schied fasste ich sie an den Oberarmen, beugte mich vor und gab ihr einen Kuss auf die Wange. Wie ein Pfirsich fühl-te sich die an. Dann ging ich raus in den wunderschönen Frühlingsmorgen und konnte es immer noch nicht fassen.

Zwanzig

«Der Arzt hat gesagt, du bist labil», sagte meine Mutter, «er hat uns geraten, das Erziehungsrecht abzugeben. Sie wollen dich auf ein Schiff mit anderen Jugendlichen schicken.»

«Das ist klasse!», rief der Psychiater, und seine Glatze strahlte. «Mensch, wenn ich noch mal jung wär, würd ich selber gerne mitfahren.»

«Wieso muss ich da hin?», fragte ich.

«Es wird dir gefallen. Das ist ein altes Segelschiff, und ihr schippert damit bis nach Holland.»

Lauter andere Leute entschieden über mein Leben. Das war zwar schon immer so gewesen, aber jetzt, wo ich verrückt war, hatte es noch so einen dramatischen Beigeschmack, der mir gefiel. Schiff. Klang auf jeden Fall gut. Könnte ich ja kurz machen, da Geld verdienen und dann wieder abhauen und mit Tanja irgendwo leben wie Mann und Frau.

Zwei Wochen hatte ich noch, bevor ich aufs Schiff musste, und diese Zeit durfte ich zu Hause verbringen. Gleich nach meiner Entlassung aus dem Krankenhaus rief ich Tanja an und verabredete mich mit ihr im Zentrum vor Siggi's Imbiss.

Tatsächlich stand sie dort schon, als ich ankam, es war also alles kein Traum gewesen. Sie lächelte. Sie hatte eine ironisch amüsierte Art zu lächeln, die irgendwie gut zu mir passte, fand ich.

«Ich hab die ganze Nacht wach gelegen und an dich gedacht», sagte sie.

«Oh», machte ich, überlegte kurz und sagte dann: «Ich auch.»

«Du hast auch die ganze Nacht an dich gedacht?»

«Genau. Ja.»

Ich gab ihr einen Kuss auf die Wange, und sie schmiegte sich an mich. Vorsichtig ließ ich meine Hände an ihrem Rücken runtergleiten bis zum Po, der so nervenzerfetzend rund war, dass ich das Gefühl für Raum und Zeit verlor.

Dann gingen wir spazieren, wozu ich ihr den Arm um die Schulter fädelte und sie meine Hüfte hielt. So konnte man eigentlich gar nicht mehr richtig gehen, wir hinkten umher wie ein angeschossener Mutant mit zwei Köpfen. Es musste aber doch irgendwie funktionieren, andere machten es ja auch. Ich versuchte, mein linkes Bein zu heben, wenn sie ihr linkes Bein hob, dann probierte ich es links-rechts-versetzt. Je mehr ich mich um eine praktikable Gehweise bemühte, umso schlechter ging es. Trotzdem genoss ich jede Sekunde.

«Siehst du diesen Typen?», fragte ich, auf irgendjemanden zeigend. «Ich hasse ihn. Jeden Tag steht er hier an derselben Stelle, um mich zu verwirren. Heimlich ist er Millionär.»

«Dieser Typ?», fragte Tanja.

«Er oder ein anderer. Haha. Manuel hass ich auch. Andererseits – ohne Manuel gäb's keine Erdrotation.»

Ich redete und redete. Musste weiter den Geistesgestörten spielen, den fand sie ja offensichtlich gut. Und nach einer Weile kam das irre Zeug wie von selbst aus meinem Mund. Wie glitschig-warzige fette Kröten spuckte ich den ganzen Schwachsinn aus, der anscheinend in meinem Herzen nistete. Raus damit, raus, raus. Es war auf eine gruselige Art faszinierend, wie viel immer noch hinterherkam. Wie wenn du den dicksten Eiterpickel aller Zeiten aufdrückst und er eitert und eitert, und du kannst es nicht fassen. Und dann eitert er noch mehr. Dann kommt Blut, aber du weißt, wenn du ihn jetzt kurz in Ruhe lässt und später wieder drückst, wird noch mehr Eiter kommen, und das willst du eigentlich. Du willst den Pickel gar nicht weghaben, du willst eitern. Endlos eitern. Es tat so gut. Ich redete und redete, und sie hörte und hörte und hörte zu, sagte selber gar nichts, ließ mich einfach weiterreden, und als es langsam dunkel wurde, hatte ich die letzte Kröte draußen und war geheilt.

Wir wankten schweigend durch die finsteren Durchgänge, die es im M. V. unter den Häusern gab. Angsträume nennt der Fachmann die.

«Manchmal, wenn ich nachts hier so durchgeh, stell ich mir vor, dass aus den dunklen Ecken lauter Männer kommen und mich überwältigen», sagte sie. «Und dann vergewaltigen sie mich.»

«Ich stell mir manchmal vor, es gäbe kein Blau», sagte ich.

«Willst du mich hier vergewaltigen?», fragte sie.

«Nein, keine Sorge», sagte ich und streichelte beruhigend ihren Po. Dabei vergaß ich wieder, worüber wir gerade redeten. Die Zeit verging wie auf Heroin, und plötzlich

187

standen wir wieder vor Siggi's Imbiss. Und hatten Hunger. Alles passte schon wieder perfekt zusammen, es war einfach paradiesisch.

«Wie wär's mit 'ner ehrlichen Portion Pommes mit dem guten, guten Salz?», fragte ich.

«Okay.»

«Kannst du die bezahlen? Hab grad kein Geld.» Kein Geld war damals das Coolste.

Genau in dem Moment, in dem sie bezahlte und dabei weg von mir kuckte, flippte ich hinter den Imbissstand. Dann rannte ich, so schnell und so leise ich konnte, zum Parkhaus dahinter und presste mich von hinten gegen eine Säule.

«Fil?», hörte ich sie rufen. Bis in die Zehenspitzen gespannt drückte ich mich gegen die Säule und hielt den Atem an. Wartete. Keine Schritte in meine Richtung. Vorsichtig lugte ich hinter der Säule hervor: Sie stand immer noch bei Siggi's und schaute sich suchend um. Ich wetzte zur nächsten Säule. Dann zur nächsten und endlich richtig ins Parkhaus rein. Hier im Dunkeln konnte sie mich nicht mehr sehen. Schnell lief ich die breite Rampe ins erste Stockwerk hoch und dann ins zweite. Schließlich kam ich oben auf dem Flachdach an. Geduckt schlich ich mich nach vorne zum Rand und kuckte runter. Da stand sie unten auf dem Platz und ging hier- und dorthin auf der Suche nach mir.

Aber ich war verschwunden. In Luft aufgelöst. Das sollte sie nämlich möglichst checken: dass ihr Freund MAGISCH war. Magisch war genauso irre wie irre, aber man musste nicht so viel Blödsinn reden dafür, und irgendwie kam's auch positiver rüber. Mein Freund, der Zauberer.

188

Nee, Zauberer war albern. Besser das magische, von bösen Mächten verfluchte Wesen, das selber nichts für kann. Das Biest. Die Schöne und das Biest könnten wir doch sein.

Vom Flachdach aus verfolgte ich, wie sie noch eine Weile suchte, mit Siggi's sprach, dann meine Pommes in den Müll warf und ging. Aus Absicherungsgründen wartete ich noch eine ziemlich lange Zeit oben, ging dann zu mir nach Hause, ließ dort kichernd noch ein paar Stunden verstreichen und rief sie dann an.

«Na du Vollidiot?», sagte sie.

«Tut mir echt leid – ich war auf einmal in Gropiusstadt. Manchmal passiert das, keine Ahnung wieso.»

«Du bist so schwer gestört», sagte sie. «Mein Exfreund hatte auch 'ne Macke, aber nicht so 'ne große wie du. Willst du nicht zu mir kommen?»

«Jetzt? Aber – deine Eltern?»

«Komm in zwei Stunden, wenn meine Mutter schläft. Wir treffen uns an der Bushaltestelle, dann gehen wir zusammen hoch. Müssen leise sein.»

Zwei Stunden später trafen wir uns wieder. Sie boxte mich zur Begrüßung in den Bauch, was ich total süß fand, vor allem weil es richtig weh tat und ich mich fast übergeben musste. Dann nahm sie mich in den Arm, meine Hände glitten wieder den Po entlang, und Zeit und Raum verschwammen.

«Wollen wir zu mir gehen?», flüsterte sie mir nach einer Weile ins Ohr, sodass ich ihre Lippen an der Ohrmuschel spürte. Ich rieb den Po senkrecht hoch und runter – das Zeichen für Ja –, und wie zwei Einbrecher schlichen wir uns in ihre Wohnung. Sie wohnte im zweiten Stock, genau wie ich vor dem Umzug. Besonders bescheuert in einer Hochhaussiedlung. Ihr Zimmer war sogar noch kleiner als meins, es würfelte uns beide komplett ein. Aber alles hier gefiel mir – jeder Gegenstand wirkte intelligent, erotisch, aufregend und reif. Wie sie. Keine Playmobilfiguren oder Comics wie bei mir. Wir hockten uns nebeneinander auf den Boden.

«Soll ich mich ausziehn?», flüsterte sie nach einer Weile.

«Kannst du ja», murmelte ich.

Sie zog ihr Unterhemd über den Kopf und dann in einem Rutsch Hose und Unterhose. Völlig nackt saß sie neben mir und sah aus wie eine Göttin. Ihr Körper war vollkommen überirdisch, zumindest das, was ich davon sehen konnte, denn ich schielte ein bisschen seitwärts am Eigentlichen vorbei. Auf dem Bett lag ihr alter Teddy. Der alte Teddy. Selbst er kam irgendwie erwachsen rüber. Trotzdem tat er mir leid. O mein Teddy, kannst du mir verzeihn?, summte ich innerlich.

Sie beugte sich zu mir und biss mir sanft ins Ohr.

«Ziehst du dich auch für mich aus?»

«Logo», nuschelte ich, aber ich hatte Angst, dass das jetzt nicht so gut kommen würde. Wenn sie sah, wie elend dürr ich war, würde sie mich nicht mehr lieben können, magisches Wesen hin, magisches Wesen her. Darum knipste ich mit schelmenhaftem Augenzwinkern erst mal schön die Schreibtischlampe aus. Im Dunkeln hebelte ich mich aus meinen üblichen zwei Sweatshirts. Dann noch das Unterhemd.

«Und die Hose?»

O Mann. Na gut. Erst mal die Stiefel, dann die Hose und ganz zum Schluss auch noch die Unterhose. Jetzt war ich genauso nackt wie sie. Ihr Schenkel drückte gegen meinen. Ich hatte einen Dicken wie noch nie zuvor. Es fühlte sich an wie in den Popeye-Zeichentrickfilmen, wenn er Spinat isst: als würden ihn eine Dampfmaschine, ein Otto-Motor, eine Büffelherde oder ein Bündel Dynamitstangen oder alles zusammen antreiben. Man konnte es fast HÖREN, so heftig pulsierte es in ihm.

Sie streichelte mir sanft die klapprige Schulter. Dann legte sie den Arm um mich.

In dem Moment ging die Tür auf.

«Tanja, hast du Horsts Buch gesehn?», fragte ihre Mutter und schaltete das Licht an.

Mein Schwanz wurde zu bleichem Mehl, staubend bröselte er sich selbst ins Nichts, während aus meinem restlichen Körper schrägerweise die gesamte dritte Dimension rausfloss. Auf einmal fühlte ich mich flach wie ein Blatt Löschpapier, und genauso klebte ich am Boden fest.

«Was soll ich denn mit Horsts Buch? Wieso soll ich das haben? Kannst du vielleicht mal rausgehn!», rief Tanja.

Die Mutter blieb im Türrahmen stehen. «Horst braucht sein Buch morgen in der Schule. Weißt du, wo es ist?»

«Ich hab sein Scheißbuch nicht! Raus aus meinem Zimmer!»

«Er braucht sein Buch.»

«Nee, Mama, ich hab dir doch gesagt, wir brauchen das morgen gar nicht», meldete sich ihr Bruder, der nun auch noch angetanzt kam. In einem rotorangen Frottéschlafanzug, der «Möhre» schrie.

191

Die Mutter sah zu mir. Ihr Blick war tiefkosmisches Vakuum in reinster Form und nicht weniger.

«Der Junge muss gehn», sagte sie und zog ab.

Der Bruder blieb noch ein bisschen im Türrahmen hängen und glotzte. Seelenruhig, war ja nur der Bruder. Ich lächelte ihn vorsichtig an, vielleicht würde ich seine Freundschaft später noch mal gebrauchen können, vielleicht würde sie mir sogar das kleine Leben retten. Er glotzte allerdings nur stumpf durch mein Lächeln hindurch. Schräg, wie alles, was an ihr so schön war, beim Bruder unappetitlich und deppenhaft wirkte: die großen Augen, die schmalen Lippen, sogar die Pfirsichhaut. Brüder waren die letzten Pfeifen. Selbst war ich zwar auch ein Bruder, aber nur so gentlemanmäßig nebenbei, nicht Vollzeit, wie der hier anscheinend. Vollzeit, Volldepp, geh doch mal bitte raus.

«Verpiss dich, Horst», schrie Tanja, und mir fiel auf, was für ein witziger Ausdruck das eigentlich ist: verpissen. Als ob einer so zu Pisse wird. Psssss. Wirklich witzig. «Horst» war auch ein witziger Name. Wer hieß so? Also – jeder natürlich, aber warum eigentlich? ‹Hier, Ehepaar XY, das ist Ihr Sohn, ein einmaliges unvergleichliches Wesen, das Wunder des Lebens und das Wunder der Liebe in einem, etwas Unglaublicheres werden Sie nie zu Gesicht bekommen, schauen Sie sich diesen Engel an.› – ‹O super, danke, tja. Okay, nennen wir ihn mal HORST.› Haha. Witzig. Eigentlich fand ich gerade alles witziger als meine aktuelle Lage.

Horst verschwand. Dafür kam die Mutter wieder und schrie. Tanja schrie zurück. Ich hätte mich supergerne angezogen, aber mein Körper war zu flach dafür. Erst nachdem die Mutter die Tür zugeknallt hatte, flutete wieder etwas Volumen in ihn, und ich konnte hoch zum Lichtschalter fassen, um noch mal schön dunkel zu machen.

Schnell und schief schraubte ich mich in meine Kluft, während die Mutter drüben wie eine Bestie brüllte und Geschirr warf.

«Vielleicht ist es besser, wenn du jetzt gehst», sagte Tanja nachdenklich – ein Satz, den ich aus unzähligen französischen Filmen kannte. Jetzt war mein Leben also wie ein Film geworden, Wahnsinn. Was kann man mehr erreichen. Die Stiefel schnürte ich nicht extra zu, ich hechtete zur Tür, zerrte daran herum, aber die Kette hing davor. Ich zerrte härter und geriet in Panik.

«Du Hure!», schrie jetzt die Mutter. «HU-RE!»

Tanja kam, nahm mir die Klinke aus der Hand, schloss die Tür, löste die Kette und machte die Tür richtig auf.

«Wir treffen uns morgen früh, ja? An der Bushaltestelle bei dir. Um neun», flüsterte sie.

«Auf jeden Fall», hauchte ich, rannte los, trat auf einen Schnürsenkel und knallte auf den Boden.

«Alles okay?»

«Ha, voll.»

Ich rappelte mich auf, wollte wieder losrennen, aber dann besann ich mich, drehte mich um, zog sie zu mir heran und gab ihr einen zärtlichen Abschiedskuss auf die geschwungenen Lippen. Baby.

Sie fasste mich am Hinterkopf, hielt mich fest, und ehe ich mich wehren konnte, hatte sie mir schon ihre Zunge in den Mund gesteckt und ließ sie suchend darin rumschwimmen.

Mir wurde kotzübel – war die wahnsinnig? Schiebt mir dieses flatschige belegte bazillenummantelte Teil rein, mit der ganzen Spucke und allem! Ich riss mich los.

«Magst du das nicht?», fragte sie.

«Doch, klar, hä? Logisch», sagte ich starr vor Ekel. Nicht mal mehr Angst vor der tobenden Mutter hatte ich. WAS SOLLTE DAS DENN JETZT??? DIE ZUNGE????!!! WER WAR HIER EIGENTLICH VERRÜCKT????!!!!

Die Wohnzimmertür ging auf, und die Mutter kam heraus, mit einer Schrotflinte oder einer Fernsehzeitschrift – ich hab's mir nicht so genau angesehen, sondern bin mal lieber o-beinig den Flur entlanggerannt, so schnell ich konnte.

Am nächsten Morgen um neun wartete ich schon an der Bushaltestelle auf sie. Magisch, wie ich war, saß ich dort an einem Tisch mit zwei Stühlen unter einem Sonnenschirm. Auf dem mit einer geplöckelten (is there such a word?) Decke sauber verhängten Tisch standen eine Karaffe voll verwässertem Aldi-Grapefruitsaft, zwei Gläser und eine Schale Erdnussersatzflips. Außerdem lag da noch das damals beliebte Ravensburger Gesellschaftsspiel Schaska. Hinter mir stand ein kleines Schränkchen, auf dem ein Kofferradio aktuelle Hits dudelte, und an einer Straßenlaterne daneben hing ein gerahmtes Bild von meinem Opa in seiner Kapitänsuniform.

All diese Sachen waren wie bei Mary Poppins einfach mal hierhergeflogen (… sollte sie denken. Aber euch kann ich ja die Wahrheit sagen. Ich hatte alles heimlich von unserer Wohnung zur Bushaltestelle geschleppt, viermal hatte ich hin- und herlaufen müssen. Ursprünglich waren es sogar noch mehr Sachen gewesen, aber die besten waren entweder geklaut worden, oder sie konnten wirklich fliegen).

So entspannt und normal wie noch nie in meinem Leben winkte ich ihr zu, als sie aus dem Bus stieg. «Schlückchen vom guten Grapefruit? 'ne ehrliche Partie Schaska?»

«Hast du die ganzen Sachen hierhergetragen?», fragte sie.

«Was für Sachen?», fragte ich lächelnd. «Setz dich doch. Grapefruit?» Das Kofferradio hatte keinen guten Sound. Die Leute glotzten im Vorbeigehen blöd. Einer brüllte: «Geht arbeiten!»

«Ich dachte, wir gehn zu dir», sagte sie, ohne sich zu setzen.

«Grapefruit?»

«Nein. Sorry, ich möchte hier nicht an der Straße sitzen. Gehn wir doch zu dir bitte, okay? Ich helf dir tragen. Hast du gar keine Schuhe an?»

Meine Schuhe hatte ich hinter einem Gebüsch versteckt. Jetzt holte ich sie, zog sie an und packte gemeinsam mit ihr den magischen Hausrat wieder zusammen.

«Fliegt immer nur hin, leider nicht zurück», sagte ich.
«So ein Pech.»

Magisch war irgendwie doch nicht so gut. Okay, dann also wieder irre. In hohem Bogen schleuderte ich das Kofferradio gegen eine Mauer.

«Warum machst du das denn kaputt?»

«Höhö.»

Sie war offensichtlich recht stark, wir schafften alles in einem Gang.

Bei mir zu Hause nahm ich sie mit runter in den Hobbykeller. «Schaska?», fragte ich und ratterte mit der Kiste vor ihr herum. «Der ungebremste Überspaß für Leute von 8 bis 80?»

Sie schüttelte den Kopf.

«Schach können wir auch spielen. Oder Domino.» Wir hatten alle möglichen Spiele im Hobbykeller. Spielen war offensichtlich unser Hobby.

Tanja stellte sich vors Spieleregal, biss sich auf die Lippe und drehte mir dann ihre Rückseite zu.

«Willst du mich hier vergewaltigen?», fragte sie.

«Hey nein, würd ich nie tun, keine Angst.» Beruhigend streichelte ich ihren Po mit der Dominokiste, die ich grad in der Hand hielt, bis ich merkte, dass das ja nun wirklich weder für sie noch für mich gut kam.

«Komm, wir kucken uns das hier an», schlug ich vor und schaltete den Fernseher ein.

Das Testbild erschien, und der Testton erklang. Ich hockte mich im Schneidersitz vor die Kiste. Ich spürte, wie sie hinter mir stand. Wahnsinn, dass ich das spüren konnte, wir hatten anscheinend schon jetzt einen Draht wie Winnetou und Old Shatterhand.

«Fil … »

«Schscht!» Wenn man genau hinhörte, änderte sich der Ton. Oder?

«Fil, fällt dir nicht noch was anderes ein, was wir machen können?»

«Mau-Mau vielleicht. Vielleicht ja einfach mal Mau-Mau.»

Ohne es zu sehen, spürte ich, wie sie den Kopf zur Seite

legte, während ich so intensiv wie möglich dem Testton zu-
hörte. Was testeten wir eigentlich mit diesem Ton und vor
allem mit dem Bild? Ehrlich gesagt fürchtete ich, dass beide
den Test nicht bestehen würden.

«Wir können ja Strip-Mau-Mau spielen», schlug ich
dann vor. «Wenn einer verliert, muss er was ausziehn.»

«Okay», sagte sie. «Spielen wir Strip-Mau-Mau.»

Leider verlor ich ein Spiel nach dem anderen und saß
schon nach kurzer Zeit in der Unterhose da, während sie
sogar noch beide Socken anhatte.

«Was machen wir denn mit dir, wenn du nichts mehr
zum Ausziehn hast?», fragte sie.

«Hab ich auch grad überlegt. Wir können ja machen,
wer nur noch 'ne Unterhose anhat und verliert, muss ein
Kleidungsstück von dem andern anziehn.»

Wieder verlor ich.

«Gib mal deine Hose», sagte ich. Es war allerdings eine
Leggins, so was hatte ich noch nie angehabt. Ganz eng und
aus so einem glänzenden Stoff. Ich fand's geil, fühlte mich
sexy in dem Ding, war mir aber nicht mehr sicher, ob wir
uns noch auf der richtigen Fährte befanden hier.

Das nächste Spiel verlor ich ebenfalls und kriegte dafür
ihr Unterhemd. Fühlte sich auch gut an, es war aus so einem feinen Stoff und hatte kleine Rüschen an den Trägern.

«Ich hab keine Lust mehr», sagte sie und zog sich – entgegen allen Regeln – BH und Schlüpfer aus. Schon wieder
war sie nackt, Wahnsinn. Ich nahm sie in den Arm, fasste
den Po an und küsste sie. Wieder schob sie mir die Zunge
rein. Diesmal fand ich's tatsächlich weniger eklig. Der Trick
war, die Zunge als eine feste Form zu spüren und nicht über

den ganzen Speichel nachzudenken. Warum konnte sie das Ding aber nicht ein bisschen ruhig halten da drin? Kam ultrahektisch rüber, die ganze Aktion.

«Putzt du dir eigentlich nie die Zähne?», fragte sie nach dem Kuss.

«Nie.» Ich grinste. Das hatte sie gut erkannt: Tatsächlich putzte ich mir die Zähne nicht mehr, seit ich meine letzte Packung Blendi aufgebraucht hatte, und das war mit elf gewesen. Irgendwie hatte ich die Grundregeln des Punk damals schon verstanden.

«Dann spielen wir jetzt Domino», rief ich. Wir mussten doch in Bewegung bleiben. Sie seufzte. Beim Domino verlor ich irgendwie auch, obwohl sie sich erkennbar keine große Mühe gab. Mist. Es war aber auch schwer, sich zu konzentrieren, mit dieser nackten Frau gegenüber. Der Grapefruitsaft, den ich ganz alleine getrunken hatte, meldete sich.

«Muss mal kurz 'n Chinesen abseilen», sagte ich. «Geh nicht weg.»

Ich musste ins Waschbecken pissen, weil mein Schwanz sich nicht krümmen ließ. Er war nun schon so lange so dick – ich hatte Lust, mir einen runterzuholen, aber das machte man ja nicht, wenn man eine Freundin hatte, oder? Zumindest nicht, wenn sie gerade zu Besuch war. Wie lange sie wohl noch blieb? Ich fasste meinen Arsch durch die Leggins an: knochig und haarig, aber irgendwie auf einmal trotzdem erotisch. Die glänzenden Leggins machten das. Warum durften Männer so was nicht tragen? Faschowelt.

Als ich mit ungewohnt lockerem Hüftschwung wieder runter in den Hobbykeller stelzte, sagte sie: «Ich hab keine Lust mehr, Domino zu spielen.»

«Wir landen doch noch bei Schaska!», lachte ich, zwinkerte ihr zu und räumte die Dominos erst mal zurück in die Schachtel. Aber: Einer fehlte.

«Hast du den einen Stein gesehn? Er muss hier noch liegen, die waren vollzählig.»

Sie schwieg und biss sich auf die Lippe. Half nicht suchen – von wegen Cherchez la femme. Cherchez NON la femme, Alter.

«Wo isser bloß?», fragte sie, aber das klang nicht wie eine Wissensfrage. Irgendwas war auf einmal mit ihr: Die Augen wirkten verschleiert und die Wangen rot.

Sie stand auf und presste ihren nackten Körper frontal gegen meinen verkleideten. Dann biss sie mir ins Ohr und flüsterte hinein: «Wo kann er bloß sein, der kleine Dominostein?»

Ich fand, wenn sie schon nicht mit suchen half, brauchte sie sich nicht auch noch lustig zu machen über mich. Da kam mir ein Gedanke: «Hast du ihn versteckt?»

Sie nickte.

«Kindskopf», sagte ich und küsste sie zärtlich auf die Wange. «Wo denn? Sag mal heiß oder kalt.»

«Ganz heiß», sagte sie. Echt? Aber wo denn?

«Wo ist er bloß?», säuselte sie. Ich kuckte unterm Sofa. Langsam nervte das hier, ey.

«Wo denn nun?», fragte ich.

«Wo bloß?», hauchte sie und legte ihre schmalen Hände auf den afromäßigen Busch, der zwischen ihren Beinen wucherte.

Ein schrecklicher Verdacht zog am Horizont meiner Seele herauf. Hatte sie sich den Dominostein – dort – hineingesteckt? In diese Wildnis? Warum um aller Heiligen willen? Das war doch total gefährlich. Was, wenn er in den Körper gesogen wird? Gleich fiel mir wieder mein Stein von damals im Krankenhaus ein, und sofort spürte ich ihn auch wieder in der Luftröhre, danke. Wir waren doch noch so jung – ich zumindest –, sollten wir hier an inneren Steinen zugrunde gehen? Und das war doch auch nicht gut für den Stein.

«Wo kann er denn sein?», flüsterte sie wieder. Jetzt fand ich's echt debil. Zum Glück hatte ich genau in der Sekunde einen rettenden Einfall, nämlich: Was soll's. Ein Dominostein mehr oder weniger ist doch egal. Domino ist ja nicht Schach. Falls der Stein wirklich da war, wo ich befürchtete, konnte man ihn eh nicht mehr gebrauchen, denn sein Geruch würde ihn ab jetzt immer verraten. Außerdem spielte ich sowieso nie Domino, hatte das jetzt nur ihr zuliebe gemacht.

«Egal», sagte ich darum, zog schweren Herzens ihre Klamotten wieder aus und gab sie ihr: «Komm, wir gehn noch 'n bisschen spazieren.»

Spazieren gehen – das war irgendwie doch das Beste. Und das war's auch, was wir die ganzen nächsten Tage machten. Unter freiem Himmel, stundenlang. Zwischendurch hielten wir immer wieder an, um uns zu streicheln und zu küssen. Am liebsten streichelte ich ihren Po, rund wie er war. Einmal fasste ich mir ein Herz und griff um den Po rum – ein weiter Griff – zwischen die Beine. Dort rieb ich. Hin und her, her und hin.

«Ich trag 'ne Binde», sagte sie nach einer Weile.

200

Ich ging mit der anderen Hand von vorne ran und schmiegte dabei meinen Kopf in ihre Schulter. Einfach mal am helllichten Tag 'ner Frau zwischen die Beine fassen und da rubbeln: Mein Leben war in so kurzer Zeit derartig anders geworden – irre. Die Augen kniff ich zu, ich wollte nicht, dass sie mich beobachtet bei dieser Sauerei.

«Das ist die Binde, was du da anfasst», sagte sie. Was wollte sie nur immer mit ihrer blöden Binde, warum ließ sie mich nicht einfach machen? Ich rieb schneller.

«Das bin nicht ich», sagte sie.

Das war nicht sie? War sie gar nicht die, die ich dachte? War sie etwa auch magisch, verzaubert, eigentlich ein Mann, vielleicht sogar ich selbst, aus der Zukunft zurückgereist? Skeptisch öffnete ich die Augen einen Spalt.

«Das ist die Bin-de.»

Jetzt kapierte ich: «Die Binde» war so eine Art Teil, das sie zwischen den Beinen trug. Fühlte sich auch genauso an, wie ein länglicher Wulst. Ich rieb trotzdem weiter, jetzt wär's doch peinlich aufzuhören, da würde sie denken, ich wüsste nicht, was ich tue.

«Egal», sagte ich noch.

«Macht's Spaß? Ich spür gar nichts», sagte sie. Ich rieb weiter, hob dann den Kopf und gab ihr einen Kuss. Machte meinen Mund schon mal auf, weil ich wusste, wer gleich kommen würde. Und tatsächlich: Flapp. Inzwischen fand ich's richtig gut. Und – vielleicht komm ich hier im Nachhinein nicht wie der größte Durchsteiger aller Zeiten rüber, aber eines hatte ich inzwischen sehr wohl gecheckt: «Putzt du dir nie die Zähne?» bedeutete: «Kannst dir ja mal die Zähne putzen», und genau das machte ich ab jetzt: putzte mir die Zähne. Morgens und abends. Und auf einmal waren sie auch gar nicht mehr so zitronengelb wie zuvor, sondern porzellanfarben. Sah ein bisschen mädchenhaft aus, aber ich hatte meine feminine Ader ja eh schon entdeckt beim Legginsabenteuer letztens.

Zwischen die Beine fasste ich aber ab da nicht mehr. Erstens wegen der Binde und zweitens, weil mir nun auch wieder der Dominostein einfiel, und ich hatte Angst, ihn dort zu entdecken: verschleimt, von Pilzen überwuchert, die Augen hohl und ausgeblichen.

«Shoot me, Fil!», würde er japsen. «Kill me, it hurts so much, please. Kill me. KILL ME!!!»

Und das würde ich nicht übers Herz bringen. Der arme Dreisechs. Tatsächlich hab ich ihn nie wiedergesehen.

Einmal trafen wir uns noch bei ihr, am Vormittag, da musste die Mutter arbeiten.

«Du bist so dünn», sagte Tanja. «Isst du nichts?»

«Nein», sagte ich, «Essen ist nur was für Idioten.»

Sie machte Eierkuchen. Irgendwie konnte sie alles.

«Und so 'ne leckeren Eierkuchen hier magst du auch nicht?»

«Nein.»

«Mit Marmelade?»

«Ich kotz gleich.»

Ich wollte unbedingt einen Eierkuchen, aber jetzt hatten wir ja leider schon diese total plausible Erklärung für meine Magerkeit etabliert: Ich aß einfach nicht. Eine gute, saubere Erklärung, gleichzeitig auch merkwürdig und mysteriös, was mir gefiel. Da musste ich bei bleiben. Der war ich also jetzt: der nie isst. Ganz gute Mischung aus magisch und irre.

Sie häufte sich beide Eierkuchen auf den Teller und fing an zu essen. Es roch so lecker, ich wollte auch was!

«Macht dir überhaupt keinen Appetit?», fragte sie kauend.

Stumm schüttelte ich den Kopf. Hatte mich nicht mal zu ihr gesetzt, sondern stand stocksteif neben dem Küchentisch.

«Merkwürdig», sagte sie und aß alles auf.

einundzwanzig

Und dann kam der letzte Abend, bevor ich aufs Schiff musste. Mindestens ein Jahr sollte ich dort bleiben, hatten sie mir gesagt. Natürlich hatte ich vor abzuhauen, aber wer weiß – vielleicht würde das nicht gut klappen.

Auf jeden Fall lautete mein Plan für diese letzte Nacht: Sex. Richtiger Sex jetzt mal, Schluss mit den Spielchen. Es war Zeit. Und mir kam es fast vor, als ob sie auch bereit dafür wäre.

Erst mal tigerten wir auf unsere übliche hinkende Weise durch die Gegend, bis es richtig spät war und bei mir zu Hause alle schliefen. Dann schlichen wir uns hoch in mein Zimmer.

Schön dunkel gemacht, ausziehen und ins Bett, das hatten wir ja alles schon geübt, und es klappte gut. Jetzt lagen wir nackt unter der Decke aneinandergeschmiegt und ließen unsere Hände sprechen. Und unsere Hände sagten: «Rauf, runter, runter, rauf.»

«Volker ist immer zu früh gekommen», unterbrach sie plötzlich das Händegeplauder. Volker war ihr Exfreund. Bei den passendsten und unpassendsten Gelegenheiten erfuhr ich ungefragt Dinge über ihn. Ich hatte schon eine richtige kleine Sammlung von Volker-Facts: Er war 36, Sportlehrer, ihre Mutter hatte ihn vergöttert, beim Tauchen ließ er unter Wasser die Augen auf. Jetzt also auch noch das: immer zu früh gekommen, ha.

«Wie ist es bei dir?», fragte sie.

«Ganz okay.»

Aber würde es auch wirklich so sein? Tja. Also, wenn ich mir einen abkurbelte, dauerte das ungefähr fünf Sekunden. Manchmal kam ich schon in dem Moment, in dem ich ihn nur berührte. War das zu früh? Wie lange müsste es denn gehen?

«Willst du … mit mir Liebe machen?», flüsterte Tanja und krallte sich meinen Hinterkopf.

«Klar», sagte ich und fing wieder an, mit meinen Händen ihren Körper rauf- und runterzustreichen. Rauf und runter, rauf und runter. Oder auch mal von links nach rechts und wieder zurück. Ich strich von links unten nach rechts oben, von da nach rechts unten. Dann kam ich durcheinander und musste noch mal von vorne anfangen.

«Bin ich die erste Frau, mit der du's machst?»

«Was? Hahaha, nee, tut mir leid, dich da enttäuschen zu müssen. Ey, voll nicht.»

«Nicht?»

«Nein, ey, haha.»

«Mit wem hast du's denn schon getan?»

«Haha, die eine hieß Nancy Stolzenhagen zum Beispiel.»

Total plausibler Name, trotzdem schien sie zu zweifeln. Um sie abzulenken, fing ich schon mal an mit dem Sex. Wusste ja, wie's ging, wer weiß das nicht. Das Glied in die Scheide. Erst mal kucken, wo die Scheide ist. Da unsere Geschichte in den Achtzigern spielt, war das allerdings nicht so klar. Sehen konnte man schon mal nichts in dem Urwald. Ich wollte da auch nicht so genau hinkucken, aus Angst, plötzlich die zerfressene Visage von Dreisechs vor der Pupille zu haben. Also kniff ich die Augen zu und fummelte mich durchs Dickicht. Ich fand aber nicht, was ich suchte: ein kreisrundes Loch. So hatte es nämlich in dem Traum ausgesehen, den ich vor einem Jahr gehabt hatte und in dem ich tatsächlich schon einmal Sex gehabt hatte, wenn auch nicht mit Nancy, sondern mit irgendeiner Unbekannten, die aber immer wieder drauf hingewiesen hatte, wie sehr ihr das gefalle. Dieser Traum hatte sich so logisch angefühlt, und NATÜRLICH musste da unten ein Loch sein. Mindestens eins.

Bei Tanja war aber keins, sondern nur lauter Falten, die sich gegenseitig überlappten. Ich stieg nicht durch. Wenigstens war es trocken da unten, das wär ja wirklich zu bescheuert gewesen, wenn sie schon wieder abgespritzt hätte, bevor es überhaupt losging.

«Kannst du mir noch mal helfen, ich hab 'n bisschen vergessen, wie's geht», sagte ich beiläufig, und die Finte haute hin: Sie nahm meinen Schwanz in die Hand und drückte ihn da unten gegen. Und auf einmal gab dieser komische Vorhang, oder was das war, nach, und sein Kopf war drin.

«Jetzt kann ich wieder alleine!», rief ich und drückte weiter. Sie schrie leise auf.

«Nicht so schnell! Langsam bitte!»

Sie küsste mich und streichelte meinen Po. Und langsam, Stück für Stück, rutschte der Schwanz immer tiefer rein.

Okay, ab jetzt immer rein und raus. Das alte Rein-und-raus-Spiel.

Also zog ich ihn wieder raus. Jetzt war er draußen. Jetzt wieder rein. Mist, muss man noch mal den Eingang finden. Sesam, Sesam … sie half mir wieder und hielt mich diesmal am Hintern fest, und da kapierte ich: Er geht nicht jedes Mal ganz raus, er täuscht nur an. Ich ruckelte hoch und runter, vor und zurück, den ganzen Körper setzte ich in Bewegung, bloß damit der Kleine da unten seins machen konnte.

Es war geil genug, dass er nicht wieder zusammenfiel, aber im Vergleich zu Streicheln oder Küssen war es überhaupt nicht geil, sondern nur anstrengend.

Sie machte Geräusche, ich biss die Zähne zusammen. Ruck ruck ruck.

Scheiße, das war ja wie Sportunterricht. «Los runter, wir machen 100 Arsch-Liegestütze!» So hatte ich es mir nicht vorgestellt. Und es hörte nicht auf.

Nach einer sehr langen Zeit waren wir beide schweißdurchnässt. Wieso eigentlich sie auch? Lag ja nur so da. Na, vermutlich mein Schweiß. Ich ruckte weiter und weiter. Absurd, wie lange man eine Bewegung durchhalten konnte, ohne sie zu kapieren. Ich ruckte vor und zurück, von rechts nach links, machte Halbkreise, Ellipsen, Achtecke.

Ich stößelte, mörserte, hämmerte, sägte, salzte; alles fühlte sich falsch an. Außerdem kam ich mir total blöde vor, so nackt. Nackt mit dem Arsch oben wie in einem Witzfilm, das war doch nicht mehr der originale Punk-Rock-Gedanke hier.

Draußen wurde es schon hell. Die Vögel begannen zu singen. Verglichen mit dem zarten Gezwitscher kamen mir die Geräusche, die Tanja die ganze Zeit von sich gab, extrem leidend und gequält vor. Ihr Gesicht war auch schmerzverzerrt, fiel mir jetzt auf, und genau in dem Moment, wo mir das auffiel, rief sie: «Auuu! Au, das tut weh, hör mal bitte auf. Aufhörn!»

Ich zog ihn raus.

«Runter», rief sie, «runter!», und stieß mich mit aller Kraft weg. Sie rieb sich den Unterleib.

«Au, deine spitzen Hüftknochen haben mich hier ganz wund gerieben, ich kann nicht mehr.»

Ich schaute hin und erschrak: Im durch den Vorhang dringenden Morgenlicht war deutlich zu erkennen, was ich angerichtet hatte: alles total rot und aufgescheuert. Shit! Diese miesen Knochen von mir! Ich war viel zu dünn für Sex, war ja klar gewesen.

«O Gott, das tut mir total leid.» Hilflos fuchtelte ich durch die dicke Luft, die inzwischen herrschte, Sportumkleide war Xanadu dagegen.

Sie lächelte und gab mir einen Kuss auf die Nase. «Aber sonst ist es total schön. Du bist wenigstens ein richtiger Mann.»

Wir küssten uns. Tausendmal besser als die Schmirgelgymnastik von eben.

Sie schmiegte sich an mich, jetzt spürte ich auch endlich mal wieder ihren überirdischen Körper. So lang und lebendig und voller Kurven. Die wunden Stellen kuckte ich mir nicht an. Ich war ein richtiger Mann. Wenn ich geraucht hätte, hätte ich jetzt geraucht.

«Willst du nicht kommen?», fragte sie nach einer Weile.

«Bin ja nicht Volker», konnte ich mir nicht verkneifen.

Sie glitt an mir runter und nahm meinen Schwanz in den Mund, verzog aber sofort das Gesicht und spuckte ihn wieder aus. Was nahm sie den auch in den Mund, die Spinnerin! Irgendwie inszenierte sie sogar noch bekloppptere Verwirrspiele als ich. Wozu denn jetzt noch? Das brauchten wir doch gar nicht mehr, war doch gerade so schön gewesen.

«Weißt du, wie wir's auch machen könnten? So», sagte sie dann, drehte sich um und hielt mir ihren Hintern hin. Dann griff sie hintenrum, nahm meinen Schwanz und justierte ihn. Hätte nie gedacht, dass das auch geht. Also gut. Puh. Pause vorbei. Wenn du ein richtiger Mann bist, musst du auch einer sein.

Ich stieß beherzt zu und spürte sofort einen stechenden Schmerz.

Schmerzen gehörten hier ja anscheinend dazu, also versuchte ich das zu ignorieren und machte weiter. Aber der Schmerz ging nicht weg, und der Schwanz fühlte sich auf einmal komisch an, locker irgendwie, da stimmte was nicht. Ich zog ihn schnell raus und erstarrte: Er war dunkel vor Blut.

«Hilfe», flüsterte ich.

Sie drehte sich um: «Oh, Blut», sagte sie. «Ist das von mir?»

Mir wurde schlecht, das Zimmer fing an sich zu drehen, während sie meinen Jungen in die Hand nahm: «Ach nein, hier ist, glaub ich, was eingerissen, siehst du?»

Gegen alle Instinkte sah ich kurz hin und konnte eine winzige Blutfontäne sehen, die mein Junge ausstieß. Er sah aus wie ein winziger wütender Wal. Dann wie eine fertige Flunder. Kalkweiß zog ich die Bettdecke drüber.

«Lass mich noch mal kucken», sagte sie. Ich schüttelte den Kopf und starrte hoch an die Decke.

«Wolln wir ins Krankenhaus?»

«Schlafen», sagte ich. Mein Penis blutete aus wie ein Schwein auf der Schlachtbank. Ich fühlte das Blut sickern und sickern.

«Kann ich irgendwas tun?», fragte sie.

«Hast wohl noch nicht genug getan», dachte ich bitter und schüttelte den Kopf.

«Ich liebe dich», flüsterte sie mir ins Ohr.

Das haute mich um. Kurz vergaß ich den Zerfetzten, umarmte und küsste sie und flüsterte: «Ich dich auch. Ich liebe dich auch. Ich liebe dich.»

Sie schlief ein mit dem Kopf auf meiner Schulter. Vorsichtig richtete ich mich auf und betrachtete sie. Im Schlaf sah sie so atemberaubend schön aus, dass mein Herz in die Knie ging. Die Wimpern, die Nüstern, der geschwungene schmale harte Mund, der sogar jetzt noch in den Ecken zu lächeln schien – alles war vollkommen. Mein Puller tat weh, aber mein Herz noch mehr: Erst jetzt wurde mir klar, dass wir uns für lange Zeit trennen würden, gleich. Vorsich-

209

tig streichelte ich ihre Schulter, und sie seufzte und lächelte ein bisschen mehr. Da wusste ich: Egal, wie lange ich über die Meere schippern müsste, das hier war die Frau meines Lebens. Sie würde auf mich warten, und nichts konnte unsere Liebe zerstören.

Ich roch an meiner Hand. Sie roch nach ihrer Muschi. Diese Hand würde ich mir nie mehr waschen.

Nach einer Weile ging ich aufs Klo, stellte meine Augen unscharf und versuchte, die Vorhaut des Kleinen zurückzuziehen. Es tat weh. Alles war voll mit verkrustetem Blut, ich wusch es ab, so gut es ging. Dann packte ich ihn ein und versuchte, nicht mehr drüber nachzudenken.

Um sechs klingelte der Wecker. Mein Vater würde bald aufstehen, um mich zum Schiff zu fahren, da musste Tanja vorher verschwunden sein.

«Wie geht's dir – da unten?», fragte sie mit einem Kopfnicken in Richtung des Kleinen, der sofort dick wurde, weil über ihn gesprochen wurde. Das schmerzte allerdings so stark, dass er gleich wieder abschwoll.

«Alles okay», sagte ich.

«Soll ich nicht doch mal nachsehn?»

Wieder wurde er dick. Wieder schmerzbedingt schlaff. Dick und Doof. Lass uns mal das Thema wechseln.

«Ich liebe dich», flüsterte ich.

«Ich dich auch.»

Dann gab ich ihr mein Abschiedsgeschenk: eine große schwere Kiste mit meinem ganzen bisherigen Leben. Meine Playmos waren darin, mein Lego, die Zahnspange, ein «Sexy»-Heft, das ich mich mal am Kiosk zu kaufen getraut hatte, mein Revolver und die Reste des inzwischen komplett kaputt gedrückten Bodymasters zusammen mit dem inspirierenden Arnold-Comic.

«Was soll ich denn damit?», fragte sie, die Symbolik nicht gleich erfassend.

«Kannst du alles behalten», sagte ich. «Kuck, die Spange ist noch gut.»

Neckisch wollte ich ihr das rostige Teil einsetzen, aber sie drehte den Kopf weg.

Oben hörte ich meine Eltern sich rühren, wir mussten uns beeilen.

An der Haustür hielt sie mir noch mal die Kiste hin. «Brauchst du die Sachen nicht noch?»

Ich schüttelte den Kopf. Sie seufzte. «Na gut, ich pass drauf auf, bis du wiederkommst.»

Sie griff mich an den Ohren, zog meinen Kopf ran und gab mir einen letzten krachenden Kuss. Dann ging sie, und ich sah ihr nach.

zweiundzwanzig

Mein Vater fuhr mich nach Kiel, und dort wurde ich Gerd übergeben, einem logischerweise langhaarigen und bärtigen Sozialarbeiter, der mich mit seiner – warum schreib ich das extra dazu? – Ente bis zum Schiff fahren würde.

Schweigsam war ich die Fahrt über, wegen der Liebe und wegen dem zerrissenen Schwanz. Dafür redete Gerd. Anscheinend erklärte er mir irgendwelche Grundregeln von irgendwas. Zustimmend schnupperte ich an meiner Hand.

Gerd meinte: «Man riecht schon, dass wir gleich am Hafen sind.»

Am Hafen stiegen wir aus und gingen auf ein runtergekommen und wirklich alt aussehendes Segelschiff zu, mit Holzplanken, eisernen hundertfach vermutterten Bullaugen und einer original gestrickten Strickleiter, die piratenmäßig hoch zum Mastkorb führte. Die Segel waren blutbraun.

Gerd sprang mit der unguten Lockerheit eines Weberknechts an Bord. Ich glitt mehr oder weniger auf allen vieren hinterher. Es schwankte.

Gerd verschwand kurz unter Deck und kam wieder hoch, mit einem breitschultrigen Mann mit rotem Bart und einer eigentlich sogar ganz gutaussehenden Frau an seiner Seite: «Fil, das sind Piet und Lisa.»

Ich zwinkerte in die Sonne, murmelte «Hei» und roch an meiner Hand.

«Bist du die Fil», sagte Piet, hob einen großen braunen Umschlag in die Höhe und wirbelte ihn über seinem Kopf herum. «Alles, was wissen muss ich. Haben wir hier Akte – steht alles fein säuberlich drin, was die Fil hat gemacht für Pipikram, wo Schraube locker, warum muss auf Schiff. Les ich die nicht, mach ich gar nicht auf. Will ich nicht wissen, was die Fil hat gemacht vorher, interessiert mich nix. Interessiert mich nur, was die Fil macht jetzt. Wenn gut, ist gut. Wenn nix, zack wieder runter von die Schiff.»

Gerd nickte zufrieden.

«Zeigt dir die Mirco alles», sagte Piet. «Kannst du gleich anfangen zu arbeiten und mit die die Wassertank streichen. Mirco!»

Ein Typ in meinem Alter kam die Strickleiter runtergeklettert. Er trug einen öligen alten Overall und kaute auf einem Streichholz. Als er mich erblickte, hob er die Augenbrauen und grinste.

«Du, ich muss wieder los», sagte Gerd und sah mich an, als könnte das ein Problem für mich sein.

Ich nickte. «Komm mit», sagte Mirco, nahm irritierenderweise meine Hand und führte mich eine kleine Treppe runter in die Küche.

Sie war nicht groß, aber alle nötigen Sachen schienen da zu sein. Hingen an Haken.

«Klo ist nur zum Scheißen», sagte Mirco und zeigte auf eine niedrige Tür. «Niemals Pissen. Wir spülen mit Trinkwasser. Wenn du pissen musst, dann über Bord.»

«Alles klar», sagte ich und dachte: «Never.» Wir gingen aus der Kombüse raus durch einen schmalen Gang, an dessen Seite eine Tür war.

«Die Kabine von Piet und Lisa», sagte Mirco und grinste dabei.

Der Gang führte in einen längeren gemütlichen Raum, in dem ein großer schwerer Holztisch und ein paar Bänke mit Metallwinkeln am Boden befestigt waren. Eine alte Gaslampe baumelte darüber.

Licht kam von oben durch zwei Bullaugen und eine Art Schiebedach, das offen war.

«Gemeinschaftsraum. Essen und alles. Hier schlafen wir auch.»

«Äh. Wo denn?»

Mirco klopfte an eine Wand, und nun sah ich, dass dort vier längliche Schiebetüren waren.

Er zog die vorderste untere auf: «Das ist deine Koje.»

Sah aus wie ein Sarg von innen.

«Leg dich mal rein.»

«Okay», sagte ich und faltete mich in die Kiste. Füße und Kopf stießen vorne und hinten fast an, und die Bretter der Koje über mir waren unangenehm nah an meinem Gesicht.

«Bequem?», fragte Mirco.

«Geht.»

Da schob er blitzschnell die Tür zu, und ich lag im Dunkeln. Tastend machte ich eine kreisrunde Einbuchtung aus, an der man die Tür wohl von innen wieder aufmachen konnte, aber das versuchte ich gar nicht erst. Es war eh klar, dass Mirco draußen mit aller Kraft dagegenhielt, ich konnte ihn gepresst atmen hören. Und er war sicher zehnmal stärker als ich. Von innen würde ich die Tür niemals aufkriegen, es wäre nur total demütigend, wenn ich es versuchen würde. Also blieb ich still liegen und wartete darauf, dass ihm langweilig wurde. Es war stockdunkel. Mit offenen Augen sah ich nur Schwärze. Es war wie blind sein. Es war nicht gut.

Nach einer Weile machte Mirco die Schiebetür wieder auf, aber statt mich rauszulassen, hüpfte er rein zu mir. Ich richtete mich auf und wollte raus, doch er hielt mich fest.

«Was soll das jetzt?», murmelte ich leise und zaghaft wie zu mir selbst.

Er antwortete nicht. Kaute auf seinem Scheißstreichholz.

«Lass mich mal raus», sagte ich. Er versperrte den Ausstieg mit seinem Arm. Dann legte er mir die Hand aufs Knie.

Er streichelte es, seufzte zufrieden und sagte dann: «Ich komm hier immer rein, wenn ich will, kannst du nix machen. Und dann fick ich dich in den Arsch. Weil du meine kleine Schwuchtel bist. Bist doch meine kleine Schwuchtel, stimmt's?»

«Nein.»

Er nickte. «Dich fick ich, wann immer ich Bock drauf hab. Was willste denn dagegen machen?»

«Wirste dann ja sehn. Jetzt hau ab.»

Er blieb sitzen und streichelte meinen Oberschenkel.

«Mirco! Fil! Wo sind dann die Jungens?», rief Piet von oben. «Kommt dann mal, Arbeit macht nicht von alleine!»

Mirco rubbelte noch ein bisschen meinen Oberschenkel rauf und runter, dann sprang er aus der Koje. Prüfend besah ich ihn mir von hinten: Er war etwas kleiner als ich, hatte aber viel breitere Schultern. Wie sollte ich mich gegen diesen Sack wehren? Shit.

Ich stolperte hinter ihm her nach oben, knallte mit dem Schädel dabei gegen dieses und jenes. Das ständige Schwanken machte mich verrückt.

«Kommt dann mal schneller, wenn euch rufe, Jungen», sagte Piet und verteilte dicke Pinsel und zwei Eimer mit hellgrüner Farbe: «Geht ihr jetzt mal die Tank streichen.»

Er zeigte auf eine große rechteckige Luke aus schwerem Metall vorne auf dem Schiffsdeck. Mirco öffnete sie, und wir stiegen runter.

Wir konnten aufrecht dort unten stehen. Schweigend machten wir uns an die Arbeit. Na ja, nicht ganz schweigend: Mirco pfiff zischend durch die Zähne, ein Sound, der für mich noch nie funktioniert hatte.

Ich musste diesen Typen unbedingt von meinem Schlafsarg fernhalten. Bloß wie? Vielleicht ihm einmal von hinten was Schweres über den Schädel ziehen? Bei dem Gedanken musste ich lachen. Mirco stimmte in mein Lachen ein. Komischerweise konnten wir beide dann gar nicht mehr aufhören zu lachen. Wir strichen und lachten. Irgendwann lachten wir nur noch.

«Jungen!», hörten wir von weit weg. Darüber lachten wir noch mehr.

Piets bärtiger Kopf erschien oben in der Einstiegsluke. Wie witzig das auch wieder aussah!

«Kommt dann mal hoch für die Abendessen, aber wascht ihr vorher noch Pinsel aus, sonst kannst du gleich wegschmeißen.»

Prustend versuchten wir aus dem Tank zu klettern, aber es ging irgendwie nicht. Alles drehte sich. Oben war unten. Übel war mir auf einmal auch, trotzdem lachte ich weiter.

Als wir endlich oben an Deck waren, sackten wir gleich zusammen wie mit Wasser gefüllte Plastiktüten. Der Himmel war irrsinnig blau. Tiefstblau. Und so unendlich weit. Wahnsinn. So war also das Leben auf hoher See. Ha. Haha.

«Die sind total breit», sagte Lisa. «Von den Lackdämpfen.»

«Geht gleich vorbei», sagte Piet. «Aber vergesst ihr nicht Pinsel auswaschen.»

Mirco und ich lachten noch eine Weile tonlos am Boden. Dann stand er auf und hielt mir die Hand hin. Ich nahm sie, und er half mir auch hoch.

«Geil, diese Dämpfe», sagte ich.

«Heute Nacht wirst du in den Arsch gefickt», erwiderte er.

Nach dem Pinselwaschenvergessen hockten wir uns unten an den großen Tisch. Außer Piet und Lisa saßen da noch zwei andere: ein ungefähr fünfzehnjähriger Junge mit blonden Haaren und Brille und ein Dicker mit Silberblick, der eine Wollmütze auf dem Kopf hatte.

Ein Dritter kam rein mit einem beladenen Tablett. Er hatte eine schlecht geschorene Glatze und stechende Augen. Er sah aus wie ein Wahnsinniger.

«Jungens, das ist unser Neue: die Fil», stellte Piet mich vor. «Fil, das ist die Benedikt und die Olli.» – Er zeigte auf den Dicken und den Blonden. – «Und die heute hat gekocht, heißt auch Mirco.»

«Alle nennen mich Guru», sagte der zweite Mirco und lächelte. Allerdings nur mit dem Mund.

Es gab Kartoffeln und Fisch. «Hat die Guru selbst gefangen», sagte Piet.

«Ja, der Ficker schwamm direkt vorm Bug rum, war schon halbtot. Musste ihn nicht mal angeln, hab ihn einfach so aus der Brühe gefischt.»

Piet nickte begeistert und schob sich eine Gabel hinter den Bart. Guru setzte sich, nahm sich auch was von dem Fisch und sagte dann: «Vorher hab ich noch raufgepisst.»

Lisa spuckte auf den Tisch, was sie im Mund hatte, sprang auf und rannte raus. «Ganz toll, Guru», sagte Piet. «Hast du dann richtig toll gemacht, freu mir.» Er stand auf und ging Lisa hinterher.

«Ich hab doch nicht wirklich raufgepisst!», rief Guru

ihm nach, drehte sich dann aber zu mir und flüsterte augenzwinkernd: «Obwohl: eigentlich doch.» Und wie der größte Idiot des Universums zwinkerte ich zurück und steckte mir eine Gabel mit Fisch in den Mund.

«Wer will meins?» Olli schob seinen Teller von sich weg. Gurus Augen verengten sich, und ein böses Feuer begann in ihnen zu lodern. Da kamen Piet und Lisa zurück. Arm in Arm. Lisa sah aus, als hätte sie geweint, aber jetzt lachte sie.

Guru ging nach vorne in die Kombüse, um abzuwaschen. Benedikt zündete sich eine Zigarette an. Er wirkte irgendwie weggetreten.

«Ooh, kann ich 'ne Zichte von dir haben, Benedikt, Alter?», fragte Olli.

Benedikt holte die Zigarettenpackung aus seiner Hemdtasche.

«Von denen hier?», fragte er.

«Ja, geil, korrekt. Hab meine alle schon weggeraucht und voll Schmacht. Danke, ey, bist 'n Kumpel.»

Benedikt betrachtete die Packung von allen Seiten.

«Nein», sagte er dann langsam und steckte sie wieder weg. «Ich geb dir keine. Das sind Mentholzigaretten, und die» – hier blies er genussvoll den Rauch aus – «schmecken besonders gut.»

«Du Saukerl», fluchte Olli. Benedikt lächelte.

«Rauchst du?», fragte mich Olli. Ich schüttelte den Kopf.

«Raucht die Olli dann heute mal nicht, wo ist die Problem. Ist das sowieso nicht gut für ein Jungen», sagte Piet und haute Olli auf die Schulter, worauf der so niedlich beleidigt kuckte, dass ich lachen musste.

«Komm, wir machen Armdrücken, Alter!», rief Mirco. «Wenn du mich schaffst, geb ich dir was von meinem Tabak.» Er wedelte mit einer blauen Drumpackung vor Ollis Nase herum. Olli schnappte fast danach.

«Okay! Aber wirklich!», rief er und stellte seinen rechten Arm in Position.

Mirco griff danach, und sofort verzerrte sich Ollis Gesicht. Er wurde knallrot. Anscheinend drückte er mit aller Kraft. Sein ganzer Körper verbog sich. Es sah wieder extrem lustig aus. Mircos Arm bewegte er um keinen Millimeter.

«Mach doch mal», sagte Mirco.

«Ich … mach ja …», keuchte Olli.

«Ich merk gar nichts.»

«Gnnnnnn …»

Ohne Mühe drückte Mirco Ollis Arm runter.

«Jetzt wir, komm!», sagte er dann zu Benedikt. Benedikt lächelte gutmütig.

Mirco drückte ihn ebenfalls runter wie nix.

«Nur fett, die fette Sau», lachte er und sah zu mir.

«Jetzt wir.» Er hielt mir seinen Arm hin. Als ich meinen danebenstellte, griff er so fest zu, dass er mir fast die Finger zerquetschte.

«Wartet mal, so geht das nicht», sagte Guru, der unbemerkt vom Abwaschen zurückgekommen war. «Da fehlt noch was.»

Er nahm zwei Reißzwecken vom Regal, die er rechts und links von unseren Armen hinlegte.

«Nein, das ist zu brutal», sagte Lisa und nahm sie wieder weg.

«Bereit?», fragte Mirco.

Ich schaute auf Mircos Arm. Total muskulös. Der sowieso schon kurze T-Shirt-Ärmel extra noch hochgekrempelt. Nie im Leben würde ich den besiegen können, Shit.

Da fiel mir was auf.

Erst konnte ich's nicht glauben – aber doch, es war so! Mein Kopf schwirrte. Ich konnte es nicht fassen.

Mirco fragte noch mal: «Bereit?»

«Darf mir nichts anmerken lassen», dachte ich. «Muss ihn in Sicherheit wiegen.»

Betont zaghaft nickte ich. Sofort drückte er zu. Richtig doll.

Er wollte es schnell zu Ende bringen, bloß das würde nicht klappen. Ich konnte hier überhaupt nicht verlieren, selbst wenn ich gewollt hätte. Mein klapperdürrer Unterarm war nämlich ein ganzes Stück länger als seiner. Er war ein *längerer Hebel. Wenn man einen längeren Hebel hat, braucht man weniger Kraft.* Das Hebelgesetz. Weniger Kraft hatte ich, den längeren Hebel hatte ich auch, das heißt, das Hebelgesetz war erfüllt.

Das gute alte Hebelgesetz, mein Kumpel aus früheren Zeiten, würde mir jetzt im wahrsten Sinne des Wortes den Arsch retten, wer hätte das gedacht!

Mirco drückte mit aller Kraft und versuchte dabei immer noch zu grinsen, was ihm sichtlich schwerfiel.

«Action, ihr Flachwichser», feuerte Guru uns an. Er hatte sich seine Reißzwecken in den Mund gesteckt und kaute darauf herum.

«Er macht ja nichts», sagte Mirco.

«Mach du doch selber was, du Schwanz!», rief Olli. «Ihn schaffste nicht.»

Und genauso würde es sein. Hebelgesetz.

Das Hebelgesetz war jetzt mal keine Phantasterei, die ich mir mit meinen Playmobilfiguren zusammengespielt hatte, es war ein eisernes Gesetz der Physik. Das einzige, das ich kannte, aber auch das geilste.

Eine Weile ließ ich Mirco sich noch abmühen, dann hebelte ich ihn runter. Wamm!

«Mit links!», rief er wütend und rieb sich den Arm.

Mit links ging's natürlich genauso.

Dann wollte er noch mal mit rechts. Und noch mal. Je öfter wir es machten, umso schneller besiegte ich ihn.

«Stark wie ein Bär, die Fil», sagte Piet.

Gedemütigt drosch Mirco Olli die Faust in die Seite.

«Aua, ey, du Sau», sagte der.

«Mirco, lass dann die Olli», sagte Piet. «Ist die Fil die neue Stärkste jetzt, kannst du nix machen.»

Der Stärkste! War ich noch nie gewesen. Aber umso besser.

Guru hatte sogar noch kürzere Unterarme als Mirco. Am besten stellte ich bei dem auch gleich klar, was Sache war.

«Komm, jetzt wir», sagte ich darum und hielt ihm meinen Arm hin. Ohne hinzukucken, packte er meine Hand und schmetterte sie in einer Bewegung auf den Tisch. Es fühlte sich an, als hätte er mir den Arm gebrochen.

«Mit links», schlug ich vor. Er packte zu, knallte meine Hand auf den Tisch, hob sie wieder kurz an und knallte sie noch mal runter.

Dann spuckte er eine Reißzwecke aus.

«Scheiße, wo ist die andere?», fragte er und fasste sich an den Hals.

«Haste runtergeschluckt, du Arschloch! Ist DAS ein dummes Arschloch!», rief Olli. Dafür, dass er der Schwächste war, hatte er eine ganz schön große Klappe.

«Bist du selber schuld, nimmst du die Dingen immer in die Mund. Brauch ich den auch. Kaufst du mir neuen», sagte Piet, nahm ein Päckchen Karten und fing an sie zu verteilen.

«Ich kack ihn dir wieder raus», sagte Guru.

«Will ich dann nicht mehr die. Kannst du behalten. Kommt die eh nicht raus, schlitzt erst mal allen Organen auf.»

«Geht's dir gut?», fragte Lisa und berührte Guru an der Schulter. Er zuckte zusammen und drehte sich weg. Mirco lachte neben mir ein tonloses Lachen und schüttelte den Kopf.

Wir spielten Mau-Mau und Poker um Streichhölzer bis nach elf. Dann reckte sich Piet, zwinkerte Lisa zu und sagte: «Ab dann in die Kojen die Jungen. Viel zu tun morgen.»

Dann zogen die beiden ab.

«Jetzt ficken die», sagte Mirco und vielleicht hatte er ja recht. Ich wusste aber auch etwas, nämlich welche beiden Sportsfreunde heute Nacht *nicht* ficken würden. Und zwar waren das er und ich.

Wir machten uns zum Schlafen fertig.

«Kuck dir Benedikt an, immer noch dieselbe verkeimte Büx», rief Olli. «Ey, Benedikt! Ist dir kalt?»

Benedikt lächelte versonnen und schwieg. Er trug unter

seiner Cordjeans eine lange Unterhose, die schon ein bisschen gelblich wurde. Nun zog er sich noch dicke Wollsocken an und kletterte in seine Koje, die, wie ich nun sah, leider direkt über meiner war. Die Bretter bogen sich knirschend, als er sich oben hinlegte. Ob sie wohl brechen würden? Der albernste Tod der Welt: unter diesem wirren Lächler begraben. Wenigstens würde ich nicht als Jungfrau sterben. Ich zog die Kojentür zu und kuckte nicht hoch. Es war eh stockdunkel. Man fühlte sich wirklich wie in einem Sarg.

Ich dachte an Tanja. Kam mir vor wie aus einer anderen Welt. War das alles wirklich passiert? Hatte ich Sex gehabt, meinen ersten Sex? Mein Schwanz pochte und sagte ja. Die Eichel erhob sich, was sofort wieder stechenden Schmerz zur Folge hatte. Da legte er sich wieder hin. Hatte es in meiner Hose genauso eng und dunkel wie ich jetzt hier in meiner Kiste.

Nach einer Weile hörte ich von draußen Schnaufen, leise Flüche und Gekicher.

«Aua, du Saukerl, iiih, ey, hau ab!»

Es kam aus Ollis Koje schräg gegenüber von meiner. Ich schob meine Tür wieder auf und sah Mirco und Olli da oben verwoben in einem Knäuel der Lust.

«Auaa, die Sau, er geht mir anne Ritze! Er steckt mir den Finger in die Kimme!», rief Olli. Mirco kicherte hysterisch.

«Ey», sagte ich.

«Iiiih boa, die schwule Sau, er hat 'n Dicken», keuchte Olli.

«Ey, Mirco. Raus da», sagte ich. «Lass ihn in Ruhe!»

«Ich mach doch nur Spaß», sagte Mirco.

«Ja, von wegen nur Spaß, verpiss dich mit deinem Dicken, du notgeiler Sack!», rief Olli.

«Los jetzt», sagte ich und packte Mirco am Ärmel, «geh raus aus seiner Kombüse.»

«Koje heißt das», sagte Mirco, kletterte aber tatsächlich raus. Sein Gesicht war rot, und die Haare standen in alle Richtungen ab, aber er grinste wie immer und hatte tatsächlich immer noch sein Streichholz drin.

«Bis zum nächsten Mal», hauchte er und warf Olli einen Luftkuss zu. «Er kann dich nicht immer beschützen.»

«Doch», sagte ich und fühlte mich wie Conan selbst. Schnallte dieser Idiot nicht, dass ich überhaupt nichts draufhatte? Offensichtlich nicht. Durch das Armdrücken war die Rangfolge geklärt worden, und er stellte das nicht mehr in Frage. Diese Rangfolgenwelt war neu für mich. Als Schwulibert, Krüppel und Punk war ich ja immer außerhalb jeglicher Wertung gelaufen. Aber diese neue Welt gefiel mir. Sie gefiel mir sehr.

«Machste bisschen Einschlafmusik, Mirco?», fragte Guru.

«Okay», sagte Mirco. Er hatte einen kleinen Plastikblaster in seiner Koje, spulte zurück, und nach einer Weile erklangen Nena und Markus mit ihrem schrottigen Hit «Kleine Taschenlampe brenn».

«Das ist nicht euer verfluchter Ernst, oder?», fragte ich.

Keine Antwort.

«Habt ihr nichts anderes, ey? Komm, das hält man ja nicht aus.»

«Ist doch schön zum Einschlafen», murmelte Mirco wie von weit weg.

«Olli, das kannst du doch nicht wirklich gut finden», sagte ich.

«Halt die Fresse, Fil, und lass uns pennen», sagte Olli.

Ich brauchte ein paar Tage, bis ich die wahre Bedeutung der «Einschlafmusik» gecheckt hatte; in dieser ersten Nacht war ich erst mal nur verblüfft und genervt. Nena. Markus. Die Verräter. Beide waren ja mal gut gewesen. Nena mit «Nur geträumt» und Markus mit «Ich will Spaß». Und dann: Hitparade, MAZ ab, kleine Taschenlampe. Ich hasste diese Nutten. Selber hatte ich ein paar Kassetten mit den Sex Pistols dabei, mit Stromsperre und vor allem meiner neuen Lieblingsgruppe, den Toten Hosen. Ich zog meine Kojentür zu und versuchte an dem Geschmalz vorbeizuhören, eine Übung, die selten klappt. Benedikt schnarchte. Nach «Kleine Taschenlampe brenn» kam noch mal «Kleine Taschenlampe brenn». Irgendwann schlief ich ein.

In dieser Nacht träumte ich von – keine Angst, das schreib ich jetzt nicht. Interessant für euch ist, glaub ich, eher, wie ich erwachte, nämlich erstens ganz schön früh – es war noch dunkel draußen – und zweitens in eine ernüchternde Nässe hinein. Was mir keiner gesagt hatte: Wenn du die Kojentür über Nacht zumachst, ersäufst du in deinem eigenen Kondenswasser. Wände, Matratze, Decke, Kissen – alles klatschnass. Besonders nass war es allerdings zwischen meinen Beinen, denn ich hatte zusätzlich noch ins Bett gepullert. Zum ersten Mal seit zehn Jahren. Okay, jetzt erzähl ich euch doch, was ich geträumt hatte: nämlich dass ich auf die Toilette geh. Der übelste Traum, den ein Kind haben kann. Aber – hä? – ich war doch kein Kind mehr, Mann! Vielleicht war es das Schaukeln des Schiffs in Kombination mit der generellen Nässe, vielleicht auch der Einfluss kosmischer Harnstromstrahlen von Alpha Centauri oder die Regierung. Auf jeden Fall musste ich jetzt schnell reagieren und alle Spuren beseitigen.

Ich rollte mich aus der Koje und zog das Laken von der Schaumgummimatratze: Es fühlte sich sehr klamm an, in der Mitte war ein großer nasser Fleck. Auf der Matratze leider auch. Dreck.

Ich keilte die Matratze aus der Koje, zog meine nasse Unterhose und mein T-Shirt aus, das ich mir notdürftig um die Hüften band. Dann packte ich alles und schlich nach oben an Deck.

Die Unterhose schmiss ich über Bord. Gott mit dir, Santa Esmeralda. Und jetzt? Beim Steuerrad stand ein Eimer, an dem ein Seil befestigt war. Den warf ich aus. Schöpfte brackiges Hafenwasser damit, das ich über die Matratze kippte. Dann schöpfte ich noch mal den Eimer voll, kniete mich hin und wusch das Laken. Dabei musste ich leise lachen: Ich nun wieder! Mein Blick schweifte übers Schiff. Plötzlich erstarrte ich: Fünf Meter von mir entfernt stand Olli und sah mich an.

«Alter», sagte ich, «wollte mal kurz waschen, ey.»

Olli murmelte etwas Unverständliches. Meine über Bord geworfene Unterhose leuchtete weiß und schwappte gegen den Schiffsrand. Geh unter, Santa Esmeralda, oder segel in die Welt hinaus, aber bleib nicht hier, verdammt! Ich kann nichts mehr für dich tun, unsere Zeit ist vorbei.

«Was geht ab, Alter?», fragte ich. Olli stand einfach da und schwankte leicht hin und her wie ein Geist.

«Die Fotze», sagte er dann, drehte sich um und ging langsam wie ein Zombie zum Schiffsrand. Dort stand er mit dem Rücken zu mir.

«Olli?», fragte ich. Er schüttelte den Kopf.

«Fotze. Dumme Fotze», sagte er. Dann ging er zum Kajüteneingang und wankte langsam hinunter.

Es wurde schon hell. Hektisch wusch ich weiter. Waschen mit dreckigem Hafenwasser und ohne Waschmittel bringt dich nur zu einem bestimmten Punkt, nämlich zu dem, wo es wenigstens nicht mehr nach Pisse stinkt, aber weiter wollte ich auch gar nicht. Ich legte mein Laken über die schräge Stange, die da unten vom Mast abging, lehnte die Matratze gegen den Mast selbst und ging ebenfalls wieder runter.

Dort öffnete ich meine Kiste – jeder von uns hatte unten eine Kiste für seinen Kram –, holte eine frische Unterhose raus, und gerade als ich die anhatte, schlängelte sich Guru aus seiner Koje. Er zwinkerte mir zu.

«Ich geh meditieren», flüsterte er, warf einen kurzen Blick in meine Koje, nickte, als würde die feuchte Matratzenlosigkeit dort nicht nur vollkommen Sinn ergeben, sondern ihn darüber hinaus in allen bisherigen Entscheidungen seines eigenen Lebens bestätigen, und fragte dann: «Willst du mitkommen?»

«Ja», sagte ich. Lieber nicht dem Verrückten widersprechen.

Wir zogen uns an, kletterten nach oben und dann vom Schiff runter.

«Olli ist Schlafwandler», sagte ich. «Kann das sein?»

Guru sah mich mit zusammengekniffenen Augen an, lächelte und schwieg.

Wir gingen durchs verwahrloste Hafengelände. Außer uns war niemand unterwegs.

Unser Ziel war ein altes Kriegsschiff. «Hier ist mein Ort», sagte Guru drauf zeigend. «Manchmal erscheinen Geister, aber die können mich mal. Komm hier jeden Morgen hin. Ich bin Buddhist, weißt du.»

«Ich auch», sagte ich.

«Das wusste ich», sagte er, und wir hangelten uns auf das Schiff. Alles hier war aus schwerem rostigem totem Eisen. Guru kletterte geschickt ganz nach oben aufs Dach des Steuerhäuschens, und vorsichtig folgte ich ihm.

«Setz dich so hin wie ich», sagte er, «Finger in die Lotushaltung. Und lass deine Gedanken ziehn. Wie Wolken. Halte sie nicht fest.»

Ich konnte nicht so sitzen wie er, aber ich setzte mich so ähnlich hin. Er schloss die Augen halb und atmete tief. Ich sah mir die ganzen alten Kähne an, die um uns herumlagen. Gleich würde die Sonne aufgehen. Ich atmete ein und aus wie zum ersten Mal in meinem Leben, ein Glücksgefühl durchströmte mich. Jetzt wurde mir erst mal klar, was abging: Keine Schule mehr, keine Eltern, kein Zuhause – ich war frei! Ich war ein freier Seemann auf der freien See! Und zumindest in einem Hafen wartete schon mal eine richtige echte Braut auf mich! Und ich war der Stärkste, na ja, Zweitstärkste. Und es war Mitte Mai, das hieß, der Sommer würde kommen! Wie hatte ich das bloß alles so gut hingekriegt? Konnte mich kaum mehr erinnern, meine ganze

Vergangenheit verblasste schon jetzt wie ein beschissener Traum. Oder war ich vor vier Wochen doch gestorben und jetzt im Himmel? Wäre auch in Ordnung.

«Haha», machte ich.

«Ha», machte Guru.

Danach saßen wir nur noch schweigend da und ließen die Gedanken wie Wolken ziehen. Tiefe Liebe erfüllte uns. Füreinander, für den Kieler Hafen und für die ganze restliche westliche Welt. Die Sonne stieg, schien auf unsere Gesichter und verwandelte uns in zwei wunderschöne sterbensjunge goldene Buddhas.

«Warte mal, ich muss pissen», sagte Guru auf dem Rückweg zu unserem Schiff, rannte zu einer Böschung und holte seinen Johnny raus.

«Geil, Brennnesseln!», rief er, als er fertig war, bückte sich und rupfte genau da, wo er gerade noch hingepisst hatte, einige Büschel ab.

«Da mach ich 'n guten Tee draus.»

«Brennnesseln? Die kannst du doch nicht anfassen.»

«Doch, das geht, wenn man weiß, wie», sagte er. Ich schaute auf seine Hände. Dort erschienen schon die üblichen Brennnesselblasen, und die grünen Blätter waren nass. Das würde ein Tee sein, der von jemand anderem als mir getrunken werden durfte.

dReiuNDzwanzig

Wir frühstückten alle zusammen an dem großen Tisch. Es kam mir vor, als wäre ich schon mein ganzes Leben hier gewesen.

«Geht ihr dann Rost klopfen und mit Mennige streichen», wies uns Piet an und gab uns kleine Hämmerchen.

Rost klopfen war eine Superarbeit: Man klopfte mit einem Hammer auf den Rost, und nach einer Weile fiel der Rost ab, und glänzendes Metall kam darunter zum Vorschein. So war die Welt. Scheinbar scheiße, aber unter der Oberfläche leuchtend und rein. Ein Buddhist kann das gar nicht anders sehen.

«Mistschlaucherei und keine Zichten», fluchte Olli. Ich nickte gut gelaunt. Hätte das hier mein Leben lang machen können. Zum Glück war der Schiffsrumpf über und über mit Rost bedeckt. Wenn du das gute glänzende Metall freigelegt hattest, musstest du Mennige drüberstreichen, ein rotes Rostschutzmittel. Auch das machte Spaß.

So vergingen die nächsten Tage. Morgens ging ich mit Guru meditieren, dann klopften wir alle zusammen Rost, und abends machten wir Armdrücken und spielten Karten, bis alle in die Kojen kletterten und ihre kleinen Taschenlampen polierten. Zum Glück pullerte ich nicht noch mal ins Bett, und mit offener Tür war es in der Koje ganz gut auszuhalten.

Benedikt schloss seine Tür allerdings trotzdem und kam darum morgens auch immer recht feucht rüber. Und natürlich mit langer Unterhose, obwohl es ein immer heißerer Sommer wurde. Schätze mal, er hatte zwei lange Unterhosen an Bord, aber drei hatte er, glaub ich, nicht, die Teile kamen einem immer verdächtig bekannt vor, wenn man sie morgens und abends präsentiert kriegte.

«Mach doch lieber die Kojentür nur halb zu, Benedikt», schlug ich vor – auch im eigenen Interesse, denn sein nächtliches Schwitzwasser lief gern auch mal runter zu mir. Er lächelte nur und schüttelte dann träge den Kopf.

Benedikt war eigentlich genau wie wir zum Rostklopfen eingeteilt, aber er machte immer nur ein paar geistlose Pocher mit seinem Hämmerchen – irgendwelche Pocher irgendwohin, wo gar kein Rost war, ey –, rollte sich dann wie eine walrossartige Katze zusammen und schlief ein. Mitten auf Deck, in der prallen Sonne und mit langer Unterhose drunter.

«Die faule Sau», sagte Olli einmal, ging zu ihm und trat ihm vorsichtig in den Bauch. Benedikt schlief weiter.

«Lass ihn in Ruhe», sagte Lisa. «Seine Medikamente machen ihn müde, das weißt du genau.»

Benedikt musste jeden Tag eine Handvoll bunter Pillen schlucken gegen seine unbändigen Aggressionen. Wenn er die Pillen nicht nahm, würde er Amok laufen.

In Bayern, wo er herkam, hatte er mit seiner Oma in einer Einzimmerwohnung gelebt. Bis zu ihrem Tod. Danach hatte er alleine dort gelebt. Irgendwann hatte er sich in ein Mädchen verliebt, und als die nichts von ihm wissen wollte, war er von einer hohen Brücke gesprungen. Seitdem hatte er den Silberblick und die Aggressionen. Er verschlief mindestens den halben Tag, die andere Hälfte saß er meist nur irgendwo rum, lächelte durch seinen Medikamentennebel hindurch und rauchte. Ich mochte ihn. Wie kann man jemand nicht mögen, der so viel lächelt. Wenn er bloß seine Koje nicht immer zugemacht hätte nachts. Was gab es dadrin schon Geheimnisvolles zu sehen? Ihn.

«Benedikt hat einen überdurchschnittlichen Intelligenzquotienten», sagte Lisa einmal.

«Bei mir wurde das ja nie gemessen», verteidigte ich mich.

«Bei ihm ja. Er hat 250.»

«Vielleicht erzählt er das auch nur. Vielleicht lügt er das», dachte ich neiderfüllt, musste aber eingestehen, dass das auch wieder ein Zeichen von hoher Intelligenz wäre.

Piet zeigte uns Seemannsknoten, brachte uns die Bedeutung von Bojen bei, und gemeinsam mit ihm zimmerten wir aus Schrott eine Säurebatterie zusammen, die leider nicht funktionierte. Mir war auch gar nicht klar, was sie hätte machen sollen, trotzdem war ich stolz, daran mitgearbeitet zu haben.

Nach zwei Monaten überwand ich meine Höhenangst und kletterte den Mast bis ganz nach oben. Vorher hatte ich immer erklärt, dazu gerade keine Lust zu haben, aber nachdem ich es einmal gemacht hatte, konnte ich gar nicht mehr aufhören damit. Wir segelten nach Dänemark und zurück. Ein fremdes Land – eigenhändig ersegelt. Unglaublich.

Alle paar Tage besuchte uns Gerd. Aß mit uns zu Abend, fragte, wie's so lief – immer mit einem schiefen Grinsen im Gesicht, als würde er sagen: Ihr denkt, ihr seid hier die großen Gauner, aber ich durchschau die Sache, und heimlich bin ich sogar noch gesetzloser als ihr. Oder wie auch immer. Gerd stresste mich.

Meistens brachte er neue Jungs an, von denen aber nur zwei länger als ein paar Wochen blieben: Thomas und Carsten. Alle außer mir schienen aus Heimen zu kommen, viele waren abgehauen, einige hatten am Bahnhof Zoo angeschafft. Der Einzige, der Briefe kriegte, war ich. Von meinen Eltern, Freunden und von Tanja natürlich. Sie hatte so eine gute Schrift. Es war DIE Schrift, genauso, wie sie DIE Frau war.

Einmal sang Benedikt, Mentholzigaretten paffend: «Der Guru is 'n Eimer.» Worauf Guru sich mit einem Schrei auf ihn stürzte und sie wie in einem Comic über die Planken rollten. Guru drosch auf Benedikt ein, der sich nicht wehrte und nur kicherte. Wir versuchten die beiden zu trennen, schafften das jedoch erst, als Piet mithalf. Benedikt war ziemlich übel zugerichtet, aber er lächelte immer noch und fing sofort wieder an, das kleine Eimerlied zu singen.

Guru brach in Tränen aus und rannte von Bord. Ab da ging er morgens nicht mehr meditieren. «Ich brauch das nicht mehr», sagte er zu mir. Alleine kam ich mir blöde vor, deshalb ging ich auch nicht mehr.

«Komm dann mal, Fil, muss ich mit dir reden», sagte Piet eines Tages, legte seinen baumstammartigen Arm um meine Schulter und fragte dann: «Machst du auch immer schön die Pipi über Bord, Jungen?»

«Ja», sagte ich.

«Seh ich dir dann aber nie die machen und seh ich dir immer von die Klo. Die Klo ist nur für die scheißen, weißt du ja.»

«Logisch.»

«Aber kommt immer die Fil von die Klo. Kommt die mehrmals am Tag von die Klo. Geht nicht. Verbraucht die ganzen Süßwasser für die bisschen Pipi von die Fil. Muss über Bord, wie allen.»

«Ja, mach ich ja auch.»

«Zeig mir dann.»

«Hä? Jetzt?»

«Ja. Komm, mach wir zusammen.»

Er führte mich zum Heck. Es war helllichter Tag, überall auf den umliegenden Schiffen und an Land sah ich Leute – wie um alles in der Welt sollte ich da über Bord pinkeln? Noch dazu neben Piet? Ich konnte das nicht. Ich konnte nicht mal auf dem Klo, wenn in der Nachbarkabine jemand war. Natürlich hatte ich die ganze erste Woche in die Schüssel gemacht. Wie es sich verdammt noch mal gehörte.

Piet ließ eine Hand auf meiner Schulter, holte mit der anderen seinen Schwengel raus und pullerte sofort in hohem Bogen von Bord. Ich nestelte an meiner Jeans, fischte meinen zerrissenen Jungen heraus und hielt ihn so, dass die Hände ihn bedeckten.

Auf einmal stand auf der anderen Seite Mirco, grinste, kaute auf dem Streichholz und fing ebenfalls an zu strullen. Links und rechts von mir die Pulleraktion des Jahrhunderts, dicke Strahlen in den blauen Sommerhimmel. «Mach dann mal, Fil», sagte Piet.

«Muss grad nicht.»

«Kannste nicht, wenn einer neben dir steht?», fragte Mirco, lachte tonlos und verächtlich vor sich hin und riss seinen Schwanz in einem so steilen Winkel hoch, dass er sich fast selbst in die Nasenlöcher pullerte.

«Jetzt merkt Mirco, dass ich weniger draufhab als er», dachte ich panisch, «jetzt erkennt er, wie ich eigentlich bin, die Magie des Armdrückens verblasst! Aber das darf nicht sein! Ich muss es jetzt schaffen!»

Verzweifelt kniff ich die Augen zusammen und sah hoch in den Himmel, wo zart ein kleiner Regenbogen schimmerte, der durch die goldenen Strahlen von Piet und Mirco entstanden war. Wie schön. Alles Doofe hatte immer auch was Gutes.

Ich machte die Augen ganz zu und hielt die Luft an. Neben mir hörte ich Mirco überlegene Pff-Laute machen. Das brachte mich in Wut. Und mit der Wut kam der Urin. Erst nur ein paar Tropfen, die unschön den Schiffsrumpf von außen benetzten, aber dann – als wären diese Tropfen Kundschafter gewesen, die erst mal überprüfen mussten, ob die Luft rein war, und sie war rein – kamen mehr und mehr, und endlich brach der Damm, und es waren drei Strahle, die sich ergossen. Ich lachte. Ich war glücklich.

Piet nickte. Mirco grinste. Vom Schiff neben uns kuckte ein Typ nachdenklich rüber.

Vierundzwanzig

«Wenn wir in Amsterdam sind, geh ich in 'n Puff und leiste mir 'ne Nutte», sagte Olli, als wir mal – Pause vom Klopfen machend – im Schatten einer alten Lagerhalle hockten und rauchten.

«Tu das nicht», riet ich ihm. «Das erste Mal muss mit der Frau sein, die du liebst. Kuck, ich hab auch extra auf meine gewartet.»

«Bläst sie dir auch den Schwanz?», fragte er.

«Darum geht's doch gar nicht. Das ist nicht entscheidend. (Schwanz «blasen»? Was redete der Kleine da wieder? Ein Schwanz war doch kein Marsch.) Es muss die Richtige sein. Auch für dich gibt's die irgendwo.»

Olli war nicht überzeugt: «Aber so 'ne Nutte kann's besonders gut. Die weiß, was sie tut. Die vögelt dich durch, dass du sofort kommst, wett ich.»

«Nein», sagte ich. «Die machen das doch nur als Job. Wie Krankenschwestern.»

«Krankenschwestern sind auch geil», sagte er.

«Warte auf die Frau deines Lebens, Olli. Sie wird kommen. Wie bei mir.»

Ich war zum Beschützer von Olli geworden. Wieder und wieder, auf und unter Deck zerrte ich Mirco von ihm runter. Mirco wehrte sich nie, grinste nur, als wäre das ganze schwitzige Gefummel, Gereibe und Gebohre nichts als ein grandioser Gentlemanspaß, aber er kam mir dabei ganz schön ergeilt vor. Ganz schön ergeilt. Alle waren wir ganz schön ergeilt – ich mein, wir waren pubertierende Jungs in einer Welt ohne Girls, und unsere Gespräche an Bord – das wird jetzt wohl niemanden groß wundern – waren meist durchdrungen von einer gewissen jungenhaften Ultra-Ungeficktheit im Quadrat. Alles, aber auch wirklich alles bekam eine sexuelle Bedeutung übergestülpt.

Kommt einer vom Klo: «Hast wohl gewichst.»

Lisa trinkt aus der Flasche. «Sie kann bestimmt gut blasen.» (Na und?)

Es gibt Bratkartoffeln: «Sind das Hoden?»

Es gibt Buletten: «Negerhoden.»

Spargel gab's erst gar nicht.

Dazu erzählten alle immer die irrsten Geschichten von Heerscharen blasender (?) Mädchen und reifer wohlhabender Frauen, mit denen sie schon was gehabt hatten.

Geschichten über Geschichten, manche konnte man kaum glauben.

Irgendwann sagte Piet: «Reden und reden, die Jungen, aber passiert nix. Bring dann mal endlich ein richtigen Mädchen auf die Schiff.»

«Dürfen wir?!?», rief Mirco aufgeregt.

«Mach dann mal», sagte Piet. «Wer als Erster ein Mädchen anbringt, kriegt von mir eine Kasten Bier.»

Ha. Diesen Wettstreit würde ich gewinnen! Tanja hatte schon angekündigt, dass sie in ein paar Tagen zu Besuch kommen würde.

Aber Mirco, der alte Giftknochen, schaffte es tatsächlich vorher, ein Mädchen anzusprechen.

In der üblen Hafendisco, in die wir immer gingen und wo wir nur deshalb nichts aufs Maul kriegten, weil wir so viele waren und durch unsere Arbeitsoveralls, die wir auch in der Freizeit trugen, aussahen wie eine Gang.

«Trauste dich nicht, du Arschloch», hatte Olli noch gesagt, aber Mirco war einfach zu dem Mädchen gegangen, Streichholz drin und alles, und hatte sie angesprochen. Gegen meinen Willen bewunderte ich ihn dafür.

Sie kam am nächsten Tag. Allerdings nicht alleine, sondern zusammen mit ihrem älteren Bruder und ihrem Hund. Mirco machte ein «Umso besser, dass die zwei verrückten Spaßgranaten auch mit dabei sind, ohne sie würde was Entscheidendes fehlen»-Gesicht, kaute sein Streichholz, setzte sich neben das Mädchen und versuchte nach einer Weile, beiläufig den Arm um sie zu legen.

«Hilfe!», rief sie leise.

Der Hund knurrte. Dann bellte er Mirco an. Der nahm seinen Arm grinsend wieder weg.

«Und ihr wohnt hier so in Kiel?», fragte ich den Mädchenbruder. Der nickte unmerklich, ohne Mirco und seine Schwester aus den Augen zu lassen. Vielleicht nickte er auch nicht. Brüder, ey.

«Hilfe!», rief das Mädchen immer wieder, woraufhin der Hund sich jedes Mal zähnefletschend zu Mirco drehte. Dann lachte sie sich schlapp. Mirco lachte gut gelaunt mit.

Guru, der das Deck schrubbte, beobachtete das eine Weile. Dann kam er zu uns.

«Was hast du dir denn da für 'ne dumme Fotze aufgerissen?», fragte er Mirco, legte seinen Feudel weg, ging vor dem Hund auf alle viere und starrte ihm mit schiefgelegtem Kopf direkt in die Augen. Der Hund schaute so unentschlossen, wie nur Hunde schauen können.

«Wir müssen gehn», sagte der Bruder.

«Ihr könnt auch gern zum Essen bleiben», schlug ich vor.

«Nein, wir gehn. Komm.»

Sie gingen.

Wir sahen ihnen hinterher. Hübsches Mädchen. Mirco grinste und fasste Olli an den Po.

Dafür jetzt einen Kasten Bier? Na gut.

Tanja kam genau am nächsten Tag, und das lief natürlich anders ab. Wir küssten uns, und sie blieb zum Essen. Sogar über Nacht. Wir bekamen die Gästekajüte in der Kombüse zugewiesen, und nachdem die anderen Idioten endlich alle schliefen, versuchten wir dort Sex zu haben. Sex war ja jetzt unser Ding. War aber sehr eng zu zweit in dem Sarg. Zu eng. Und die kaputte Vorhaut an meinem Jungen spannte so sehr, dass sie weiß wurde und aussah, als würde sie jeden Moment wieder durchreißen. Wir küssten und streichelten uns die ganze Nacht. Mehr ging nicht. Romantisch war das.

Den nächsten Tag kriegte ich frei, um richtig Abschied nehmen zu können. Arm in Arm wankten wir durch den Hafen.

«Kommst du überhaupt jemals wieder?», fragte sie.

«Auf jeden», sagte ich. «Los, wir verloben uns.»

An einem Kiosk kaufte ich uns zwei Dosen Cola, öffnete sie und kippte die kapitalistische Zuckerbrühe auf den ehrlichen erdigen Boden. Dann streifte ich ihr einen Dosenring über und mir den anderen. So eine Idee war noch keinem gekommen, das spürte ich.

«Der Ring ist an den Seiten total scharf. Der schneidet ein», sagte sie.

«Du darfst ihn nie mehr abmachen.»

Sie küsste mich. Dann fuhr sie wieder zurück nach Berlin.

«Siehst du», sagte ich zu Olli und zeigte ihm den Ring. «Jetzt bin ich verlobt. Mit der Richtigen, verstehst du? Mit der einen Frau meines Lebens. So eine gibt's auch für dich irgendwo.»

Er war beeindruckt oder sagte aus einem anderen Grund erst mal nichts.

Nachdem Tanja von Bord gegangen war, wollten die anderen wissen, ob und wie oft wir gefickt hätten. Vornehm machte ich nur vage Andeutungen: «Gefickt, hm, nein, das geht ja bei mir nicht so.» – «Tja, schade, früher ging's, jetzt auf meine alten Tage aber nicht mehr.» – «Au au, o Lord. Tja.», und so weiter. Immer mehr vage Andeutungen machte ich, ich konnte auf einmal gar nicht mehr aufhören damit. Vage Andeutungen, vage Andeutungen.

«Tjaja, Mist, ist schon blöde bei mir, diese gewisse Sache, wegen der's nicht mehr so geht», andeutete ich noch Tage später.

«Von was für 'ner Schwachscheiße redest du überhaupt?», fragte Olli.

«Tja, tja», machte ich.

Irgendwann stieg Piet drauf ein und fragte: «Was ist denn mit die Fil?»

«Na ja», sagte ich, «mir ist die Vorhaut eingerissen, und seither ist sie zu eng.»

«Ist bei mir dieselbe», sagte Piet. «Ist doch kein Problem.»

«Nein, bei mir ist's schon anders.»

«Sag mir dann, wie ist bei dir?»

«Ich kann das schwer beschreiben, auf jeden Fall – anders.»

Piet stand auf. Wir aßen gerade Abendbrot an unserem großen schweren Holztisch, und wir hatten Gäste: ein älteres Ehepaar vom Schiff, das gerade neben unserem lag.

Piet stand auf, öffnete den Reißverschluss seiner Shorts, holte seinen Schwanz raus und zog die Vorhaut zurück.

«So ist bei mir. Wie geht deinen?»

Jetzt holte ich meinen auch raus. Hätte ich noch vor ein paar Wochen eher nicht gemacht, aber das Schiff hatte mich in diesen Dingen entkrampft.

«Und die Marmelade macht ihr selbst?», fragte die Frau von dem Ehepaar Lisa.

«Nein, wieso?», antwortete Lisa.

«Sieht wie meinen aus», sagte Piet. «Machst du dann mal die Vorhaut zurück.»

«Ja, das geht ja eben nicht!»

«Machst du dann. Mach mal, los. Die Fil kann das.»

Ich drehte meinen ein wenig weg von dem Ehepaar – so viel Kinderstube musste sein – und zog vorsichtig. So weit, wie ich immer zum Onanieren machte – nicht sehr weit. Und das tat schon weh.

«Machst du noch weiter zurück», feuerte Piet mich an. «Los.»

Ich zog weiter. Es tat noch mehr weh.

«Allet voller Pimmelkäse», kommentierte Carsten.

«Fil, musst du die waschen», sagte Piet. «Wascht du nicht die Lümmel?»

«Doch, Mann», murmelte ich. Tatsächlich aber hatte ich meinen Schwanz in meinem ganzen sechzehnjährigen Leben noch nie gewaschen. Mir hatte nie jemand gesagt, dass man das muss.

«Ist ja ekelhaft», sagte Lisa, während die Besucherin sich kalkweiß und Floskeln murmelnd auf die Toilette begab.

Lisa ging mit ihr, allerdings nur bis zur Kombüse, holte von dort eine große weiß-blaue Emailtasse und gab sie mir.

«Hier. Wasch dir dein Ding. Jetzt sofort. Nicht hier. Drüben.»

Mit der Tasse ging ich in die Kombüse und stand da. Und jetzt?

«Mach Wasser und Seife in die Tasse und dann tu ihn da rein!», rief Lisa.

Die Frau kam in die Kombüse. Ich stand da mit meinem Glied in der Tasse und schenkte ihr mein freundlichstes Lächeln. Sie lächelte nicht zurück, sondern drehte sich um und verließ das Schiff.

«Aus der Tasse trink ich nie wieder», sagte Olli.

«Ist jetzt die Tasse von die Fil. Für die Waschen von seinem Löll», sagte Piet und bastelte aus Klebeband ein Schild für die Tasse, auf dem *Fil's Pimmel-Pot* stand.

Dann sagte er: «Ist eng. Ist bei mir dieselbe: Musst du trainieren. Jeden Tag halbe Stunde.»

Und ab da zog ich mich wirklich jeden Tag in meine Koje zurück, um die Vorhaut vor- und zurückzuziehen. Ich weiß, dafür gibt's noch ein anderes Wort, aber ich fasste es als eine Art Sport auf. In der ersten Zeit wurde natürlich alle drei Sekunden meine Kojentür aufgerissen und gerufen: «Die Sau kurbelt sich einen ab!», aber jedes Mal antwortete ich genervt: «Ich muss das trainieren», und irgendwann fanden die anderen das auch und ließen mich in Ruhe.

Als Gerd das nächste Mal zu Besuch kam, stellte ihm Olli die Pimmeltasse hin. Den informativen Kleber hatte er vorher abgemacht. Ich sah es gerade noch rechtzeitig.

«Stopp!», rief ich, als Gerd draus trinken wollte. «Nicht *die* Tasse!»

«Wieso nicht?»

«Ich hol dir 'ne andere, Gerd, warte.»

«Und warum kann ich jetzt die hier nicht nehmen?»

«Weil … das meine ist.»

«Ach ja?» Gerd grinste. Ein fieses, gefährliches Grinsen. Wir sollten sehen, dass auch er ein Desperado war, und sogar ein üblerer als wir. Das war irgendwie Gerds besondere Meise.

«Deine Tasse, ja?» Er wiegte den Kopf hin und her wie Robert de Niro in *Taxi Driver*. «DAS tut mir aber leid.»

Dann führte er den Pimmelpott zum Mund und schlürfte genüsslich laut seine Fanta.

«Mmmmmh», machte er, stellte die Tasse ab und sah mich herausfordernd an. «Und was willst du jetzt dagegen machen?»

«Bist mir einfach über, Gerd», gab ich zu.

«Da hast du recht», sagte Gerd.

Die mir verordnete Kur aus Säubern und Dehnen half: Bald tat der Schwanz beim Training nicht mehr weh, obwohl das Fähnchen immer noch weiß wurde. Jetzt – spürte ich – konnte ich wieder Sex haben, aber es musste gar nicht sein. Die Welt des Wichsens mit ihren ganzen irren Phantasiegebilden wollte auch entdeckt, erobert und kartographiert werden. Hier war ich ein Neuling, der sich seine Sporen erst noch verdienen musste, und ich stürzte mich begeistert in dieses Abenteuer. Richtigen Echtsex vermisste ich gar nicht so. Küssen allerdings. Und Anfassen. Und die Gespräche natürlich.

fünfundzwanzig

Nach zwei Monaten Kiel war das Schiff so weit entrostet und getüncht, dass wir uns auf den Weg nach Holland machen konnten. Vorher ging allerdings Benedikt von Bord. Er schlief mittlerweile fast den ganzen Tag, und diese Verhaltensweise würde auf hoher See wenig Blumentöpfe gewinnen.

«Benedikt, Alter.» Verabschiedete ich mich von ihm und dachte dabei: «250 – oder auch NICHT.»

Wir segelten die Küste entlang bis nach Schleswig, wo wir in einem ultraschicken Yachthafen festmachten. Alle anderen Schiffe waren weiß. Auch die Duschräume im Hafen waren weiß und sauber, ganz anders als in Kiel. Ein Grandhotel gab es hier auch. Dort hinein schlich ich mich, um aufs Klo zu gehen. Der Pförtner hatte mich nach einer

Weile auf dem Kieker, weil ich ja nicht gerade grandmäßig aussah. Wir alle nicht.

Piet machte uns zu seinen allergrößten lebenslangen Fans, als er mitten in der Schleswiger Innenstadt mit zwei schweren Tüten bepackt freihändig seinen Schwanz durch eine Schlenkerbewegung aus der Hose holte und sofort lospullerte. In die vormittägliche Einkaufssituation hinein, ohne das Gespräch abzubrechen oder auch nur ins Stocken zu kommen. Ich sag es noch mal: freihändig. Freihändig den Penis unten rausgeschlenkert und dann zack. Als wäre das nicht schon Leistung genug gewesen, gelang es ihm auch, weder sich noch uns zu benetzen. Wir wollten alle sein wie er. Nachdem sich irgendwelche Yachtschweine über das runtergekommene Erscheinungsbild unseres Schiffs beschwert hatten, zogen wir uns alle aus und liefen einen ganzen Tag nackt an Deck herum. Sogar ich, dünn wie ich war. Inzwischen empfand ich mich auch eher als *lang*. Der ganze Fil war ein langer Hebel und würde noch viel in Bewegung setzen. Oh yes.

Eines Morgens, als wir beim Frühstück saßen, beobachtete Guru Olli beim Brotschmieren. Olli schmierte seine Brote immer sehr langsam.

Messer in die Butter. Hupp, Messer im Halbkreis rüber zum Brot. Pause. Anfangen zu schmieren. Stopp. Butter ist zu hart, voll der Stress. Erst mal ein Päuschen. Jetzt noch mal versuchen. Langsam. Ohne Druck. Butter löst sich nicht vom Messer. Pause. Messer ablegen, Handgelenk reiben. Kommentieren. Es ging nur gemächlich voran. Aber was soll's. Jedem Menschen seine eigene Stulle, sollte man doch denken.

So dachte Guru aber anscheinend nicht. Er fixierte Ollis langsam und uneffektiv geschmiert werdendes Brot mit zu Schlitzen verengten Augen.

«Los», presste er hervor. «Los, mach jetzt.»

Olli ließ sich nicht beirren. Das Brot hatte er erst zu einem Viertel gebuttert, jetzt pausierte er noch mal. Er legte die Schmierhand ab, das Messer glitt sanft heraus und klickerte auf den Tisch.

«Du Sau! Du verfluchte Sau!», schrie Guru da auf einmal, zückte ein riesiges scharfes Fischausweidemesser, das er anscheinend die ganze Zeit schon unterm Tisch in der Faust gehalten hatte, und stach wie ein Irrer auf Ollis Brot ein. Wieder und wieder. Er tötete das Brot.

Dann sprang er auf und stürmte mit dem Messer in der Hand raus und hoch an Deck.

«Meine», sagte Olli.

Wir rannten hinter Guru her.

«Stulle», sagte Olli.

Als wir nach oben kamen, war Guru schon an Land. Er stand in der prallen Sonne, schnaufend, mit rotem Kopf und hasserfülltem Blick. Und aus meinem Toiletten-Grand-hotel kam genau in diesem Moment ein weiß gekleideter Playboy – onduliert, entspannt und mit sage und schreibe ZWEI Blondinen im Arm, einer rechts und einer links.

Guru stolperte auf die drei zu und hielt dem Playboy das Messer vor die Nase.

«Na?», zischte er. «Was is? Mach doch was.»

Wir standen mit angehaltenem Atem da und sahen schon rotes Blut über das weiße Playboyjackett laufen, auch die Blondinen waren schockgefroren. Nur der Playboy selbst blieb ganz ruhig. Er schaute das Messer an und dann Guru ins Gesicht.

«Ist ja lächerlich», sagte er mit all seiner gebündelten gottgegebenen strahlenden Reichenenergie, und dagegen kam Guru nicht an. Er schnitt ein paarmal die heiße Luft, während seine Augen sich mit Tränen füllten, und rannte dann davon.

Drei Tage blieb er verschollen.

Am Vormittag des vierten Tages war ich allein an Bord. Hatte Kombüsendienst.

Plötzlich stand Guru in der Tür, das Messer immer noch in der Hand.

«Na?», fragte er.

«Ey», sagte ich.

«Was machst du?»

«Ravioli, Mann.»

Ich machte oft Ravioli, wenn ich Kombüsendienst hatte. Ravioli oder Nasigoreng, beziehungsweise Feurigen Texastopf. Guru schnaubte verächtlich und kam dann rein. «Soll ich dir was helfen?»

«Schon okay», sagte ich, aber er half mir trotzdem. Machte eine Dose auf. Mit seinem Messer. Als sie auf war, legte er das Messer ins Waschbecken.

«Andern nicht da?»

«Einkaufen.»

Er nickte.

«Wo warst du denn die ganze Zeit gewesen?», fragte ich endlich.

«Im Wald», sagte er.

«Und wovon hast du gelebt?»

Er lachte. Ich lachte mit. Schön, dass er wieder der Alte war. Als die anderen kamen, aßen wir zusammen. Dann redete Piet unter vier Augen mit Guru, und am nächsten Morgen wurde er abgeholt. Von Gerd. Mit der Ente.

«Wo kommt Guru jetzt hin?», fragte ich Gerd.

«Das sehn wir mal.»

Guru verabschiedete sich grinsend von uns. Zu mir sagte er noch: «Koch mal nicht immer nur so 'ne Scheiße, Fil.»

Einen Tag nach Gurus Abreise kam ein anderer Sozialarbeiter in einer anderen Ente angefahren. Es war wie ein Witz: Gerd hatte einen blonden Bart, dieser hier einen schwarzen. Gerds Ente war rot, der andere hatte eine grüne, aber sonst waren sie genau gleich. Ich wette, der Typ hieß auch irgendwas wie Gerd. Er hatte einen Jungen in einer speckigen Jeansweste voller Hertha-BSC-Aufnäher dabei. Seine Haare waren strähnig und verfilzt, und unbarmherziger Aknebefall ließ ihn aussehen wie ein Brandopfer.

«Kuck mal, Gunnar, das ist die Crew», lachte der zweite Gerd, «Leute, das ist Gunnar.»

Gunnar murmelte etwas.

«Nein, nein, wir hatten das besprochen», sagte der zweite Gerd. «Wir hatten abgemacht, dass du das jetzt mal eine Woche probierst.»

«Nee», krächzte Gunnar heiser, «will wieder ins Heim.»

«Ja, da wollen sie *dich* aber nicht mehr», sagte der zweite Gerd und kratzte sich nachdenklich am Bart.

«Komm dann mal an Bord, Gunnar», rief Piet. «Beißen wir nicht.»

Gunnar schüttelte den Kopf.

Der zweite Gerd kniete sich hin und fasste ihn bei den Schultern. Gunnar war ziemlich klein.

«Komm, schau mich mal an», sagte er.

Gunnars Augen rollten um eitrige Pickel herum in seine Richtung.

«Ich verspreche dir», sagte der zweite Gerd langsam und milde, «wenn's dir nach einer Woche nicht gefällt, bring ich dich wieder zurück. Alles, was ich von dir verlange, ist, dass du es mal eine Woche ausprobierst. Danach entscheidest du selbst, ob du bleibst oder nicht. Du hast mein Wort.»

Gunnar starrte zu Boden.

«Aber nur eine Woche», murmelte er nach einer Weile.

«Nur eine Woche, Ehrenwort. Und wenn's dir dann nicht gefällt, – bauz – bring ich dich wieder zurück ins Heim. Super. Klasse, Gunnar.» Der zweite Gerd stand auf und ging mit schnellen Schritten zu seiner Ente.

«Will du dann noch mit uns essen?», rief ihm Piet hinterher.

«Leider nein, ich fahr mal lieber los, dass ich noch ankomm», lachte er, während er einstieg. Beim Losfahren winkte er noch mal durchs Fenster.

«Mach's gut, Gunnar! Bis in einer Woche!» Und – bauz – war er weg.

«Hol du dann dein Sachen», sagte Piet, aber es stellte sich heraus, dass Gunnar gar nichts dabeihatte.

«Hat du nicht ein Zahnbürsten?»

Gunnar schüttelte den Kopf.

«Macht gar nix», sagte Piet. «Kauf wir dir heute Mittag.

249

Zeig dir jetzt erst mal die Fil dein Koje und erklär dir allen. Krieg wir schon hin, sorg dir dann nicht.»

Alle Kojen im Mannschaftsraum waren schon belegt, deswegen bekam er die auf dem Flur.

Olli kam nach unten und sagte: «Bist voll der Hertha-Frosch, wa?»

«Wirst dich noch einleben hier», sagte ich. «Wichtig ist: immer über Bord pinkeln. Wir spülen nämlich mit Trinkwasser. Salzwasser würde die Kloschüssel beschädigen.»

«Ich bleib hier nicht», sagte Gunnar.

Das war das Letzte, was er sagte. Schweigend hockte er in seiner Koje, bis es Abendbrot gab. Schweigend aß er, Armdrücken und Kartenspielen machte er nicht mit.

In voller Hertha-Montur legte er sich schlafen, und so stand er am nächsten Morgen auch auf. Piets Zahnbürste benutzte er nicht.

Wir kurvten die Küste entlang, Gunnar saß oder stand irgendwo rum. Piet versuchte, ihn fürs Segeln zu begeistern, er zeigte ihm ein paar Seemannsknoten – nichts.

«Wird schon noch mit die Gunnar», sagte er. «Braucht nur sein Zeit. War die Gleiche mit die Benedikt. Manche Jungen brauchen sie länger.»

«Ist doch 'ne Muschi», sagte Olli.

«Wenn's mal so wär», fand Mirco.

«Ich red mal mit ihm», meinte Lisa.

Aber auch sie konnte Gunnar nicht knacken. Er war anwesend. Er aß und trank. Aber das war's auch schon. Wegen der ganzen Pickel konnte man seinen Gesichtsausdruck nicht deuten. Die Körpersprache sagte jedenfalls nicht «Langsam tau ich auf». Nicht im Geringsten.

Irgendwann merkten wir, dass es auf dem Schiff erbärmlich stank, und zwar im Flur.

«Ein toten Tieren?», fragte Piet. «Fil, such du dann mal.»

Ich schaute unter den Bodenbrettern – die konnte man anheben –, aber da kam es nicht her. Meiner Nase folgend, kam ich zu Gunnars Koje – hier war der Gestank am stärksten. Ich öffnete die Schiebetür, hielt den Rüssel rein und ging zu Boden.

Gunnars Matratze sah sehr feucht aus und stank nach altem Urin in der Sommerhitze. Er selbst stank auch. War uns bisher nicht aufgefallen, weil er sich immer abseits von uns anderen aufhielt.

«Die Sau ist Bettnässer», rief Olli.

«Na und, hat jeder die Seine, sag ich auch nicht: Die Olli ist Schlafwandler, alle hau die Olli. Kann die Gunnar nix für, ist die Problem von viele Jungen», erklärte Piet.

«Ey, warum sagst du uns das nicht, Mann?», fragte ich ihn. «Ist ja okay, kann den Besten passieren, aber du musst die Matratze sauber machen, das stinkt irre.»

Gunnar schwieg. Wir wuchteten die Matratze hoch an Deck und säuberten sie.

«Aber Piet, wie soll das gehn, wie solln wir mit dem übers Meer fahren?», fragte Carsten. «Wir können doch nicht jeden Tag die Matratze von dem Vollfrosch reinigen.»

«Kriegt wir das hin», rief Piet. «Mach wir extra vielen Laken, und ich bau dir ein Klingelhose, Jungen, was!» Er haute Gunnar auf die Schulter.

«Klingelhose?», fragte ich.

«Ist genial. Machst du ein Hose mit ein Lackmuspapier

251

drinnen, von die geht dann ein Draht zu ein Bimmel, und immer wenn kommt ein Tropfen Pipi auf die Lackmus, geht dann die los und wacht die Gunnar auf.»

«Und wir wachen alle gleich mit auf, oder was», sagte Mirco. «Ist doch scheiße.»

«Halten wir zusammen, Jungen. Mit ein Klingelhose schafft wir. Fang ich gleich an mit die Konstruktion.»

Er wuschelte Gunnar über die urinfarbenen Haare und lief raus. Kurz darauf kam er mit Papier, Bleistift, Lineal und Zirkel zurück, setzte sich an den Esstisch und fing an zu zeichnen.

«Wo will er denn Lackmuspapier herkriegen?», fragte ich Lisa. Sie zuckte die Schultern. «Piet schafft das», sagte sie.

Dann war die Woche um. Wir waren bis zum Eingang des Nord-Ostsee-Kanals gesegelt. Da mussten wir noch durch. Und dann: die Nordsee. Ein neues Meer.

Aber erst mal kam der gute alte zweite Gerd wieder angebraust.

«Na Leute, wie ist es gelaufen?», fragte er, nachdem er aus seiner Ente rausgeklettert war.

«Super», rief Piet. «Bau ich dann die Gunnar ein Klingelhose. Kein Problem. Ganz andern Problemen schon gewesen.»

«Ich will wieder zurück», sagte Gunnar.

«Wie jetzt?», wunderte sich der zweite Gerd. «Piet meint doch, alles läuft super.»

«Will wieder ins Heim.» Gunnar kletterte von Bord und wankte auf den zweiten Gerd zu.

«Nein», sagte der. «Wir hatten ausgemacht, du bleibst

hier.» Er lief schnell zu seiner Ente, öffnete die Tür und schlüpfte rein.

«Ich will wieder zurück!», schrie Gunnar und rüttelte an der Beifahrertür. Der zweite Gerd startete den Motor.

«Lass die doch, Gunnar, wir bauen dir ein Klingel–»

Der zweite Gerd fuhr los. Gunnar griff nach der hinteren Stoßstange und versuchte, die Ente zu stoppen. Genau wie sein Verein überschätzte er seine Kräfte immens. Aber er ließ nicht los, und so wurde er wie in einem Italowestern mit dem Kopf nach unten hundert Meter weit mitgeschleift. Es sah brutal aus. Dann hielt die Ente, die Beifahrertür ging auf, und staubig, zerschürft und humpelnd stieg Gunnar ein. Zusammen rauschten sie ab. Wir sahen beide nie wieder.

Ehrlich gesagt war der Einzige, der Gunnar richtig vermisste, Piet. Noch Tage später war er traurig, und er hörte nicht auf, an seiner Klingelhose zu konstruieren. Ich besah mir mal die Blätter. Sie waren bedeckt mit Zahlen, Formeln und irgendwelchen Dreiecken. Es sah eher aus, als würde Piet die Atombombe erfinden.

«Warum arbeitest du da noch dran?», fragte ich. «Gunnar ist doch weg.»

«Vielleicht kommt wieder», murmelte Piet. «Außerdem meld ich die als Patent an. Hilft viele Jungen und mach ich Millionen.»

Wir fuhren durch den Nord-Ostsee-Kanal, wo ich den Kahn fast auf Grund laufen ließ, weil ich ihn lässig winkend rechts ran zu ein paar im Gras lümmelnden Mädchen steuerte. Wohin denn auch sonst, Mann? Es knirschte markerschütternd, und wir lagen auf einmal schief; am Rand des

Kanals war es anscheinend flacher als in der Mitte, kann man ja auch nicht wissen. Piet gelang es, uns wieder flottzumachen, und den Rest der Fahrt steuerte jemand anders.

Nachdem wir durch die flachufrige Tunke durch waren, segelten wir übers richtige, echte wogende Meer in drei stürmischen Tagen bis nach Holland.

Auf dieser Fahrt erbrachen sich alle ununterbrochen, keiner konnte mehr essen oder unter Deck zum Schlafen gehen, dort wurde einem noch schlechter als schlecht. Mit Karabinerhaken hatten wir uns in auf dem Schiff gespannte Seile gehakt, um nicht vor lauter Schwäche über Bord zu rutschen. Erschwerend kam hinzu, dass keiner von uns auch nur ansatzweise segeln konnte. Wir zogen an irgendwelchen Seilen die zwei großen rundlichen Bretter, die außen am Schiff dran waren, hoch oder runter, an den Segeln zogen wir, glaube ich, auch. War auf jeden Fall gut, wenn man wo zog und nicht nur hing. Nach einer Weile durfte ich sogar noch mal steuern, bis auf einmal Sylt vor uns auftauchte.

«Sylt ist falsch!», rief Piet. Kotzend nickte ich und drehte weiter hirnlos das Steuerrad hin und her, bis mich jemand ablöste. Eigentlich war nur wichtig, den Kopf runterzunehmen, wenn der Mastbaum über Deck fegte, und Lisa und Piet nicht zu sehr im Weg zu stehen.

Als wir endlich in Den Helder angelegt hatten, kippten wir auch an Land dauernd um, weil der Boden nicht nachgab. Anscheinend waren wir jetzt richtige Seeleute geworden. Über Kanäle tuckerten wir gemütlich weiter, bis wir endlich am Ziel waren: Amsterdam.

Sechsundzwanzig

Schon an unserem ersten Abend in Amsterdam lag Olli zuckend und unansprechbar auf Deck, weil er sich an Land irgendwelche Pillen hatte andrehen lassen. Und auch die nächsten Wochen verbrachten wir einen großen Teil unserer Freizeit mit Drogenkauf. Womit sonst? Ich meine, wer würde es anders machen? Wir schreiben das Jahr 1983, unsere Helden sind sechzehn und in Amsterdam. Es ist so banal, dass ich am liebsten gar nicht davon erzählen würde. Was vielleicht noch ganz interessant sein könnte, ist, wie oft wir es schafften, *keine* Drogen zu kaufen. Erstaunlich oft. Man musste den Dealern erst das Geld geben, dann hauten sie ab und kamen nach einer Weile mit dem Stoff zurück. Manchmal kamen sie einfach nicht zurück, manchmal gaben sie uns in Silberpapier eingewickelte Zigarettenstummel, einmal sogar einen kleinen gepressten Haufen Hundekot, den Olli sicherheitshalber trotzdem rauchte. Eigentlich ist es eher erstaunlich, *dass* wir ab und zu auch richtiges Hasch kriegten.

Jedenfalls: Amsterdam – Hasch. Ein Monat Amsterdam – ein Monat Hasch.

«Na, kauft ihr euch hier Drogen?», fragte Gerd bei einem seiner zu häufigen Besuche hochironisch, aus dem Pimmelpott schlürfend.

«Wir doch nicht, Gerd», sagten wir, und Gerd freute sich, dass er unsere Lüge durchschaute. Gerd freute sich vermutlich auch, dass er wusste, dass die Erde keine Scheibe war.

Ollis ganzes Taschengeld ging für Drogen und Drogenkaufversuche drauf, sodass er nichts mehr für eine Nutte übrig hatte, was ich gut fand. Strickend saßen die Nutten hier in Schaufenstern – das hatte doch mit Liebe nichts mehr zu tun. Der Kleine sollte seine Traumfrau finden, so wie ich.

Ich dachte oft an Tanja und drehte dabei an meinem Verlobungsring, aber irgendwann ließ sich der Ring nicht mehr bewegen. Er schien mit dem inzwischen auf doppelte Breite angeschwollenen, blauviolett vor sich hin puckernden Finger verwachsen.

«Du musst den Ring abmachen, sonst verlierst du den Finger», sagte Lisa.

«Niemals», sagte ich. «Muss ihn nur etwas lockern.»

Ich holte mir aus der Kombüse ein Feuerzeug, stellte die Flamme auf ziemlich groß und hielt sie an den Ring. Der Ring wurde heiß. Der Finger wurde heiß. Locker wurde gar nichts hier.

Die nächsten Tage dokterte ich zum Ekel meiner Kameraden von morgens bis abends an dem Ring rum. Der Finger tat immer mehr weh und wurde dunkler, dicker und derber. Ich pikte ihn mit Nadeln, um Eiter abzulassen, versuchte es mit Eis, Butter, Meerwasser und Sperma, aber letzten Endes musste ich einsehen: Liebe oder Finger – beides ging nicht. Und Wurm, der ich anscheinend im tiefsten Innern eben dann doch war, entschied ich mich für Finger.

«Musst du die Ringen aufschneiden, anders geht nix mehr», sagte Piet, aber ich schüttelte den Kopf. Dass ich ihn überhaupt abmachte, war schon schäbig genug, zerstören würde ich ihn auf keinen Fall.

Es dauerte fünf Stunden. Fünf Stunden machte ich nichts anderes, als an den Mast gelehnt den Ring vom Finger zu ziehen, Stück für fickendes Stück. Aber als ich ihn endlich runterhatte, war das Ergebnis jede Sekunde wert. Ich wusch unterm Wasserhahn Blut und Eiter vom Ring, dann fiel mir ein, dass der Ring auf meiner Tanjahand gewesen war, die ich mir doch nie mehr waschen wollte! Nun hatte ich's doch getan, o Gott. Zwei liebesverachtende Sachen hatte ich gemacht! Mit bösen Vorahnungen steckte ich den Ring auf den Mittelfinger meiner anderen Hand.

Mehr schlecht als recht erledigten wir kleine Jobs auf anderen Schiffen und an Land – keine Ahnung, woher diese Jobs kamen. Meist war das irgendwo irgendwas schleifen oder streichen. Streichen konnte ich nach einer Weile richtig gut. Oft fuhren wir auch mit dem Beiboot durch die Grachten und tranken dabei Bier.

Nach einem Monat Amsterdam segelten wir wieder weiter nach Texel. Das war eine Insel. Auf der Fahrt dorthin hatte ich Geburtstag, und mein Geschenk von den anderen war ein Kasten Bier, den wir gemeinsam tranken. Von meinen Eltern war ein Paket angekommen mit einem Taschenmesser, einer Taschenbuchausgabe von *Moby Dick* und einer Mütze, die meine Mutter selbst gestrickt hatte, was mich so rührte, dass ich sie tatsächlich aufsetzte.

Auf Texel hatten wir die allerbeste Zeit, aber nach und nach kriegte ich immer mehr Heimweh. Jede Nacht träumte ich von Tanja und von Berlin. Manchmal sogar von Schocker. Gerd brachte uns einen komplett Wahnsinnigen namens Bernd, der fast das ganze Schiff abfackelte, und Lisa fing an, mit Mirco und Olli für deren Hauptschulabschluss zu lernen.

Auf einmal lagen so kindische Federtaschen und liniertes Papier mit fucking Rand rum, und tagsüber, wenn Thomas, Carsten und ich draußen arbeiteten oder Bernd von irgendwelchen gefährlichen Gerätschaften fernzuhalten versuchten, mussten Mirco und Olli unten über Schulaufgaben schwitzen.

«Mirco und Bernd können höchstens mal Hausmeister werden, wenn sie Glück haben», sagte Gerd zu mir, als mal kein anderer in der Nähe war. «Du bist der Einzige hier, der eine Chance hat. Einen Schulabschluss hast du ja schon, wir können dir helfen. Ein Jahr bleibst du noch auf dem Schiff, dann kannst du eine Ausbildung als Sozialarbeiter machen. Oder was mit Kunst.»

«Iiiih, ich kotz gleich, Scheiße!», rief Carsten durch die Klotür. «Da sind lauter Würmer drin, kommt her, kuckt euch das an!»

Danke für das Angebot, aber nein danke, dachte ich. Würmer. Typisch Carsten mal wieder. Lisa ging mit ihm zum Arzt. Als sie wiederkamen, war ich gerade am Abwaschen. Eigentlich hatte ja Bernd Dienst, aber niemand wollte ihn mehr in der Nähe von Feuer, Wasser oder Gebrauchsgegenständen haben. Übernahm ich den Job halt, was soll's.

«Was machst du da?», fragte Lisa mich tonlos. Sie hatte mich mit dem Schwamm in der Hand vom Klo kommen

258

sehen, und nun stand ich über der Spüle gebeugt. Mit demselben Schwamm. Das hatte ich die ganzen letzten fünf Monate so gemacht, wenn ich Kombüsendienst hatte: ein Schwamm für alles. Erst das Klo, dann das Geschirr. Und genau in der Sekunde, in der Lisa mich fragte, fiel mir auf, wie durch und durch falsch das im Grunde genommen war. Man soll nicht denselben Schwamm für Toilette und Geschirr benutzen. Genau. Blöd, jetzt würde sie mir das extra noch erklären, wie einem Idioten, dabei war es mir seit gerade eben selber total sonnenklar, und ich konnte gar nicht mehr sagen, warum erst jetzt. War eigentlich ja Standardwissen.

«Piet, komm her, kuck, was Fil macht!», rief sie.

«Warum?», fragte Piet, als sie ihm erklärt hatte, was abging, «warum tust du so was, Fil?»

Das konnte ich dummerweise gar nicht sagen. Ich wusste noch, dass ich anfangs gedacht hatte, okay, ein Schwamm fürs eine, ein Schwamm fürs andere. Hatte sogar auch zwei Schwämme vor mir liegen gehabt, und dann, mit so einer Art Traumlogik, die man nach dem Aufwachen nicht mehr nachvollziehen kann – kennt ihr das? –, hatte ich den einen Schwamm wieder zurückgelegt. Nicht benutzt. Irgendwie war das wichtig gewesen, diesen einen Schwamm gar nicht zu benutzen. Es war tatsächlich wie in einem Traum gewesen. Sollte ich das als Erklärung angeben? «Weil ich ein Träumer bin»?

«Wir fressen unsere eigene Scheiße!», brüllte Piet. «Du gibst uns hier unsere eigene Scheiße zu fressen!»

Jetzt kamen die anderen an. Alle hatten seit einiger Zeit Bauchkrämpfe.

«Wie lange geht das schon?», fragte Lisa, während Piet weiter «Wir fressen unsere eigene Scheiße! Wir fressen unsere eigene Scheiße!» rief. Er schien richtig verliebt zu sein in diesen Satz. Es war *so* ein Achtziger-Satz, oder? Endzeit, Atomkrieg, Einstürzende Neubauten, wir fressen unsere eigene Scheiße.

«Schon seit 'ner Weile», antwortete ich wahrheitsgemäß, aber ich weiß nicht, ob sie das noch hörte, denn sie rannte nach oben, um sich über die Reling zu erbrechen.

Piet und Lisa waren zum Glück nie lange sauer, sonst wäre das auch kein Job für sie gewesen. Bernd versuchte, sich mit einem Buttermesser zu erstechen, Thomas verätzte sich die Hände an der Säurebatterie, weil er gar nicht wusste, was Säure war, Mirco ließ einen Hammer vom Mast fallen, der ein Bullauge zerschlug und um ein Haar Carsten getötet hätte – es passierte so viel, dass alle die Sache mit der eigenen Scheiße bald vergessen hatten.

«Anfang war die Fil so», sagte Piet und hielt mir seine Hände vors Gesicht, die Handinnenflächen zu den Seiten gedreht, sodass die kleinen Finger oben waren. «Jetzt ist so», sagte er und drehte die Handinnenflächen nach unten. «Wenn hier noch bleibt ein Jahr, vielleicht am Ende ist so.» Er drehte die Handflächen zueinander. Sah gut aus. Mein Entschluss war trotzdem gefasst: Ich würde abhauen. Mein Heimweh war inzwischen kaum noch auszuhalten.

Ende September, nach einem halben Jahr an Bord, gab es zwei Wochen Urlaub, die wir zu Hause verbringen durften. Die anderen blieben aber alle an Bord. Keiner wartete in Berlin auf sie.

Wir segelten wieder nach Amsterdam. Von dort würde ich den Zug nehmen. Lisa und Piet wirkten bedrückt beim Abschied. Als ob sie ahnten, dass ich nicht wiederkommen würde.

Siebenundzwanzig

Der Zug fuhr die Nacht durch, und ich konnte kaum schlafen vor Aufregung. Dann, nach dem ganzen DDR-Gesimsalabims: endlich Berlin. Grau, kalt, laut – es war besser als im Traum.

Meinen Eltern hatte ich nicht gesagt, wann ich kommen würde, ich wollte als Erstes zu Tanja. Der hatte ich nicht mal gesagt, *dass* ich kommen würde. Vom Zoo fuhr ich mit tuckernden Bussen bis ins Märkische Viertel. Absurd, dass das immer noch stand.

Mit klopfendem Herzen stand ich schließlich vor Tanjas Tür und drückte die Klingel.

Was, wenn die Mutter die Tür aufmacht, dachte ich noch, da machte die Mutter die Tür auf. Sie kniff die Augen zusammen und öffnete den Mund, aber ich flüsterte: «Nichts sagen, ich will sie überraschen», schlüpfte an ihr vorbei und öffnete Tanjas Tür. Sie lag auf dem Bett und telefonierte. Als sie mich sah, weiteten sich ihre Augen. Dann lächelte sie amüsiert und telefonierte weiter. Ich sprang mit meinen Stiefeln aufs Bett. Hüpfte auf und ab. «Du, ich muss mal Schluss machen», sagte Tanja. «Ein Freund von mir ist gerade gekommen.»

«Von wegen *ein* Freund!», rief ich in den Hörer. «Ich bin IHR Freund! Wir FICKEN!»

«Tanja, kann ich dich mal sprechen.» Die Mutter erschien im Türrahmen, zusammen mit dem Bruder. Alles war wie in den alten Zeiten. Nur ICH war anders.

«Komm, wir gehn», sagte ich, nahm Tanja an der Hand, und zusammen rannten wir aus der Wohnung. Wir liefen durch die Hochhausschluchten und hielten uns umschlungen. Ich erzählte ihr bis ins Detail, was ich im letzten halben Jahr erlebt hatte.

Nach Hause ging ich später, und dort sagte ich wenig. Versuchte, mich zu verhalten wie ein Typ, den das Leben auf hoher See hart gemacht hat. Eigentlich grunzte ich nur.

Auch bei meinen alten Freunden wollte ich das durchziehen. Der schweigsame Seemann. Niemand kaufte mir das auch nur für fünf Sekunden ab, und schon nach kürzester Zeit war ich wieder der Alte. Genau wieder der alte Idiot. Komisch, dabei hatte ich doch so viel erlebt. Na ja. Egal. Zu Hause hatte sich auch nicht so viel verändert. Dani hatte aus Versehen Violas Ratte zertreten, Schocker arbeitete auf dem Bau, und alle nahmen jetzt LSD. Nahm ich's halt auch. Auf LSD erkannte ich endlich, dass es gar keinen Gott gab und dass die Welt heimlich von einem Haufen Reptilienmenschen in altägyptischer Kluft regiert wurde.

Auf jeden Fall traf ich mich so oft wie möglich mit Tanja. Ich hängte mich an sie, wollte die ganze Zeit so nah wie möglich dran sein an der Frau. Selbst wenn sie aufs Klo gehen wollte, blieb ich an ihr hängen, und sie musste mich jedes Mal umständlich abschälen. Hey, ich alter Schmusekater wäre sogar mit ihr reingegangen ins Klo, war ja jetzt in diesen Dingen total enthemmt. Siehste, doch eine Veränderung durch die Schiffsabenteuer. Manchmal haute ich aber trotzdem noch einfach ab, wenn sie mal nicht hinkuckte. Rannte weg und versteckte mich ein paar Stunden irgendwo. Als Ausgleich und weil ich doch magisch war. Wieso sollte ich jetzt auf einmal nicht mehr magisch sein?

Kuscheln, klammern und verzaubern – das hatte ich meiner Lady zu bieten.

Der harte Sex lief leider nicht ganz so reibungslos ab. Mein Schwanz funktionierte zwar wieder und roch ganz ausgezeichnet, aber er hatte dafür jetzt eine neue Marotte entwickelt: Er kam zu früh. Und mit «zu früh» meine ich: sofort. Sofort nach dem Reinstecken musste ich ihn schon wieder schnell rausziehen, und zosch. Vor dem Sex ging ich deshalb immer schnell aufs Klo, um mir einen runterzuholen, was leider gar nichts brachte. Zosch, zosch.

«Nicht bewegen!», zischte ich durch die Zähne. «Nicht anfassen! Kuck weg!» Es half alles nichts. «Weil ich dich so lieb habe.» Erklärte ich ihr. Sie streichelte mir übers Haar und schwieg.

Na gut, da würden wir zwei Turteltauben schon irgendwann eine Lösung finden – eine Knobelnuss für später. Jetzt musste ich erst mal noch was anderes erledigen.

Mit meiner Lohnsteuerkarte ging ich aufs Arbeitsamt, als hätte ich nie was anderes getan, und sagte: «Ich suche Arbeit.»

«Wir können dir eine ABM-Stelle anbieten», meinte die Dame, ihre Begeisterung für mich geschickt verbergend.

ABM-Stellen. Die neue heiße Scheiße aus der Zauber-
küche Helmut Kohls. Jedem Jugendlichen hatte er vor der
Wahl eine Lehrstelle versprochen, und die ABMs sollten
so was wie die Einlösung dieses Versprechens sein. Es war,
wie wenn du deiner Frau ewige Liebe versprichst und ihr
stattdessen keine ewige Liebe gibst, aber für mich war's
jetzt gut. Jeder konnte eine ABM-Stelle kriegen, und durch
meine ganzen Abenteuer war ich ja irgendwie zu so einer
Art Jeder geworden.

«Gartenbau. Karl-Bonhoeffer-Nervenklinik in Reini-
ckendorf, fünf Tage die Woche von 7 bis 13 Uhr. 6 Mark 20
die Stunde.»

«Super. Mach ich.»

Und so kam ich vom Schiff. Die ABM galt als Arbeit,
und weil ich jetzt arbeitete, galt ich als geheilt, und das
Erziehungsrecht für mich ging vom Staat, bei dem es seit
der Krankenhauszeit gewesen war, wieder auf meine Eltern
über. Die riefen bei Gerd an und sagten, dass ich in Berlin
bleiben würde.

Gerd kam aber trotzdem noch mal bei uns vorbei. Absurderweise ohne Bart. Sein Kinn war lang und spitz, der Mund
schmal. Ein Bart lässt jeden Menschen gutmütiger wirken.

«Ich bin menschlich von dir enttäuscht», sagte der neue
spitze Gerd. «Du hast uns hintergangen. Das hattest du geplant.»

Hatte ich tatsächlich. Und ich konnte noch immer nicht
fassen, dass es geklappt hatte. Das war wahrscheinlich überhaupt der erste Plan, der mir jemals gelungen war. Wie hatte ich das überhaupt gemacht? Verschwamm schon wieder
alles.

«Tut mir leid», sagte ich.

«Wir hätten dir *helfen* können.»

«Aber ich brauch vielleicht, glaub ich, gar keine Hilfe mehr, sorry.»

«Warum hast du nicht mit mir geredet?», fragte er, und auf einmal verstand ich, dass er mir wirklich hatte helfen wollen. Das machte es nicht leichter. Da entdeckte Gerd im elterlichen Geschirrschrank hinter uns den Pimmelpott, den ich heimlich mitgenommen hatte. «Diese Tasse gehört dir nicht», rief er und griff danach. «Die hast du vom Schiff gestohlen.»

«Gerd, die Tasse –»

«Was?»

«Nichts. Kannst sie haben.»

achtundzwanzig

Die Karl-Bonhoeffer-Nervenklinik, oder Bonnys Ranch, wie wir Nordberliner sie nannten, war einfach mal eine Klapsmühle für die komplett hoffnungslos Verrückten, aber die Gebäude, in denen die eingesperrt waren, umgab ein feiner grüner Park, und das war nun mein neuer Arbeitsplatz.

Mein ABM-Trupp bestand aus einem Dicken, einem Kleinen und mir. Also waren wir der Dicke, der Kurze und der Lange. Damit wir noch mehr wie eine Art Olsenbande für arme Irre rüberkamen, ließen sie uns Schubkarren schieben. Schubkarren schieben sieht leicht aus, ist aber schwer.

265

Unter den hasserfüllten Blicken der richtigen Gärtner manövrierten wir die unkalibrierten Dinger zu einer großen betonierten Fläche (vor Haus 5, falls das jemanden interessiert. Ich weiß, da ist jetzt keine betonierte Fläche mehr, lest mal weiter, dann erfahrt ihr wieso.) und hackten die mit Spitzhacken aus Montecristo-Zeiten auf.

Außerdem säuberten wir die Wege. Erst taten die gelernten Gärtner so, als könnten wir dafür doch auch unsere Spitzhacken nehmen, dann rückten sie widerwillig ein paar Harken raus. Nachdem wir mit den Wegen fertig waren, kamen Sozialhilfeempfänger und kratzten für 3 Mark 30 die Stunde noch mal mit schlechteren Harken drüber. Und ganz zum Schluss kam aus therapeutischen Gründen noch ein Pulk Irrer und fegte für original eine Mark die Woche den ganzen Dreck wieder zurück. Mit Besen.

Der Job war hart, und es war kalt. Zum Glück hatte der Kleine immer was zu kiffen dabei. In Amsterdam hatte ich nicht gekifft, aber jetzt machte ich es – die ganze Welt begann zu leuchten. Die Blätter der Bäume waren so schön. So viele Farben. Wahnsinn.

«Schocker hat gesagt, er würde gerne mal mit mir ins Kino gehn», sagte Tanja.

«Super. Macht doch. Was wollt ihr kucken?»

«Einen französischen Film.»

«Oh, là, là.»

«Schocker hat mich auf die Backe geküsst.»

«Der alte Schwerenöter! Hahaha.»

«Er meinte, er fragt sich, wie's wär, mich auf den Mund zu küssen.»

«Kann ich ihm ja mal sagen.»

«Ich glaube, Schocker hat sich in mich verliebt.»

«Ha, das würde mich nicht wundern. Du bist ja auch 'ne Superfrau. Eigentlich macht's total Sinn. Denk mal nach: Er wollte dich ja auch küssen letzte Woche. Der arme Sack. Verliebt, verlobt, verheiratet.»

«Schocker meinte, er würde gerne mit mir schlafen.»

«Klar. Ey, das wundert mich überhaupt nicht, haha. Dieser Schocker, ey.»

«Ich hatte dann auch überlegt, wie's wohl wäre.»

«Scheiße wär's.»

«Ich bin da gar nicht so sicher.»

«Aber ich. Glaub mir.»

«Ich könnt mir schon vorstellen, mit Schocker zu schlafen.»

«Klar, vorstellen kann man sich viel. Als Kind hab ich mir manchmal vorgestellt, ich wär ein Riesenroboter voll kleiner Männchen. Was hast du dir so als Kind eigentlich vorgestellt?»

«Ich glaub, ich hab schon als Kind hauptsächlich an Sex gedacht.»

«Du nun wieder.»

«Schocker will sich am Montag mit mir treffen, und dann wollen wir es tun.»

«Was wollt ihr da tun?»

«Miteinander schlafen.»

«Wa ... s?»

«Wir wollen es mal ausprobieren.»

«Aber – hä?»

«Ich muss es ausprobieren. Ich will wissen, wie es ist mit ihm.»

«Und was ist mit uns?»

«Kannst nicht du mein Freund bleiben und Schocker wird mein Geliebter?»

Scheiße, das hatte sie bestimmt aus dem französischen Film. Aber der Freund war da immer der Doofe, der wollte ich nicht sein. Darum sagte ich: «Nein, wenn, dann will ICH der Geliebte sein.»

Ihr Gesicht hellte sich auf. «Klar», sagte sie. «Das geht genauso gut.»

Irgendwo waren wir argumentativ falsch abgebogen, aber ich wusste nicht mehr, wo. Verunsichert nahm ich sie in den Arm, und wir küssten uns.

In dieser Nacht kam Schocker zu mir. Es regnete. Er klingelte, ich kam runter, und da standen wir im strömenden Regen.

Schocker sah total fertig aus, als hätte er Nächte nicht geschlafen. «Filly», sagte er.

«Schocker.»

«Filly, wenn du's nicht willst, mach ich's nicht.»

Ich schwieg und wurde nass.

«Ich hab's nicht – Schocker hat's nicht gewollt, aber ich hab mich in sie verliebt, aber Filly – sag, ich soll's nicht tun, dann mach ich's nicht.»

«Neenee, is schon okay», murmelte ich.

Eine Weile standen wir schweigend da.

«Scheißregen», sagte ich dann. «Ich geh wieder rein.»

Irgendwie klappte das aber nicht mit der Dreiecksbeziehung. Als ich Tanja am Dienstag nach der Schockeraktion sah, wurde mir übel. Ich konnte sie nicht mehr in den Arm nehmen. Sie fing an zu weinen, da tat sie mir schon wieder leid, aber nicht mal mit ihr weinen konnte ich.

Sie schrieb mir einen Brief; dass sie mich noch lieben würde, aber eben anders, und Schocker auch, und jetzt würde ich sie wohl hassen. Damit sie nicht dauernd recht hatte, hasste ich sie nicht. Dafür komischerweise auf einmal mich selbst. Der Einzige, der hier nicht hinpasste, war doch ich. Alle anderen wirkten superauthentisch, nur ich nicht. Ich zerschlug meine Gitarre, und noch während ich das tat, dachte ich: «Was für 'ne alberne Geste. Du bist nicht echt, Alter.» So fühlte ich mich. Wie ein Schauspieler, der einen anderen spielt. Alles, was ich sagte oder tat, fühlte sich falsch an und eklig.

Um wenigstens mal berühmt zu werden, fing ich wieder an, Comics zu zeichnen. Für verschiedenste Fanzines und für das Stadtmagazin «Zitty». Ein Comic hieß «Die Ballade von Carolus, dem impotenten Goldfisch». So fühlte ich mich. Merkwürdigerweise brachte das Zeichnen weder Erleichterung noch Ruhm. Ich kam mir nur noch bescheuerter vor.

Mitte Dezember reichte ich bei Bonnys meine Kündigung ein.

«Mein Rücken tut weh wegen der Spitzhacke», sagte ich.

«Ach ja? Wir wissen aber etwas über dich», antwortete die Frau vom Personalbüro und grinste wie eine verschmitzte und irrsinnig biedere Maus.

Was wusste sie? War es Wissen, das auch mir nutzen konnte? Wissen, das mich aus meinem Elendsloch rausholen könnte?

«Ja, wir wissen was. Wir wissen, dass du malst.»

Sie freute sich über meinen verblüfften Gesichtsausdruck.

«Hat uns der Berufsberater erzählt.»

Zum Berufsberater mussten wir einmal die Woche. Ein Gerd vor dem Herrn. Pendelte die ganze Zeit hin und her zwischen «Ich bin härter als ihr» und «Ihr habt mich menschlich enttäuscht». Das Verrückte war, ich hatte ihm überhaupt nicht erzählt, dass ich male, aber ich malte tatsächlich heimlich zu Hause.

«Was malst du denn so?», fragte die Frau.

«So Aquarelle.»

«Dann hab ich was für dich.» Einen Aquarellmaljob? Gab es das?

«Du kannst in der Krankenhausmalerei Betten anstreichen.»

Die Malerei war wenigstens drinnen, also warm, der Winter in Berlin ist ja kein Spaß. Fünf Leute arbeiteten dort außer mir. Einige waren Patienten, man checkte nicht richtig, wer.

Am ersten Tag hatten sie uns zwei Betten zum Streichen hingestellt. Weil kein anderer sich rührte, holte ich Schleifpapier, raspelte den alten Lack sorgsam an und fuhr dann mit eleganten Pinselstrichen und nicht zu viel Farbe immer hin und her, wie ich es auf dem Schiff gelernt hatte. Nicht eine einzige Lacknase machte ich. Leider musste ich das Bett in der üblichen Omaschlüpferfarbe streichen, sodass es hinterher nicht wirklich strahlte, aber der Job machte Spaß. Nach vier Stunden war ich fertig und wollte mit dem zweiten anfangen, da meldete sich der Boss: «Nicht so schnell, sonst gibt's nichts mehr zu tun. Wir haben nur die zwei Betten die nächsten zwei Wochen.»

Ich versuchte also superlangsam zu streichen, aber nach drei Tagen war ich trotzdem fertig. Die nächste Woche saß ich mit den Kollegen schweigend im Raum, hörte Radio und versuchte dabei, den Osterspaziergang aus Goethes *Faust* auswendig zu lernen. Ich machte mir ein Späßchen daraus, vorbeikommenden Ärzten durch die Glasscheibe zu winken. Mit meinem runtergekämmten Iro sah ich vermutlich wie ein Insasse aus. Jedenfalls winkte keiner je zurück. Ich beschloss, niemals Arzt zu werden.

Irgendwann konnte ich nicht mehr den ganzen Vormittag in dem überhitzten Raum rumsitzen und kündigte. Jetzt wusste die Personalfrau auch nichts mehr über mich.

«Willst du Führerschein machen oder eine Masseurausbildung?», fragte mein Vater. Masseur? Wie kam er auf Masseur? Ich hatte keinen Bock, das zu vertiefen, unser letztes Gespräch – ihr wisst schon, das im Auto über das Ende von Punk – war schon so ausgeufert. Diesmal wollte ich es knapp halten.

«Masseur», sagte ich darum nur, und so wurde ich Masseur. Aufgrund meiner Hagerkeit stellte mich aber niemand ein. Aber wenigstens war ich jetzt Masseur. Ich kuckte auf meine Urkunde – hä? Ich war gar kein Masseur. Da stand Petrisseur.

Stimmt, die Ausbildung hatte ja auch nur zwei Monate gedauert. War irgend so was Runtergewässertes. Petrisseur. Klang unauthentisch. Typisch für mich. Das war seit der Trennung von Tanja mein größtes Problem: Alles an mir kam mir falsch vor. Falsch und flach fühlte ich mich von morgens bis abends, so wie ich mich auf dem Schiff echt und gut gefühlt hatte. Gerd hatte recht gehabt. Wäre ich mal dort geblieben!

Tanja schrieb mir jetzt Briefe. Sehr ehrliche Briefe. Nach Schocker ging sie mit meinen ganzen anderen Freunden ins Bett. «Ich weiß, du verstehst das nicht», schrieb sie, was mich immer am meisten ärgerte. Aus purem Trotz versuchte ich es zu verstehen, und ich las die Briefe wieder und wieder, Wort für Wort. Niko hatte also einen riesigen Schwanz, aha.

«Passt doch gut, du hast ja auch eine riesige Muschi», schrieb ich zurück. «Wirklich?», schrieb wieder sie. «Die Jungs sagen alle, sie wäre besonders klein, und weißt du nicht mehr, wie du dir damals den Schwanz eingerissen hast? Und deiner ist im Vergleich zu Nikos oder Blonders ja gar nicht so groß.»

Mist. Sie hatte ständig recht. Und das hieß: Ich hatte unrecht. Unrecht, unecht, fuck.

Kurz vor meinem achtzehnten Geburtstag zog ich von zu Hause aus und in eine WG, wo sie sich wunderten, wie wenig ich im Haushalt machte.

Mit Schocker freundete ich mich wieder an – es ist doch zu hart, die Freundin und den besten Freund gleichzeitig zu verlieren. Eins wollte ich mir wiederholen.

«Sie meinte, sie schläft jetzt eh nur noch mit Schwarzen über 35», sagte Schocker. Er nannte Tanja immer *sie*. Nur noch mit alten Schwarzen (ich hoffte, dass mit 35 das Alter gemeint war)? Gar nicht schlecht. Das wäre ein einleuchtender schlichter Grund für warum nicht mehr mit mir. Leider stimmte das gar nicht. Immer wieder hatte einer, den ich kannte, was mit ihr, und das waren eher keine Schwarzen.

Norbert rief mich an: «Filly, tut mir leid, deine Ex kam letztens zu mir. Am Abend. Sie hatte gesagt, sie will mich mal treffen, und dann meinte sie, sie bringt ihre Zahnbürste mit.»

«Ah ja.»

«Aber ich war so krank. Konnte nicht. Richtig Fieber hatte ich. Wir haben nur nebeneinandergelegen. Ich konnte nicht mal schmusen.»

«Macht doch nichts.»

«Ich wollte ja, Filly. War nur so krank. Ich glaub, sie hat's nicht verstanden.»

«Sie wird es später verstehn.»

«Meinst du?»

«Na klar. Hör mal, ich muss jetzt auflegen.»

Ich litt und litt. Es ist einfach nicht gut, wenn die Frau, die du liebst, mit allen Freunden und Bekannten ins Bett geht, aber nicht mit dir. Es hätte genau umgekehrt sein müssen, verflixt und zugenäht. Ich versuchte, immer witzigere Comics zu zeichnen, und dröhnte selbsthassgeschwängerte Riffs auf meiner E-Gitarre durch die Nordberliner Nächte. Wenn ich endlich berühmt wäre, würde Tanja mich wieder lieben und nur mich allein, da war ich mir ganz sicher. Über das ganze Fickificki mit den anderen würden wir dann gemeinsam lachen, und dann würde ich auch länger können. End-lang. «Wirst du gar nicht müde?», würde sie schweißdurchtränkt keuchen, und schmunzelnd den Kopf schüttelnd würde ich weitermachen. «Übrigens hatte ich mich damals geirrt: Deiner ist doch am größten», würde sie matt hauchen.

Mit meinen Playmobilfiguren, die ich mir von ihr wiedergeholt hatte (ey, komm: is nur fair), spielte ich das schon mal. Klack, klack, klack. Vielleicht würde ich ja auch als Puppenspieler berühmt werden.

Ich ging in den Kung-Fu-Verein, um männlicher zu werden für sie. Mein Sprungband am Fuß riss in der zweiten Unterrichtsstunde, ich kriegte einen Gips, aber als ich drei Monate später wieder laufen konnte, ging ich wieder zurück zum Kung-Fu, riss mir den Meniskus rechts und fing dann mit Karate an. Ich war nicht zu stoppen. Mein gebrochenes Herz erwies sich im Nachhinein als Glücksfall, ich platzte fast vor Energie und Drang. Ich wollte der Größte werden. Für die Frau meines Lebens. Die einzige Frau. Die Frau, die das Leben selbst war. Tanja. Oder warte mal, ich glaub, sie hieß doch Anja. Anja, genau. Na ja, diese Namen werden eh alle noch geändert, bevor das hier in Druck geht. Vielleicht werde ich ja mit diesem Buch sogar berühmt, und dann nimmt sie mich zurück. Oder eine andere Frau denkt: der Arme.

Mein alter Punkerfreund Blonder und ich hatten schon am frühen Morgen angefangen zu trinken. Billiges Bier aus kleinen rundlichen Flaschen. Wir prosteten uns so hart zu, dass fast jedes Mal eine kaputtging. Dazu schnupften wir Schnupftabak, das hatten wir uns bei einem Penner abgeschaut. Ein Hosenbein meiner Wit-Boy-Jeans hatte ich abgeschnitten und das andere dafür drangelassen. Es sah genauso wenig nach Punk aus wie Blonders penetrant zugespitzte rot lackierte Fingernägel, mit denen er mir – weiß nicht mehr, wieso – das Gesicht derart übel zerkratzt hatte, dass alles voll Blut war. Hätte ich auch wegwischen können, aber ich fand es natürlich ganz gut so. Wir waren keine Punks. Wir waren das Ding, das nach Punk hätte kommen sollen, aber nie gekommen war. Totgeburten waren wir.

Und schlecht drauf. Blondy hatte gerade seinen Job verloren, und ich litt wegen Anja. Das Bier dumpfte unser Unglück etwas ein, aber das beißende Menthol des Schnupftabaks ließ die schwarzen Gedanken immer wieder aufleuchten wie Blitze aus der Unterwelt.

Da sprach uns ein kleiner türkischer Junge an.

«Könnt ihr helfen?», fragte er. «Unser Ball ist da oben auf den Dach.»

Wir kuckten hoch. Ein Vordach von einer Schule. Wie sollten wir ihm seinen Ball da runterholen? Jetzt kamen noch mehr kleine Türken an.

«Isch schwöre, er hat ihn da hochgeschossen, und jetzt kommt nischt mehr runter.»

«Isch war gar nischt es gewesen. Du warst es, Hurensohn.»

«Aber ihr helft uns, ja? Ey, sie helfen uns!»

Wieso wir? Sahen die nicht, dass wir total ichweißauchnichtwie drauf waren und irgendwie afterpunky oder so? Warum wunderten diese kleinen Jungs sich gar nicht über uns, sondern sahen uns nur als Mittel zum Zweck? Wie konnte man uns so sehen? Wir waren die Zukunft, die nie kommen würde, Mann.

«Wie denn?», fragte ich nach einer guten Weile.

«Ihr müsst Leiter besorgen und hochklettern. Macht ihr? Bitte!»

Ganz kurz tat ich mir noch leid und dann auf einmal gar nicht mehr. Leiter besorgen und hochklettern! Auf jeden Fall. Das machte total Sinn. Das machte mehr Sinn als alles Bisherige. Blonder schien dasselbe zu denken.

«Okay», sagte ich und schaute mich um. Keine Leiter.

«In der Turnhalle», sagte der Junge. «Dem Hausmeister fragen.» Er zeigte auf einen Toreingang.

Wir trieselten hindurch, und dahinter war tatsächlich eine Turnhalle, in der ein älterer Türke gerade etwas rumräumte. Er zuckte zusammen, als er uns sah.

«Raus hier!», rief er dann. Es klang ängstlich. Mit beschwichtigend ausgebreiteten Armen ging ich auf ihn zu.

«Entschuldigen Sie, wir wollen nur kurz 'ne Leiter ausleihen, um den Jungs ihren Ball vom Dach zu holen.»

Die Kleinen riefen aufgeregt was auf Türkisch. Der Hausmeister sah skeptisch von ihnen zu uns.

«Chef», sagte ich, «wir klaun die Leiter nicht. Wir lassen ihnen ein Pfand da. Los, Blonder, was hast du dabei?»

Wir leerten unsere Taschen. Monatskarten, Schlüssel und sehr, sehr wenig Geld (war damals der Hit). Der Hausmeister nahm tatsächlich alles an sich. Dann hebelte er eine schmale lange Leiter aus ihrer Verankerung in der Wand.

«Aber bringt ihr wieder?»

«Auf jeden Fall.» Ich versuchte meine blutige Visage mit blanker, direkt aus dem Herzen kommender Ehrlichkeit zu überzuckern.

Er gab uns die Leiter, und wir marschierten zusammen mit den Jungs aus der Halle. Alle waren wir total euphorisiert: Eine Leiter! Jetzt würden wir den Ball vom Dach holen! Das Universum war gut! Einfach nur gut.

Die Leiter war allerdings ganz schön wacklig und das Vordach ganz schön hoch.

«Wer geht?», fragte ich Blonder.

«Filly, ich kann nicht. Du musst es machen.»

«Ich also, würdest du sagen?»

«Auf jeden Fall.»

«Und nicht etwa du jetzt oder so was?»

«No.»

Alles schwankte. Vorsichtig setzte ich einen Fuß über den anderen, während Blonder die Leiter unten «fest» hielt und die Kleinen mich anfeuerten.

War doch wie auf dem Schiff, nur halt besoffen. Oh Gott. Schwitzend erreichte ich das Vordach.

Oben lagen ungefähr fünfzehn Bälle.

Einen nach dem anderen warf ich den Jungs runter. Sie lachten und freuten sich und kickten wie wild mit den

Teilen herum. Einen kickten sie mir gleich wieder aufs Vordach. Warf ich wieder runter.

Wir brachten dem Hausmeister die Leiter zurück, und erleichtert gab er uns die Pfänder wieder.

«Habt ihr schon gegessen?», fragte er dann. Wir schüttelten die Köpfe.

«So was habt ihr noch nicht gegessen», sagte er und wickelte türkisches Blätterteigzeug aus fettigem Papier. «Setzt euch.»

Er teilte das Essen mit einem riesigen Messer, und wir aßen zu dritt. Es schmeckte gut.

Blonders und meine Laune war nach dieser Aktion so blendend, dass wir beschlossen, mit ein paar billigen Bieren und einer frischen Schnupftabakdose zu feiern. Auf diese Weise wurde der Tag zum Abend und der wieder zur Nacht.

Wir fuhren ins Märkische Viertel, zu einer Grillparty der Ghetto-Rats auf dem Müllberg.

Alle sagten immer Grillparty, aber ich kann mich nicht erinnern, dass da jemals irgendwas gegrillt wurde. Dafür gab es Feuer und Bier. An diesem Tag feierten die Ghetto-Rats nicht wie normalerweise ganz oben auf dem Müllberg, von wo aus man rüber auf die stockdunkle DDR kucken konnte (was komischerweise nie einer machte), sondern unten.

«Oben sind die Phönix», wurde uns erklärt, und wir verstanden sofort. Die Phönix waren die gefährlichste Gang im M. V. Die Ghetto-Rats waren eher so die ungefährlichste, dafür die punkigste. Noch ungefährlicher waren vielleicht M. V.-Treppe, eine Gruppe junger Leute, die sich anscheinend immer auf einer Treppe trafen. Die

Ghetto-Rats trafen sich an «der Ecke», nannten sich aber nicht M. V.-Ecke, woran man schon sehen konnte, dass sie durchtriebener als die anderen waren. Heute feierten sie, dass einige Beherzte Ghetto-Rat Mücke für seine große Klappe mit den Schuhen an sein Skateboard genagelt hatten. Wer das nicht witzig findet, hat kein Herz. Blondy und ich feierten mit, und so wurde die Nacht langsam zu dieser Zeit zwischen Nacht und gutem Morgen.

Irgendwann standen nur noch Marky, seine Freundin und ich ums Feuer herum. Jetzt war ich wirklich ganz schön angeschickert, aber immer noch glücklich. Freute mich für Marky und Miss Marky, dass sie sich gegenseitig hatten. Liebe ist immer gut.

«Komm, Fil, wir bringen dich zum Bus», sagte Marky, und ich nickte inbrünstig. Auf zum Bus! Super, dass es so was wie Busse überhaupt gab und wir nicht dauernd zu Fuß laufen mussten, die Welt war so gut durchdacht. Schön, dass sie mich brachten. Vielleicht könnte ich auch bei denen wohnen ab jetzt. Aber die beiden liefen so schnell, und auf einmal waren sie weg.

Ich stand allein inmitten von Hochhäusern, die – wie mir auf einmal auffiel – alle ziemlich ähnlich aussahen.

Da raschelte es in den Pikern. Schwankend und etwas weniger glücklich als gerade eben noch kniff ich die Augen zusammen. Wie in einem Horrorfilm tauchten aus dem nächtlichen Nebel ein halbes Dutzend Gestalten auf. Biker. Vier Typen, zwei Bräute. Die Phönix!

Der Größte und am übelsten Aussehende – wohl der Boss – kam auf mich zu und zog dabei ein Messer aus der Tasche. Ein Butterfly. Er ließ es aufspringen.

«Hm», murmelte ich und versuchte, mein Schwanken unter Kontrolle zu kriegen. Typisch Seemann – schwankt an Land.

Der Boss war fast bei mir, als sich eine von den Bräuten aus dem liebkosenden Würgegriff ihres Freundes löste und «Philipp?» rief. Der Boss drehte sich zu ihr um.

«Philipp!» Sie lief lachend auf mich zu. «Du warst doch in meiner Großgruppe, kennst du mich nicht mehr? Ich bin Christiane.»

«Christiane!», rief ich erleichtert und umarmte sie. So besoffen war ich übrigens nicht, dass mir nicht vollkommen klar war: Jetzt nicht den Hintern anfassen, nicht küssen und nicht länger als ein paar Minuten diese Christiane hier umarmen, aus Respekt ihrem Freund gegenüber. Denn die Biker waren mit solchen Sachen empfindlich.

«Er war auf meiner Schule, er ist in Ordnung», erklärte Christiane dem Boss, der sich nun mit dem Butterfly die Fingernägel säuberte, als wäre das die ganze Zeit sein Plan gewesen. Dann hielt er mir die gesäuberte Pranke hin. Wir kamen ein bisschen durcheinander mit den Daumen, aber insgesamt wurde es ein amtlicher Shake.

«Warst du bei den Punks?», fragte er und schaute auf mein nacktes eines Bein.

Ich nickte.

«Scheißpunks.»

«Na ja.»

«Scheißpunks!»

«Ach komm, Alter, ist doch egal, Punk oder nicht. Wir wolln unser Bierchen trinken, ihr wollt euer Bierchen trinken.»

«Scheißpunks!»

«Aber Skinheads, Alter …?»

«Skinheads!», brüllte der Boss jetzt und ballte die Fäuste. Skinheads fand er auch nicht gut.

«Eben», sagte ich darum.

«Skinheads!»

«Ey Johnny, nicht so laut, die Phönix hören uns sonst», sagte Christianes Freund, der sie jetzt wieder sicher in der Armbeuge hatte.

«Seid ihr denn nicht die Phönix?», fragte ich verwirrt. Der Boss schüttelte den Kopf.

«Zwei von den Phönix verfolgen uns», klärte Christiane mich auf. «Mit Baseballschlägern.»

«Ach so?»

«Ja, sie schleichen uns hinterher.»

«Aber …», überlegte ich, «nur zwei? Ihr seid doch sechs?»

«Er hat recht!», schrie da ein anderer. «Wieso scheißen wir uns vor denen ein? Los, wir machen sie fertig!»

Der neben ihm hielt ihn von hinten fest. «Beruhig dich mal, Alter.»

«Nein!», brüllte der Erste jetzt und fuchtelte mit den Fäusten. Das hatte ich schon oft beobachtet: Wenn bei den Bikern einer den anderen beschwichtigend festhielt, drehte der erst recht durch. Je mehr der Erste festhielt, desto wilder gebärdete sich der andere – Kumpel festhalten war keine effiziente Methode, dennoch machten sie's andauernd.

«Lass mich los!», brüllte der Festgehaltene. «Lass mich los, ich mach sie alle!»

Der Boss wirkte kurz unentschlossen, schaute sich

281

um und sagte dann: «Okay. Wir lauern ihnen auf», und
– zack – waren auf einmal alle Biker weg. Wo waren sie hin?
Wieso bewegten sich in letzter Zeit alle so schnell?

Schwankend stand ich schon wieder alleine zwischen
den Hochhäusern, und aus dem Nebel tauchten auch
schon wieder welche auf. Zwei. Mit Baseballschlägern in
den Händen. Die Phönix! Schwank.

Aber diese Phönix sahen irgendwie verblüffend unge-
fährlich aus. Lang und schmächtig, mit kurzen Haaren und
Popperlocken. Die Baseballschläger waren nur dürre Äste,
und der eine Phönix war erschwerenderweise mein alter
Kumpel Manuel. Kein Öko mehr anscheinend, sondern
ein Popper. Alles Schlimme wurde immer noch schlimmer.

Kurz standen wir drei uns schweigend gegenüber, dann
sprang auch schon der vorhin Festgehaltene aus den Pikern und schrie: «Ihr Arschlöcher, was wollt ihr von uns?
Kommt hier mit euern Baseballschlägern an? Mit Baseballschlägern kommt ihr an? Scheißhirbel, ich mach euch fertig!»

Manuel und sein Kumpel ließen die Äste fallen und
stammelten: «Wir hatten nur Schiss vor euch! Wir dachten, ihr seid die Phönix!»

Jetzt kamen die anderen Biker auch aus ihren Verste-
cken. Der Choleriker trat Manuel in den Arsch, bevor sein
Kumpel ihn wieder von hinten festhielt. Sie schienen ein
eingespieltes Team zu sein. Wie Siegfried und Roy.

«Das ist nur Manuel», sagte ich zu Christiane und
nahm sie noch mal in den Arm. Nur kurz. Kurz musste
man solche Sachen halten bei den Bikern, das war sehr
wichtig.

«Verpisst euch», knurrte der Boss und hielt Manuel und dem anderen sein Messer hin, «aber ganz schnell.»

«Wir haun ab, wir haun ab!», riefen die und taten auch genau das.

Manuel nun wieder. Was machte er hier mitten in der Nacht mit diesem anderen Vollvogel und diesen dünnen Stöckern? Zum Glück war das nicht mehr mein Problem.

Meine neuen Bikerfreunde lachten und hauten sich gegenseitig auf die Schultern. Die Stimmung war gelöst, und wir setzten uns wieder in Bewegung.

Ich lief neben dem Boss her.

«Nicht schlecht, wie du einfach stehn geblieben bist», sagte er. «Wir haben uns versteckt, aber du nicht. Hast Mumm. Sieht man nicht gleich, aber hast du. Gefällt mir.»

«Tja.»

«Und deine Fresse, Alter? Was ist da passiert?»

«Red ich nicht gern drüber.»

«Skinheads?» Ich schwieg. Er nickte.

Wir kamen zum Zentrum. Dort war meine Haltestelle.

«Wir gehn noch ins Shock», sagte der Boss. «Bist du dabei?»

«Nächstes Mal, Alter. Ich nehm hier den Bus.»

«Okay.» Er hielt mir die Pranke hin. «War mir 'n Vergnügen. Wenn du mal Hilfe brauchst – frag nach Johnny.»

Wieder verhakten sich unsere Daumen.

«Ich kannte auch mal 'n Johnny», sagte ich. «War auf meiner Schule. Sport hatt ich mit dem.»

Der Boss nickte: «Das ist mein Bruder.»

«Dein … Bruder heißt auch Johnny?»

Er nickte.

«Aber … geht das denn überhaupt?»

«Muss gehn», sagte er. «Okay, wir haun ab. Kommst du klar ab hier?»

«Voll», sagte ich und strich Christiane beruhigend eine Strähne aus der Stirn. «Außer – Scheiße, ich hab keine Kohle mehr für die Fahrkarte.»

Johnny holte wortlos einen Fünfmarkschein aus der Tasche und gab ihn mir.

«Nee, Mann, das ist ja viel zu viel, ey … und ich kann dir das ja … »

«Schon okay», sagte er. «Gibste mir nächstes Mal wieder. Man sieht sich.»

Und sie zogen ab.

Die Biker. Wie in Ordnung die eigentlich waren. An die Bushaltestelle gelehnt, ließ ich meinen Blick über die Hochhäuser schweifen. Das Gute am nächtlichen M.V. war: In irgendwelchen Fenstern brannte immer Licht. So wie in meinem besoffenen Kopf jetzt gerade: Einiges ging noch. Ich rieb den Fünfmarkschein an meinem Ohr mit den Fingern hin und her, dass es knisterte und knisterte, bis ich dachte, hör doch mal auf damit.

Einfach so hatte mir Johnny die Kohle gegeben. Überhaupt wollten mir die ganze Zeit Leute helfen: Gerd, Piet und Lisa, die Ärzte, Psychologen und Lehrer – so viele hatten sich eigentlich totale Mühe mit mir gegeben. Meine Eltern auch: die ganze Kindheit durch und jetzt, indem sie mich weitestgehend in Ruhe ließen. Wenn meine Mutter nicht immer «Wie schön du malst» gesagt hätte, hätte ich das bestimmt irgendwann aufgehört. Ohne meinen Vater wär ich kein Petrisseur und hätte auch keine Ahnung von

Jazz. Und Anja hatte mir am allermeisten geholfen, indem sie mich ungewaschenen Strich geliebt und damit zum Mann oder so gemacht hatte. Der Typ vom Fuchsbau hatte mir die doppelte Portion Pommes zum einfachen Preis gegeben. Jedes Mal. Je mehr ich darüber nachdachte, umso klarer wurde mir, dass ich ein Glückskind war. Alle waren auf meiner Seite.

Zwei Reptilmenschen beobachteten meine Hirnströme auf ihrem Monitor. Sie hießen Gnorz und Bgrhu.

«Das ist es jetzt, oder?», fragte Gnorz.

«Schätze schon», antwortete Bgrhu. «Er hat seine Lektion gelernt.»

«Dankbarkeit», sinnierte Gnorz. «Da kommen sie wirklich lange nicht drauf.»

«Tja», sagte Bgrhu. «Dann schalten wir ihn ab, oder?»

«Wolln wir nicht noch mal zurückspulen und uns die Wichszenen mit dem Quelle-Katalog ankucken?»

«Oh nee, ich kann das nicht mehr sehn. Komm, wir löschen ihn.»

«Okay.»

«Hier wird niemand gelöscht!», rief Supermann, flog durch die Panzerglasscheibe des Reptilienmenschenhauptquartiers hindurch und verpasste Gnorz und Bgrhu zwei Faustschläge, die sie zusammenbrechen ließen.

«Ihr Froschköppe habt lange genug euer Unwesen getrieben», murmelte Supie und zerstörte mit seinem Hitzeblick alle Apparaturen.

Dann flog er wieder davon. Sein nächster Auftrag würde eine noch größere Herausforderung werden, er musste

Danksagung

Danke, dass ich mich in diesem Buch total zum Löffel mache und alle anderen gleich mit. Dies ist kein wahrheitsgetreuer Bericht, Freunde, es war nicht wirklich so. Ich hab mir mal die Freiheit genommen, Eltern, Kumpane, Geliebte und Mitarbeiter in zweidimensionale Witzfiguren zu verwandeln, um hier meinen Werther 2000 zu schreiben. Ein egozentrisches Vergnügen. Danke, dass ich das durfte. Danke auch, dass das eigentlich eine krasse Unverschämtheit ist, wenn man mal kurz drüber nachdenkt. Ich möchte jedenfalls nicht, dass irgendeine Irre aus meiner Vergangenheit ein Buch schreibt, in dem sie heiter so dies und das verzapft.

Aber ich musste es tun – kuckt mal, jeder Hirbel schreibt heutzutage ein Buch. Keinbuchschreiben ist anscheinend voll Achtziger. Ich hab so abgelästert über diese ganzen Freizeitautoren (ohne je auch nur eine einzige Zeile von denen gelesen zu haben übrigens), dass mir dabei der kleine Faden unten an der Zunge gerissen ist.

Der sicherste Weg aus der Lästersucht ist, genau das zu machen, worüber man ablästert. Deshalb ist ja zum Beispiel Joschka Fischer auch dieser feiste Popanz geworden.

Es ist ein langer Weg von sich selbst weg, aber es ist sehr befreiend, ihn zu gehen.

Meine Missgunst ist jetzt verschwunden. Ich hab gemerkt, wie schwer es ist, ein Buch zu schreiben, wenn man das gar nicht kann, und das hat mich demütig gemacht. Demütig mir selbst gegenüber: Voll das eigene Buch geschrieben, Hübscher – nicht schlecht. Was kommt jetzt als Nächstes? Film. Theater. Staatlich geförderte Projekte. Was für ein irrer Trip. Ehrgeizzerfressene junge Frauen werden scharenweise versuchen, über mich irgendwo hinzugelangen. Mjam. Danke. Vielen, vielen Dank.

Das für dieses Buch verwendete FSC®-zertifizierte Papier *Creamy* liefert Stora Enso, Finnland.